皇帝是古代人们对最高统治者的称呼，是封建专制统治的象征与代表。在历代皇帝中，有的昏庸，有的残暴，当然也不乏有理想、有作为、有影响的贤明之君。悠悠五千年中华历史，就像一座丰富璀璨的文化宝库，为人类提供了智慧与力量。在漫长的历史长河中，中华民族生生不息、拼搏不止，涌现出了一代接一代的历史人物——有建立功勋的政治家，有虚伪奸诈的祸国小人，有倾国倾城的红颜祸水……纵观历史，各种各样的人物纷纷呈现于眼前。

唐太宗有句名言："以铜为镜，可以正衣冠；以古为镜，可以知兴替；以人为镜，可以明得失。"

历史的风风雨雨常常让我们感慨良多，时时拨动着我们的心弦，触发着我们的情感。时间可以磨去历史的棱角，却无法磨灭史书中的记忆。

纵观历史上的风云人物，可谓各有千秋，然而他们为了达到自己的目的则是不择手段，到底谁才是真正的君子？谁才是真正的英雄？不要被某些历史结论和历史现象所蒙蔽，重新审视这些历史现象，思考历史某些传统的说法，根据自己的经验和当时的历史背景，从中总结出相应的规律，得出一定的结论，在更高层次上看待历史……

中国古代皇帝很多，限于篇幅，只能从中选择一部分有代表性的人物，其中大多数是在历史上做出过重大贡献的。有的皇帝，特别是开国之君，在建立新王朝之后，为了巩固刚刚取得的政权，实施了一系列稳定政局和发展经济的政策，有力地促进了社会生产力的发展。有的皇帝在国家、民族出现危机时，坚持统一、反对分裂，表现了强烈的爱国主义热忱。有的皇帝在国家、民族遭到侵略时，为了维护祖国的主权和独立，果敢地率领广大人民进行英勇抵抗，体现了为国献身的精神。

书中侧重于描写历史中各具特色的皇帝被世人争议最多的方面。还原历史的真面目，维护历史尊严，还原历史人物本来的性情。因为史料复杂，一要鉴别真伪，二要诠释说明，以求得“历史事实的例证”。

历史上最有争议的皇帝

没有争议不成历史

史明月◎主编

金城出版社
GOLD WALL PRESS

图书在版编目（CIP）数据

历史上最有争议的皇帝 / 史明月主编 .—北京：金城出版社，2011.11（2024.7 重印）
ISBN 978-7-5155-0262-5

Ⅰ . ①历… Ⅱ . ①史… Ⅲ . ①皇帝－人物研究－中国－古代 Ⅳ . ① K827=2

中国版本图书馆 CIP 数据核字 (2011) 第 213810 号

历史上最有争议的皇帝

出 版 人 史明月
责任编辑 雷燕青
开　　本 787mm × 1092mm　1/16
印　　张 17
版　　次 2012 年 1 月第 1 版
印　　次 2024 年 7 月第 2 次印刷
印　　刷 天津光之彩印刷有限公司
书　　号 ISBN 978-7-5155-0262-5
定　　价 32.80 元

出版发行 **金城出版社有限公司**　北京市朝阳区利泽东二路 3 号
邮编：100102
发 行 部 (010)64220043
编 辑 部 (010)84250838
总 编 室 (010)64228516
网　　址 http://www.jccb.com.cn
电子邮箱 jinchengchuban@163.com
法律顾问 北京植德律师事务所（电话）18911105819

目录

第一章　千古一帝——秦始皇

秦始皇作为中国历史上饱受争议的帝王之一，其功过尚不能盖棺定论。历史学家的评论也大相径庭。有人说秦始皇是独夫暴君，也有人说他是千古一帝。通过综合前人观点和秦始皇的生平事迹，我们就会发现秦始皇作为大秦帝国的缔造者，开辟了中国历史的“古今之界”。

第二章　传奇皇帝——刘邦

他是中国历史上第一位由平民登上帝位的皇帝；他是中国历史上第一位在短时间（七年）内统一天下的皇帝；他是中国历史上第一位善于利用宣传战打击政治对手的皇帝；他是中国历史上第一位创作楚声短歌的皇帝，其《大风歌》被誉为“千古人主第一词”。留下了如此多的第一，刘邦到底是什么人呢？他的胸襟、他的眼光、他的御人成王之道都是从何而来的？一个无赖成长为皇帝，到底要有怎样的雄心和意志？面对人生挫败他怎样走出低谷？面对百废江山他将如何整理？

第三章　史上最具争议的篡位者——王莽

千百年来，在人们的心目中，王莽“野心家”和“伪君子”的面目已经定格。他大奸似忠，一贯以谦恭、简朴、大公无私的面目示人，但最终还是露出了自己的真面目，夺取了刘家汉室江山社稷。结果，他和他的王朝在流民暴动和豪族叛乱中被埋葬，死无全尸。这张脸谱就是王莽的本来面目吗？似乎不是。胡适说他是一个大政治家，黄仁宇说他是一个大书呆子。野心家、伪君子、政治家、书呆子，王莽究竟是一个怎样的人？

第四章　乱世奸雄魏武帝——曹操

曹操在乱世中积极追求个人抱负的实现和自我的不断超越，以最终获得完全的“优越感”。由此，曹操一生以“安民定天下”为己任，以齐桓公、晋文公为榜样，追逐“老骥伏枥，志在千里。烈士暮年，壮心不已”的境界。同时曹操由于对自我有着许许多多的自卑和不安全感，所以信奉“宁我负人，毋人负我”。这使得他变得猜疑和行为复杂多变，令人难以捉摸。

第五章　圣人可汗——隋文帝

说到中国最伟大的皇帝，人们会毫不犹豫地想到唐太宗或者是铁木真又或者是康熙。可是在西方人的眼中他们却认为隋文帝杨坚是中国史上最伟大的皇帝！他在位期间，疆域辽阔，人口达到700余万户，是人类历史上农耕文明的巅峰时期。杨坚在历史上被尊为“圣人可汗”。

第六章　国破身死的亡国天子——隋炀帝

国破身死的亡国天子，市井传说的荒淫皇帝。成王败寇的人们总爱涂黑失败者的声名，但人写的历史又怎能永远掩盖真相，大运河沟通南北，如金色的血脉滋润众生；洛阳城危峙中原，在千百年的风雨中见证兴衰，承载文明。它们已经为“伟大的暴君”书写了他真实的墓志铭。

第七章　盛世奠基者——李世民

作为一个君王，他无疑是成功的，但在这个圣明君主的身上，有一块永远都洗刷不掉的污点，那就是他早年在玄武门弑兄杀弟的罪恶。在他晚年的时候，当年他和兄弟之间的争斗，在他的几个儿子中间重新上演。这是他最不愿看到的局面。他是个成功的帝王，却是个失败的父亲……

第八章　巾帼不让须眉——武则天

她67岁登基，执掌政权15载。她先后服侍两代君王，蓄养面首无数，却不曾体味爱情的真意。她荣登大宝，身披龙袍，却不得不亲手扼杀自己的女儿。后人赞叹她，诋毁她，欣赏她，批判她……而她则在陵前竖起一块无字碑，任由评说。

第九章　盛唐天子——李隆基

他是盛唐天子，在波诡云谲的宫廷斗争中杀出一条血路，开创了中国历史上最为壮丽辉煌的开元盛世；他是风流皇帝，曲折缠绵的爱情美丽得让人们忽视了所有伦理的束缚，一阕《长恨歌》成为多少恋人吟唱不尽的悠悠恋曲；他是梨园祖师，羌笛羯鼓的清音在历史的长河中永不停息地吟唱着那永远溢彩流光的霓裳羽衣；他先英后庸，北地的战鼓惊碎了华清池里的绮梦，马嵬的哀歌宣告了那一段黄金岁月的终止。

第十章　永不消失的英雄——赵匡胤

他曾是个嗜赌如命的赌徒，他把大山做赌注，三盘棋输掉了一座华山。他是个很有心机的皇帝，拥兵自重却低调不张扬，一觉醒来就稀里糊涂地当上了皇帝。有人说他虚伪，有人说他聪慧，其实只有他自己心里明白……

第十一章　一代天骄——成吉思汗

他不仅弯弓能射大雕，还懂得驯服大雕。草莽出身的他，自幼丧父，于逆境中越折越坚，创建了横跨欧亚大陆的游牧帝国，称雄于世。他的成就堪称中国历史上最壮观的奇迹，他的一生震撼了整个世界。他是军事天才，也是政治天才。他不是武夫，他是卓越领袖。

第十二章　让整个世界都震颤——忽必烈

作为成吉思汗的嫡孙，世界有史以来疆域最辽阔帝国的缔造者，忽必烈不但继承了成吉思汗的雄才大略，更完成了祖父号令天下的目标。他半生戎马，率领蒙古军骑长驱直入，踏破了南宋江山，征服了中国的剩余地区，还扬威海外，两次入侵日本……

第十三章　草根皇帝——朱元璋

他是父母双亡的孤儿，是苟且偷生的乞丐；他起初的一切人生理想，仅仅为了在乱世中活下去。然而，无情的现实驱使他不得不去参加起义军，却最终因祸得福地成为开国之君。他应该算是历史上故事最多的皇帝之一：自学成才、贵人相助、血洗朝廷、特务政治、无情肃贪……是英明神武的领袖奇才，还是嗜血如命的杀人狂魔？

第十四章　夺权野兽——朱棣

他是一个雄才大略的君主，但是，雄才大略也伴随着一些其他的弊病。他缔造了众多空前的壮举，但却耗费了空前的民脂民膏；他开拓了空前辽阔的疆域，却使无数的将士战死沙场；他继承和开拓了朱元璋的事业，但却篡夺了侄子的皇位，而且杀戮无数。几百年过去了，今人又该如何评价……

第十五章　开国英主——皇太极

皇太极的一生，基本是在与明朝的作战中度过的。为了入主中原、统一天下，他每每亲冒弩矢、不避风险，称得上是一位马上皇帝。但他又不是一个只知砍砍杀杀的君主，在政治、经济、邦交等各方面，他也都有着相当的建树。他的后妃，全都出身于蒙古贵族，说明他对于蒙古部落力量的借重。为了把明朝大臣洪承畴招致麾下，他甚至不惜让自己的爱妃去施美人计，这在常人心目中更是无法理解的举动。

第一章

千古一帝——秦始皇

秦始皇作为中国历史上饱受争议的帝王之一，其功过尚不能盖棺定论。历史学家的评论也大相径庭。有人说秦始皇是独夫暴君，也有人说他是千古一帝。通过综合前人观点和秦始皇的生平事迹，我们就会发现秦始皇作为大秦帝国的缔造者，开辟了中国历史的“古今之界”。

1. 一代雄主，父为谁人？

秦始皇姓嬴名政，出生于战国时代的赵国首都邯郸，就是今天的河北省邯郸市。他的父亲异人，是在邯郸做人质的秦国公子，当时还不到 20 岁，潦倒而不得意。他的母亲是出身于邯郸豪门大户家的小姐，称为赵姬。

公元前 249 年，在吕不韦和华阳夫人的合力运作下，异人终于登上了秦国国君的宝座，他就是秦庄襄王。不过三年以后，这位庄襄王便撒手归西，留下了一个如日中天的秦国和年仅 13 岁的儿子嬴政。当少年嬴政登上秦国政治舞台时，对他的质疑之声也蜂拥而来，这个异人在赵国邯郸做质子时出生的孩子，身世扑朔迷离。他究竟是异人的儿子，还是吕不韦的儿子？这不仅成为秦国史上的难解之谜，也成为史学界的一桩公案，更成为两千多年来人们茶余饭后的谈资。究竟为什么秦始皇的身世会有这么大的争议？这个争议因何而来？

在中国的历史长河中，显贵者的身世大都记载得非常清晰，尤其帝王的身世从来不被史家忽略，但是对于秦始皇，却是一个例外。《史记》对秦始皇的生父记载前后不一致，有很多质疑之处。因此，千古一帝秦始皇的生父到底是谁，成为众人议论的焦点。但是，总括起来，就是两种看法。

异人被立为安国君的嫡嗣之后，与身为师傅的吕不韦关系日渐密切。有一天，在吕不韦的家中举行一场盛大的家宴。虽然，这只是吕不韦与异人两个人的盛宴，但毕竟是大富商的家宴，仍然十分排场。酒酣耳热之后，家宴中间有歌舞表演。第一位出场的即是吕不韦的爱妾赵姬。赵姬是邯郸著名的舞女，长得非常漂亮，她是那种让男人看一眼就难以忘记的女人；并且，赵姬还有一身好才艺——善舞，其舞姿之美可称独步邯郸。有才艺的美女更容易得到男人的宠幸，赵姬就是这样一位才艺出众的大美女。

异人一见赵姬，立时眼前一亮，不禁暗中称绝。吕不韦家中美女如云，但异人从来没有见过如此美艳的女人！赵姬的一身绝世舞艺更让异人看得目瞪口呆，热血沸腾。

异人此时也顾不得身为嫡嗣的身份，迫不及待地向吕不韦敬了一杯酒，紧盯着吕不韦说：请把这位美人赏给我吧！

从异人异样的眼光中，吕不韦早已看出异人的兴奋，但是，他没料到一位秦国太子的嫡嗣竟然如此直接地向他夺爱。毕竟赵姬是吕不韦的爱妾，而且，赵姬早已经怀上了吕不韦的孩子。因此，一听异人提出这种非分要求，吕不韦心中顿时大怒。

可是，吕不韦到底久经社会历练，他想到自己已经为异人散尽家产，目的是达到“立主定国”，吕不韦怀着满腔怨气笑呵呵地说：“可以，可以。”于是，吕不韦不得不拱手把自己如花似玉的爱姬献给了异人（吕不韦取邯郸诸姬绝好善舞者与居，知有身。子楚从不韦饮，见而说之，因起为寿，请之。吕不韦怒，念业已破家为子楚，欲以钓奇，乃遂献其姬）。异人一听，大喜若狂，立即拥着赵姬回到家中。

赵姬隐瞒了自己已经怀孕的事实，跟着异人回到家中，备受异人宠爱。过了十二个月，赵姬生下一个男孩。因为这个男孩是正月出生，所以取名叫“政”（姬自匿有身，至大期时生子政）。又由于异人与赵姬此时都生活在赵国，这个男孩被人称作“赵政”，他就是中国历史上赫赫有名的秦始皇。

这段记载出自司马迁的《史记·吕不韦列传》，其中的信息量非常大。

首先是赵姬的身份。《史记·吕不韦列传》明确记载赵姬是“邯郸绝好善舞者”，这就告诉我们赵姬是邯郸一位极其美丽而善舞的女子，同时也是吕不韦的爱妾。

其次是因为异人夺爱。异人是在吕不韦的家宴上第一次见到赵姬的，而且一见钟情，硬是从吕不韦手中夺走了赵姬。

可是，异人和赵姬的相见也是一大谜团。这次家宴相见，是吕不韦有意安排，还是吕不韦无意的行为呢？

《史记》记载的是“见而说之，因起为寿，请之。吕不韦怒，念业已破家为子楚，欲以钓奇，乃遂献其姬”。因文献有“吕不韦怒”四字，可见，吕不韦并非心甘情愿献出赵姬。吕不韦对异人的投资是智力与金钱，目的是“立主定国”，并非要让自己的儿子当国君。吕不韦有野心，但是，如果认为在异人还未当上太子之时，吕不韦的野心已经到了想让自己的儿子当国君的程度，未免有失偏颇。

可能有些读者会说吕不韦是假怒，但是，即使吕不韦是假怒，是设局，是下套，这里也有两个问题需要探讨。

一是不知道性别。即使吕不韦有此野心，但是，怀孕的赵姬一定会生儿子吗？吕不韦生活在战国末年，那时还没有B超技术能够检测赵姬怀的是男是女。赵姬当时还能翩翩起舞，异人也未必能看出赵姬有孕在身，可证明赵姬与异人的相遇是在赵姬刚刚怀孕之时。医学发达的今天，刚刚怀孕的女子，B超也难以检测出胎儿的性别；两千年前，又怎能知道赵姬怀的是男是女？所以，笔者认为，这次家宴显然不会是吕不韦有意安排的。这场名扬千古的邯郸献姬应该是一种巧合，不应当看作吕不韦的精心设计，是异人夺爱而非吕不韦有意设局。

二是风险太大。“立主定国”已经让吕不韦获利丰厚了，如果吕不韦还想把怀上自己孩子的赵姬献给异人，一旦败露，恐怕吕不韦就要彻底露馅了，再谈“立主定国”有些不切实际了。邯郸献姬的最大收益在于赵姬生了个男孩，因为这个男孩将来有权继位为秦王；如果生的是个女孩，吕不韦岂不是前功尽弃？吕不韦投资异人已经是冒险行为了，如果说吕不韦还想让自己的儿子做秦王，估计是脑子坏掉了。因此，赵姬再嫁异人，绝对不是吕不韦设计好的。

传世的历史文献不可能将历史的真实不偏不倚地记载下来。但是，《史记·吕不韦列传》对“秦始皇的生父是谁”这一事实，却完完整整地记载下来了。

除了《史记·吕不韦列传》的明确记载外，还有两种重要的文献记载。首先，《汉书》《资治通鉴》都有《史记·吕不韦列传》的说法。

其次，汉代文献的记载可以旁证秦始皇为吕不韦之子。

《汉书·王商传》记载：“臣闻秦丞相吕不韦见王无子，意欲有秦国，即求好女以为妻，阴知其有身而献之王，产始皇帝。”班固在东汉明帝十七年的《上明帝表》也说：“周历已移，仁不代母，秦直其位，吕政残虐。”

关于秦始皇的生父是谁，司马迁《史记》中记载非常翔实，其他传世的文献均无记载，所以，判断秦始皇生父的文献只能以《史记》为基础。

“秦始皇是吕不韦之子”说法的最大优势是有文献作为依据。人们可以质疑甚至可以否定司马迁的说法，但拿不出文献资料来推翻司马迁说法。

从这个角度看，秦始皇的生父应当为吕不韦。吕不韦是濮阳人，濮阳是战国时代卫国的首都，就是现在的河南省濮阳市南。以国籍而论，吕不韦应当算是卫国人。卫国的历史非常辉煌，不过，到了吕不韦的时候已经衰落得只剩下濮阳一座孤城，政治腐败，前景黯淡。由于在国内没有什么希望，吕不韦于是出国寻求发展的道路。由于家业的关系，他最先选择的是经商，按照现在的说法，就是国际贸易。吕不韦离开卫国以后，在韩国的旧都阳翟（今河南禹州）大获成功，成为天下数一数二的大富豪，大家都称为阳翟大贾，用现在的话来说，就是以阳翟为总部的商界大鳄。阳翟大贾时代的吕不韦，那时候也就三十岁左右，家累千金，富可敌国，往来行商于各国之间，贱买贵卖，事业蒸蒸日上，前途一片光明灿烂。

但是，《史记·吕不韦列传》还有一条早已为人们关注的记载：赵姬是“至大期时生子政”。

“大期”怎么理解呢？“期”是满足一定的时间，因此，“大期”有两种解释，一是10个月（满十月怀胎），二是12个月（满一年）。

在秦始皇出生的战国末期，如果出现过期妊娠，胎儿的生命很可能保不住。即使出现奇迹保住了生命，出生的婴儿也一定不健康，毕竟古代的医疗条件和今天相比差得太远。

现在如果出现过期妊娠，可以采取终止妊娠等多种方法抢救胎儿。但是，在战国末期赵姬生子之时，肯定不会有今天这么好的医疗条件。如果赵姬是过期妊娠，生下来的婴儿能健全吗？秦始皇是属于非常聪明的，精力也过剩，不应该是过期妊娠所生下的婴儿。

所以，按照现代医学常识，如果非要说赵姬是怀孕之后嫁给异人，那么，她一定是在280天左右生下儿子，也就是嫁给异人之后不足10个月一定要生子。赵姬始属吕不韦后归异人可信，赵姬带身归异人绝不可信。

以古人的知识发现怀孕有两种途径：一是月经停止，二是早孕反应。但是，早孕反应因人而异，所以，古人发现怀孕更多是依靠发现月经停止。而发现月经停止须费时一个月左右，准此而计，赵姬归异人后，只需要8个多月必须产下嬴政。赵姬是至“大期”而生嬴政，所以，吕不韦与嬴氏皇族有性关系而无血缘关系。

那么，为什么还会有12个月生子的事呢？

假如某人是2月10日来的月经，到3月10日未来月经，她就怀疑自己是怀孕了。由于她记住了上次来月经是 2 月 10 日，上推半个月，她便把 1 月 25 号认定为怀孕日。但是，实际上这个时候她并没有怀孕，而是月经推迟了。

如果月经实际上推迟了两个月，这位女子实际的怀孕日期应是 3 月 25 日。但是，这种情况她自己完全不知道。她既然是 3 月 25 日怀了孕，那么，4 月 10 号该来的月经当然就不会再有了。然而因为她始终认为自己是 1 月 25 日怀的孕，所以，到了 10 月生子之时，和她记住的怀孕日期就错后了两个月。这样，一个正常分娩的婴儿就被说成是 12 个月出生的婴儿。这就是 12 个月生子的来源。

可是为什么史书上还会有 14 个月生子的记录呢?

史书记载，汉昭帝刘弗陵是其母钩弋夫人怀孕 14 个月而生的，与传说中帝尧 14 个月所生相吻合，所以，汉武帝称钩弋夫人之门为“尧母门”（拳夫人进为婕妤，居钩弋宫，大有宠。元始三年，生昭帝，号钩弋子。任身十四月乃生，上曰：闻昔尧十四月而生，今钩弋亦然，乃命其所生门曰尧母门）。但是，史书记录的超过 10 个月生子的大都是君王，比如帝尧、汉昭帝。相关的记载，大都含有神化君王之意，不可作为证明古人有 14 个月生子的依据。

关于嬴政的迷离身世，最有发言权的应该是他的母亲太后赵姬。但是，在政治利益面前，赵姬不能说出真相。赵姬虽然不懂得政治，完全是在无意中被卷进了政治旋涡，可是，在秦王嬴政到底是谁的儿子这一重大问题上，她的头脑仍然是清醒的，至少在这一点上她知道自己话语权的分量。毕竟，赵姬是最有权利说出真相的人，迫于强大的政治压力，可是赵姬也是最不敢说出真相的人。由于赵姬的缄默，造成了这段历史至今真相不明。

如果赵姬不是为了害吕不韦，否则，她绝对不敢泄露这一隐私。事实证明，当吕不韦蒙难之时，赵姬仍然缄默不语。

只有吕不韦，他是这一隐私的制造者，也是公开这一隐私的受益人，因此，只有吕不韦有可能向外泄露。但是，正因为他是这一隐私的受益者，他的泄露也最不可信。所以，《史记·吕不韦列传》这段史源的可靠性也就打了折扣。

但是，也有另一种可能，即赵姬在由吕不韦爱妾转手为异人夫人之时，她自己都不知道自己怀上的是谁的孩子。

2. 翦除嫪毐，秦国之兴

公元前 257 年，也就是秦昭襄王四十八年，秦国对赵国的都城发动了一次猛烈的进攻。在这之前，秦国已经把赵国的主力消灭掉了，所以这一次秦军进攻的目的是想一举把赵国的都城邯郸拿下来。秦军打得并不顺利，但是赵国的最高将领知道，秦军这一次是要攻下邯郸，灭掉赵国。在这种情况下，赵国的领导们就做了一个决定，杀掉异人。因为秦国要灭掉赵国，留下异人也没有用了。这个决定被吕不韦知道以后，他就想办法花了 600 金的重金，收买了两国的相关人员。一个是看守异人住宅的人员，另一个是把守城门的官员，最终吕不韦带着异人逃了出去。但是异人的夫人却管不了了，赵姬不能走啊，600 金只能买两条命，所以赵姬只好带着儿子，东躲西藏，在赵国过着非常艰难的生活。一旦被抓住，后果一定就是会被处死。这个时候，赵政仅仅两岁。

公元前 251 年，做了 56 年秦王的昭襄王终于死了，在他死前已经熬死了一个太子。昭襄王死后，安国君继承王位，也就是秦孝文王。此时，异人为了讨华阳夫人的喜欢，改名叫子楚。把子楚立为太子，这样一来，赵姬在赵国的命运发生了很大的变化，一下子就变成太子的夫人了。如果子楚将来要是继位的话，赵姬有可能就是王后。赵政的地位也变了，他是子楚的嫡子，有可能将来做太子，因而赵国就不敢再追杀了，反而是千方百计找到他们，非常礼貌地把赵姬和赵政送回到秦国。赵姬从此就结束了在赵国的流亡生活，这个时候赵政已经 9 岁了，可以说他在赵国度过了非常痛苦的、噩梦般的 9 年童年生活。赵姬总算是平安回到秦国了。

看来安国君身体不如他的父亲，虽然继位了，也已经被他父亲熬得差不多了。安国君秋天忙着处理父亲的丧事，秦国当时实行十月是第一个月，然后到第二年十月改元，才算正式即位，然而即位 3 天，就死了。顺理成章的异人就成为国君，就是秦庄襄王，赵姬就成了王后，赵政成了太子。所以对于赵姬来说，总算是熬出头了，算是苦尽甘来。

但是人世间的幸福往往是短暂的，庄襄王身体也不好，继位 3 年后也死了，他的儿子赵政就继位，称为秦王，这个时候赵政才 13 岁。赵姬从吕不韦那儿转到异人，生下赵政。在赵国过的日子很不好，回到秦国刚好起来，丈夫死了，儿子才 13 岁，当时赵姬也就是 30 岁左右。对于赵姬来说很不幸，30 岁左右，丈夫就死了。

如果是今天，30 岁左右再婚是可以的，但是你想想在秦国，她是王太后，怎么可能再婚呢？没有人敢来承担这个角色，也不可能。因此赵姬虽然已经做了王太后，儿子又小，成了国家大政方针的主宰者，但是她的生活可以说一下子变得孤孤单单，冷冷清清了。赵姬这个人并不甘于寂寞，她不能够再嫁，但是她觉得自己生理上还需要。也就是在这个时候，有一个男人进入了赵姬的视线，他就是吕不韦。首先，吕不韦是她的前夫，过去曾经在一起生活过；其次，吕不韦这个时候担任秦国的相国，秦朝的制度，丞相有两个，相国却只有一个。

当时，秦王嬴政年龄还小，国家大政都由吕不韦处理。庄襄王子楚在位的时候，吕不韦已经是丞相，现在变成相国，掌握国家大政。而国家大政，又必须向太后作最后的请示，政务上有联系，过去又是夫妻，所以赵姬就看准了吕不韦，要吕不韦做一个“后补丈夫”。赵姬虽然这时候是太后，但是太后的身份并不能禁锢住她心灵和肉体的需求，她需要吕不韦。可是吕不韦对赵姬是一种政治需求，他好不容易做了相国，代替嬴政总揽大政，因为究其根源吕不韦不过是臣子。赵姬虽然年轻，毕竟是太后，是君。吕不韦怎么敢违抗赵姬的命令，这样做的后果是可想而知的。他想来想去，就只有一个办法了，找人替代他，然后就可以全身而退。所以吕不韦就到处找，最后竟然让他找到一个强壮的男人，这个人就是嫪毐。他先把嫪毐收为自己的门客。

虽然找到嫪毐，但是问题又出来了，怎么把一个强壮的男人送到王后的寝宫又不被外人发现，这是一个难题。可是我们知道，方法终究会有的。只要有问题，就能找到解决问题的方法。吕不韦又想出一个方法，那就让他变成一个假宦官，这样就能瞒天过海，又不会伤害他强壮的体力。这个问题对于一个相国应该不是难事。

那么，就先找人告嫪毐犯了罪，处以宫刑就可以了。

然后，让太后私下里送一笔重礼，送给施宫刑的官员，官员收了太后的礼，又知道这是太后想要的，宫刑就是假的了。但是有一条，受过宫刑的男人就没有胡须了，因为没有了雄性激素，就不会长胡子。可是嫪毐长得满脸胡子，其他的都可以瞒，满脸胡子一看就知道是假宦官。如何是好呢？没有别的办法就只有拔了，一根一根的拔。拔光以后就说他是宦官，送到太后的寝宫。这个时候的赵姬，在和嫪毐相处了以后，竟然怀孕了，一个寡居的太后，如果怀孕，这在后宫中将是特大新闻，这是非常令人震惊的。怀孕是瞒不住的，因为体形会发生变化。所以太后就假装说她占卜了，以后住在咸阳宫不吉利，要到雍地去住，就是今天陕西的凤翔，那个地方离咸阳比较远。她在那儿就接连生了两个儿子。

公元前239年，嫪毐在太后的授意下，被封为长信侯，并且把山阳封为他的食邑，就是今天河南的泌阳、获嘉这一带，他仍然住在京城。嫪毐的生活非常奢华，可以说在京城享受的都是顶级的生活待遇。因为太后的支持，很多人都投奔嫪毐，他们觉得嫪毐在太后那儿说话算数，投奔嫪毐可以有助于自己的发展。从此嫪毐就从太后的一个男宠，逐渐扩展成秦国一个势力非常强大的集团，甚至可以和吕不韦的集团对抗，嫪毐成了这个集团的首领，门客达到了一千多人。

史书记载："事无大小皆决于毐，又以河西太原郡，更为毐国"。国家大政无论大小，一律取决于嫪毐，相当于嫪毐取代吕不韦掌权了。而且把整个太原郡封给了嫪毐。可以说这个时候是赵姬最得意的时候，也是赵姬最忘形的时候，从而也种下了赵姬后来以悲剧收场的结局。

《吕不韦列传》记载，赵姬和嫪毐两个人约定，假如秦王死了，由嫪毐和赵姬王太后生的儿子继承王位，这是第二条。多年以来，他专擅朝政，为非作歹，这是第三条。由于这三条罪状，他知道，嬴政一旦接管权力，他是第一个要被除掉的人，他必须铤而走险了。此时嫪毐集团的势力已经非常强大了，在这个集团中间，有卫尉和内史这样的高官。卫尉是秦朝宫殿里的警卫队长，内史是首都的最高行政长官，他们都加入了嫪毐集团。嫪毐最后决定发动叛乱，嬴政派吕不韦带兵去平叛，双方在咸阳城中打了一仗，死了几百人，嫪毐事件就这样很快就被平息了。参加平叛的所有人都得到了爵位，就连参战的宦官都得到了爵位。嫪毐战败以后就逃亡了，嬴政立即下令，如果谁能抓住嫪毐，赏100万，谁能杀了嫪毐，赏50万。

过不了多久，嫪毐和他的跟随者全部落网，到了九月份，秦王嬴政把嫪毐处以车裂，这是一种很严酷的刑罚，就连他的骨干成员也被杀了，然后把嫪毐的门客全部流放。这就是秦王嬴政即位以后进行的的第一次大的清理。嬴政在处理这个问题上十分果断。他杀嫪毐是必然的，同时，把嫪毐和太后生的两个儿子扑杀了。扑杀不是一般的杀法，是装到袋子里面从高处往下摔，活生生地摔死，显示嬴政手腕是很凶残的。嫪毐被杀以后，把赵姬流放到雍，监视软禁起来。十年以后，也就是秦始皇十九年，40岁左右的赵姬，在咸阳宫中郁郁而死。

3. 母后专权，仲父辅佐

公元前247年（秦庄襄王三年），登基仅3年的庄襄王（异人）死时，年仅35岁。庄襄王死后，13岁的嬴政即位，他就是后来的秦王嬴政。《史记·秦始皇本纪》说："王年少，初即位，委国事大臣。"意思是，嬴政刚当秦王，年龄小，国家大事委托大臣处理。

吕不韦除了担任相外，还有个称号叫"仲父"。仲父这个称号究竟是谁起的目前还不清楚。"仲父"其实既不是官名，也不是爵名，而是叔父的称呼，应该颇具亲情色彩的称呼。最早仲父的叫法属于春秋时期的管仲，他帮助齐桓公改革，使齐国最早称霸，成为强国。齐桓公非常尊敬、信任管仲，把齐国朝政交给管仲，尊称管仲为"仲父"。吕不韦称仲父，一是表示他与嬴政的关系不同寻常；二是表示自己也要像管仲一样处理朝政，嬴政不要干涉他的权力。

嬴政当时因为年龄小，吕不韦才辅政。从公元前246年嬴政即秦王继位到亲政，在将近10年的时间里，吕不韦以仲父、相国的身份辅佐嬴政，治理秦国，他的政治才能得到了淋漓尽致的发挥，为秦国的发展和强大起到了举足轻重的作用。吕不韦辅政期间，主要做了以下几件事。

首先，继续东进。吕不韦辅政期间，继续对东方各国派兵，不断削弱各国的力量。秦打击东方各国，自秦昭王时就开始了。前278年(秦昭王二十九年)，秦军在白起的率领下一举攻下了楚国的国都郢(今湖北江陵西北)迫使楚国将国都迁至陈(今河南淮阳)。秦在占领的地区设南郡。前260年(秦昭王四十七年)秦国攻打赵国的长平之战，又使赵国受到了重创，赵国40多万士兵被杀。前249年，秦又从韩国夺得战略要地，其中最重要的是在成皋、荥阳设立了三川郡。

吕不韦辅佐嬴政后，继续维持对东方诸国的高压态势。嬴政即位的当年，秦军全部占领了上党郡，接着又平定晋阳，设立了太原郡。后来，又攻下韩国20多座城市，攻下魏国的20城，设立了东郡。东郡在今河南濮阳西南一带，已经接近山东了。经过连年征战，秦的国土面积大大增加。

秦国加快东进的步伐，引起了各国的恐慌。前241年(秦王政六年)，楚赵燕魏韩五国联合起来共同进攻秦国，吕不韦从正面迎击并分化瓦解，粉碎了他们的进攻。

此时，战争的格局日益明朗，秦的强势使东方各国纷纷设法自保，其中韩国为了自身利益，想出了一个办法，他们派著名水利专家郑国到秦国，表示愿意帮助秦国修建一条水渠，灌溉关中东部的土地。其实韩国的目是以修水利工程为名，消耗秦国的人力、物力，达到其阻止或延缓秦国东征六国的目的。

秦国有两条著名的水利工程，一为秦昭王时修的都江堰，一条是郑国渠，充足的水力资源保证了农业生产和百姓生活，为秦统一奠定了坚实的物质基础。

其次，引进人才。秦国为什么强盛？原因很多，如商鞅变法彻底、实行奖励耕战政策、奖励军功，等等。但引进人才应该是最重要的原因。没有人才，秦国不可能强盛。秦国从东方引进人才从春秋时期的秦穆公就开始了，如秦穆公引进百里奚、由余；秦孝公任用来自魏国的商鞅，主持变法，使秦国改变了面貌。

那位当了56年国君的秦昭王也是重视人才、礼贤下士的典范，他为了得到范雎，范是楚国人，有谋略，昭王为了得到他的强秦计策，在范雎面前五次下跪，成为一段佳话。

吕不韦当政期间，大力引进人才。他担任相国后，就建造了数以千计的房屋，供到秦国的人才居住，还聘请了许多名厨为他们做饭。并在咸阳周边的城墙上张贴告示，欢迎各国和国内人士来相国府做客。

战国时期，盛行养士的风气，养士就是招引各种人才，为我所用。其中最有名的是战国四公子：齐国孟尝君田文、赵国平原君赵胜、楚国春申君黄歇、魏国信陵君魏无忌。他们各自养士三千人。在这些士中有各样的人才，有的勇猛尚武，有的计谋多端，甚至还有些鸡鸣狗盗之人，他们能替主人办各种事情，甚至帮助主人躲过一些危机。

吕不韦很欣赏四公子养士的做法，认为秦国虽然强大，却不养士，是件耻辱的事。《史记·吕不韦传》记载："亦招致士，厚遇之，致食客三千人。"意思是他招纳来自各国的士人，给予优厚的待遇，人数多达三千。

在吕不韦之前，秦国引进的人才中，偏重法家和军事家，吕不韦执政后这种情况有所改变，他引进的人才除了法家人物，还有其他各家学派的人物。后世称战国诸子百家，据《汉书·艺文志》记载，诸子中最主要的有10家，即儒、墨、道、法、阴阳、名、农、纵横、杂、小说家等，其实还应加上兵家。这些学派的精英人物在吕不韦时期陆陆续续到了秦国，造成了秦国各家学派荟萃，各路人才济济一堂，这是以前从未有过的现象。这些士包括了各方面的人才，绝大多数都没有留下姓名，其中有一个人后来在秦朝历史上产生了重大影响，他就是李斯。

李斯在秦国崭露头角，是他有一次在觐见秦王时，他对秦王分析了天下形势。《史记·李斯列传》记载，他说："要成就大业，必须看准时机，该忍耐时就要忍耐，该进取时就要进取。以前在秦穆公时代，虽兵强马壮，独霸西戎，但最终未能灭掉关东六国，原因究竟在哪呢？因为当时诸侯国很多，作为天下共主的周天子还在，所以各诸侯争霸只能抬出周天子，也提倡尊王攘夷，秦穆公也不例外。自秦孝公以来，周天子这个招牌越来越没用了，诸侯国公开争霸，秦国乘势发展起来。此时，秦国不断取胜已经到六代了，东方各国被秦国打得狼狈不堪，这是千载难逢的大好时机，若不趁势消灭各国，早日统一天下，将来这些国家联合起来对付秦国，秦国恐怕就难办了！"

李斯的话虽然是说给秦王的，可在朝廷执政的是吕不韦，所以实际是说给吕不韦听的。李斯的话有历史依据，符合当时的形势，显示了他超人的才华，得到了吕不韦的重视，因而被任命为长史，长史是一个有实权的官。也许是专为李斯而设置的，从此他进入了政坛。

第三，养士编书。吕不韦养士是为了使各类人才发挥作用，后来把他的门客组织起来，编写了一部《吕氏春秋》。在学术史上，这部书被列为杂家，就是说这部书包含了各种思想，或者说是战国流行的各种思想学派的总结。能写成这样一部内容庞杂的书，必须具备两个条件：

一是要有人组织、策划，确定主导思想，提出此书的思想和宗旨。这部书是吕不韦提议和组织编写的，在编写之前，他向参与者阐明了自己的指导思想，书写成后，要有他最后审核才能通过。

二是写书的作者知识结构要多样化，编著这样一部涵盖各种学派、各个学科的书，一两个人是不可能完成这样的一部著作，大部分的作者是从东方到达秦国的士人。他们投靠在吕不韦门下，在吕不韦组织下从事写作。《史记·吕不韦列传》说："吕不韦乃使其客人人著所闻，集论以为八览、六论、十二纪，二十余万言。”就是说吕不韦命令他的食客各自将所见所闻记下，综合在一起成为八览、六论、十二纪三部分，二十余万言。

4. 李斯为政，郑国修渠

秦王嬴政继位的前九年，一直由吕不韦执政。秦王嬴政十二年，由于嫪毐事件的牵连，吕不韦被迫饮鸩自杀了，嬴政从此也失去了治国的一个主要帮手。抛弃了吕不韦的嬴政要完成轰轰烈烈的统一大业，一定要有自己的得力助手，在这种背景下，嬴政起用了原本名不见经传的李斯。在李斯的辅佐下，嬴政一步步结束了诸侯割据的局面，创立了统一的中央集权国家，嬴政之前秦国 30 余名国君的愿望终于变成了现实。在秦王嬴政的统一大业中，李斯功不可没。李斯这个从楚国上蔡闾巷中来的小人物，到底是如何登上秦国政治舞台的？他为秦国的统一大业做了哪些贡献？

李斯年轻时曾经在郡里做个小吏。有一天，李斯上厕所，看见厕所里的老鼠吃得很差，而且一看见人和狗就吓得狼狈逃窜。后来，李斯到官府的粮仓里，看见仓里的老鼠，住大房子，没有惊扰，吃得好，住得好（斯入仓，观仓中鼠，食积粟，居大庑之下，不见人犬之忧），于是，大生感慨：一个人一生能不能成就一番事业，就像老鼠一样，关键看他在什么平台上（人之贤不肖譬如鼠矣，在所自处耳）。

这就是李斯非常有名的“老鼠哲学”。仓中鼠的理想，显露了李斯不甘贫贱、一心向上、追求功名利禄的愿望。曾经有不少学者指出，李斯的“老鼠哲学”是自私哲学，有一定的道理。可是，李斯的“老鼠哲学”并不是完全没有道理，一个好的平台对于实现一个人的人生价值确实非常重要，这也是李斯对人生的有效领悟。

“仓中鼠”的理想使李斯不愿意再当一个小吏，他想干出一番事业来。李斯辞去官职，到齐国求学，拜荀卿为师。而荀卿是当时著名的儒学大师，主要宣讲孔子的学说，但是，他也从当时的政治形势考虑，把孔子的儒学进行了一番改造。并且荀子的思想比较接近法家主张，主要研究如何治理国家，即所谓的“帝王之术”。

李斯学成之后，仔细认真地思考应该到哪个国家才能干出一番事业。他通过对各国情况的分析比较，认为楚王无所作为，而其他各国也在走下坡路，而秦国在西边正蓄势待发，所以他决定到秦国去。出发之前，荀卿问李斯为什么要到秦国去，李斯说：干什么事业都要有一个时机问题，现在各国争雄，也正是立功成名的大好时机。秦国此时正雄心勃勃，想统一天下（欲吞天下称帝），到那里就可以大干一场。人生在世，卑贱是最大的耻辱，穷困是莫大的悲哀。一个人如果总处于卑贱穷困的地位，只会遭人耻笑。这是李斯对人生意义及荣辱问题的总看法，也是他日后一切活动的出发点与归宿，是他积极进取、乘势建功的动力，也是他日后陷入罪恶深渊的根源。不爱名利，无所作为，不是读书人的想法。李斯告别了老师，只身去秦国实现自己的理想。

李斯准备去秦国的时候，正是秦庄襄王子楚在位时期，强大的秦国统一天下的大势已经日趋明朗。李斯选择到秦国去，显示了李斯对战国后期天下大势的敏锐判断。

当李斯来到秦国时，刚好赶上庄襄王去世，年仅 13 岁的嬴政继位。

李斯刚到秦国，嬴政年幼所以还没有接管权力。权力仍然在太后赵姬和吕不韦手中。因此，精明的李斯立即投奔吕不韦，做了吕不韦的门客。这时的吕不韦已是相国兼仲父，地位如日中天。而李斯是有才之士，最终是不会被埋没的。所以，李斯很快被吕不韦发现、重视（不韦贤之），提升为郎（侍从），从而得到了接触秦王嬴政的机会。

李斯第二次见到秦王嬴政的时候，他又提了一个建议，他说，秦国对六国的统一战争要双管齐下，一方面要使用秦国强大的军事力量，另一方面要不惜金钱，收买、贿赂、离间六国的君臣关系。意思是一方面用兵，一方面用钱，用这两种武器对六国两手并用。嬴政采纳了他的意见，效果很好。就这样，李斯又被嬴政从长史提拔为客卿（六国之人在秦担任的高级顾问）。

可是，天有不测风云，正当身为客卿、意气风发的李斯要大展宏图之时，秦国开始兴起驱逐门事件。

秦王政十年（前237），相国吕不韦因嫪毐事件被免职，回故乡休养。这一年，秦王嬴政突然下令，驱逐所有在秦的六国人。秦王嬴政的逐客令来势凶猛，一时间，在秦国的六国人士都纷纷从秦国跑回家乡。

秦自穆公以来，一直注重网罗天下人才，可是为什么刚刚掌权的秦王嬴政突然下令驱逐六国人士呢？

秦王嬴政的逐客令和一个国家有关。这个国家是韩国。韩国是秦国的邻居，在今山西南部、河南西部，因此，它显然是阻挡秦国东扩的第一道防线。因此，秦国从范雎向秦昭襄王提出“远交近攻”的统一六国总方略之后，韩国不断受到秦国的蚕食，国土面积不断缩水。

濒临绝境的韩国想到了一个消耗秦国国力的办法，就是让秦国大搞农田水利建设。

战国后期，虽然铁器已经被广泛应用到生产之中，当然和今天相比，战国时期的生产工具仍然显得十分简陋，生产力水平也很低下，实施重大工程往往要动用全国的力量。兴修大型水利工程就是要耗费大量的人力、物力、财力。然而，韩国认为秦国是一个好大喜功的国家，爱干这类“傻事”。于是，他们派出了一个间谍，到秦国劝诱秦国兴修大型水利工程。

谁来做这个间谍呢？他的名字很有意思，叫郑国。韩国为什么会让郑国到秦国当间谍呢？郑国本身是一位极其高明的水利专家，他的施工设计合理，水利工程可以成为秦国富农政策的一项基础工程，是一件功在千秋、利在当代的大好事，对于秦王很有吸引力。

秦王嬴政因此也动心了，同意修建这条300多里长的水渠。这条水渠由西向东，横跨渭北高原，等水渠修好，可以灌溉关中400多万亩土地。因为这条水渠含有大量泥沙，用泥沙淤灌盐碱地，可以彻底把盐碱地变为良田。并且，这条水渠可以大大强化关中的抗旱能力，大面积地改造关中的盐碱地，增加耕地面积，使关中成为秦国最富庶的地区之一。这条水渠就是历史上赫赫有名的“郑国渠”。

正当郑国渠修建得如火如荼时，他的间谍身份也暴露了。当秦王嬴政听说郑国是个韩国间谍的时候，勃然大怒，要杀郑国。郑国也非常坦然地对嬴政说，我开始确实是作为韩国间谍来秦国的，可是，这条水渠修好之后，的确能给关中农业带来巨大效益，这对秦国是非常有益的。

虽然秦王政没有杀郑国，但也对外来人士开始不信任。这也是下逐客令的原因。

秦国把李斯任命为客卿，正是刚刚得志，还没有来得及施展拳脚，就要被迫离开秦国，离开好不容易得到的客卿之位，自然心中会愤愤不平。因为客卿是秦国使用六国人才的一个非常重要的职位，从客卿再晋升，很快就能成为重臣。所以，被迫离开秦国的李斯压抑不住内心的激愤，向秦王嬴政呈上了著名的《谏逐客书》。

在《谏逐客书》里，李斯列举了由余、百里奚、商鞅、张仪等客卿对秦国国家富强所做的贡献，以及秦王在日常生活中享用的产于别国的物品，指出“逐客”是因噎废食的行为，必然导致国家的危亡，由此提出延揽人才应该“河海不择细流”。最终秦王听取了李斯的建议，废除了逐客的命令。“一言可以兴邦”，李斯的这次上书，对秦国统一中国无疑是有重要意义的。

据《史记·秦始皇本纪》记载，李斯担任廷尉之后，劝说秦王嬴政发动对韩国的战争，吞灭韩国，借此恫吓其他各国。秦王嬴政采纳了李斯的建议，派李斯攻打韩国。韩王非常惊恐，就和韩非商议如何削弱秦国的力量。

5. 五行学说，巩固君权

秦始皇二十六年（前 221）战争刚刚结束，秦始皇就首先宣布了吞并山东六国的正义性和合理性，同时，他还着手确立秦王朝的正统地位。战国时流行五行学说，所谓“五德始终”。这种学说认为，五德相克，导致朝代更迭，虞舜为土德，夏朝为木德，商朝为金德，周朝是火德，虞、夏、商、周各占一德，都是历史上的正统朝代。秦始皇推论五德始终说，以为周得火德，水克火，秦代周，所以秦朝应得水德。于是颁布新的“正朔”，以十月初一为一年的开始，表示新朝代的诞生，并把黄河（古称为河）改名为“德水”。按五行学说，水德具有黑暗阴冷、严酷无情的特征，于是秦朝以黑色为上，衣服旗帜皆为黑色，明确秦朝得占水德，也就肯定了秦朝的合理性。秦始皇又到泰山举行封禅典礼，告祭天神地祇，把秦朝在中国历史上的正统地位进一步确立起来。

王朝地位确立以后，接着就是君王权位的问题。不过嬴政感到“王”含义狭小，必须更新方可彰显自己的无量功德和人君的至上权威，于是就命令群臣议举尊号。群臣和博士认为秦王平定天下，功业空前，远超五帝，鉴于古有三皇而皇最贵的传说，建议尊号更为“秦皇”，命为“制”，令为“诏”，自称“朕”。秦王嬴政觉得自己功兼三皇五帝，决定从“三皇”“五帝”中各取一字，号为“皇帝”，并批准“制”“诏”“朕”作为皇帝专用术语，不许他人染指。整个帝国都是属于他的，其地位和权力至高无上，朝廷和地方的主要官吏都由皇帝任免。皇帝行使权力的凭证是玉玺。只有皇帝的印才称为玺，只有玺才能使用玉料，玉玺与朕、制、诏一样，都是皇帝的专擅之物，不许臣民使用，体现了皇权的至高无上。

确定了皇帝的名号和权位以后，皇帝的至亲也随之各建尊号，父亲称“太上皇”，秦始皇定号的当年就追尊庄襄王为太上皇，母亲称“皇太后”，正妻称“皇后”。秦始皇还命令博士官参照六国礼仪，制定一套尊君抑臣的朝仪，皇帝高高在上，群臣听传令官之令后才随着进入大殿见皇帝；群臣上书奏事，一律要采用“臣某昧死言”的格式。

秦始皇为了充分行使自己的最高权力，他每天都夜以继日拼命操劳，白天断狱，夜批公文，并给自己规定，不批完一石公文（秦代公文使用竹简木牍，一石为120斤，约合今60市斤），绝不休息。

中央和地方的关系如何处理，也是重大问题。对此，丞相王绾主张分封，在各封国设国王。秦始皇把丞相的建议交给群臣讨论，群臣都表示赞同。只有新任廷尉的李斯独执己见，力排众议，他说：“周文王和周武王曾分封许多同姓子弟，然而后代关系疏远，相互攻击，如同仇人，诸侯之间也互相杀伐，周天子不能控制。现在依靠陛下神威，实行大一统，全部设置郡县，对诸子和功臣则用国家的赋税给予赏赐，很容易进行控制，从此天下没有二心，所以分封侯王是不成的。”秦始皇认为李斯的意见正确，就废分封、置郡县，把天下分为36郡，并在全国范围内建立了一套有利于中央集权和皇帝专制的行政机构。

皇帝是朝廷的首领，下设三公九卿。三公是左右丞相、太尉和御史大夫。丞相是中央行政机构的最高长官，他们协助皇帝处理全国政务，国家大事一般由丞相总领百官进行集议和上奏。太尉是中央行政机构的军事长官，协助皇帝掌管军事，但平时没有兵权，只有接到皇帝命令和符节时才能调动或指挥军队。御史大夫发布政令转交丞相颁布，御史大夫协助丞相治事，并有监察文武百官的职权。三公之下设有九卿，即奉常、郎中令、卫尉、太仆、廷尉、典客、宗正、治粟内史和少府，负责掌管各方面的具体政务。奉常是礼教官，掌管宗庙礼仪；郎中令是传达、警卫官，掌管皇帝的传达和安全警卫；卫尉是皇宫卫队长，掌管皇宫守卫；太仆是皇帝的仆从长官，掌管皇帝的车马；廷尉是最高司法官，掌管刑法和审理重大案件；典客是外交官，掌管外交和国内少数民族事务；宗正是维护皇室利益的官职，掌管皇室族事务；治粟内史是最高财政官，掌管全国租税收入和财政开支；少府是皇帝的私人财务官，掌管山海湖泊税账、宫廷手工业和皇室私财。

地方以郡、县为基本行政单位，下分乡、亭里、什伍。郡设郡守，作为一郡的最高行政长官，是直接受朝廷管辖。郡守之下有郡尉辅佐郡守，并兼管郡中军务，又有监御史，负责监察。郡内分为若干县，万户以上设县令，不满万户设县长，主管全县政务，受郡守管辖。县令、县长下有县尉管县中军务，有县丞助理令长并兼和司法。县内分为若干乡，乡有啬夫主管乡务，三老主管教化，游徼主管治安。交通要道往往设亭，负责邮传和追捕盗贼。里是民间居住区，有里长正。居民的基层组织是什和伍。10家为什，有什长；5家为伍，有伍长。什伍互相监督，有罪连坐。

秦始皇设置的这套行政制度，层层控制，达到了权力向上集中的作用。从朝廷到地方，从郡县到乡里，构成了一张庞大的统治网。使分散的地方权力逐渐向上集中，最后集中到朝廷，再通过朝廷集中于皇帝手中。这套行政制度，对国家统一、中央集权和君主专制都起了重大作用。

6. 焚书坑儒，修建长城

秦始皇三十四年（前213），在咸阳宫举行了一场盛大酒宴，70名博士集体举杯向秦始皇敬酒。这个宏大的场面使秦始皇颇为感动。

用现在的说法就是首席博士周青臣代表众博士向秦始皇敬献祝词，他说，过去的秦国土地不过千里，偏处西陲，仰仗着陛下您的神灵圣明，平定海内，驱逐胡人。现在，日月所照之处，无不服从大王。往昔的诸侯之地被今天的郡县代替，天下人人安乐，再也不受战争之苦。大秦帝国可以传之万世。从古到今，无人能比得上陛下您的盛名与威德。

秦始皇知道周青臣光是拣好听的话来奉承，但是，这番贺词，说的也是事实，他听了心里还是非常高兴的。

突然，一声“周青臣，你面谀陛下，是何居心！”的斥责从博士方阵中传出，随即走出一人。群臣大惊失色。秦始皇当时正在兴头上，就如当头浇了一瓢凉水，忍住怒火一看，此人原来是齐地博士淳于越。

淳于越说：“听说商周两朝均传承了千年之久，原因是它们大封子弟、功臣作为诸侯，以辅佐王室。如今陛下您拥有天下，然而，大王的子弟却没有尺寸之地。一旦出现了像齐国田常那样篡夺姜姓王朝权力的大臣，没有诸侯辅佐会怎么样？我认为，不效法古人而能长期执政的王朝是没有的。周青臣当面奉承陛下，只能加重陛下的错误，周青臣不是忠臣（臣闻殷周之王千余岁，封子弟功臣，自为枝辅。今陛下有海内，而子弟为匹夫，卒有田常、六卿之臣，无辅拂，何以相救哉？事不师古而能长久者，非所闻也。今青臣又面谀以重陛下之过，非忠臣）！”

淳于越高声说完上面这段话后，整个朝堂立时变得静悄悄的。众臣们都知道，田氏代齐是战国初年齐国的一件大事。齐国开始封的国君是周朝开国功臣姜太公，所以，齐国国君是姜姓。田氏来到齐国之后，逐渐发展起来。田氏采用小斗进、大斗出的办法收买民心，齐国百姓纷纷奔到田氏门下，田氏势力与日俱增。最终结果是田氏铲除了其他公族的势力，并于公元前378年，代替姜姓成为齐国国君。这是中国历史上由一家非公族的卿族取代国君的著名事例。淳于越担心秦国不封子弟功臣，将来也会出现类似的事件。淳于越的观点非常明确，就是恢复封建制，这实际上是直接针对秦始皇的郡县制而阐发的。

秦始皇听了淳于越的话，明显感觉到他反对自己的郡县制度，内心很生气，立即不那么高兴了。由于淳于越的一番话，牵涉到大秦帝国的江山是不是以后姓嬴的问题，于是，他强压怒火，对大臣们说，这件事到廷上再议吧。

其实丞相李斯第一个站出来据理反驳。李斯针对淳于越的观点，针锋相对。请秦始皇批准：不是秦国史官写的史书全部销毁。不是博士官职务的需要，各地藏匿的《诗》《书》和诸子百家之书，全部交到郡守处集中销毁。有谁敢再藏匿或聚众谈《诗》《书》者一律处死，有谁敢以古非今的将会灭族。官员知情不报，同罪。令下三十天不销毁者，受黥刑，罚作城旦（城旦是一种刑法，刑期四年，白日守城，夜晚筑城）。医药、卜筮、农家之书不在禁毁之列。今后有人要学法令，就跟着官吏们学习（臣请史官非秦记皆烧之。非博士官所职，天下敢有藏《诗》《书》百家语者，悉诣守、尉杂烧之。有敢偶语《诗》《书》者弃市。以古非今者族。吏见知不举者与同罪。令下三十日不烧，黥为城旦。所不去者，医药、卜筮、种树之书。若欲有学法令，以吏为师）。

秦始皇听取了李斯的建议，立即下令执行。于是，中国历史上百害无一利的焚书令就产生了。一场政治制度的争论就会引发秦始皇下达这样的政令。从而能够得知，秦始皇是想用暴力手段来控制舆论，进而巩固政权，这可以说是一项退步政策。这件事情，就是发生在秦始皇身上的“焚书”事件。那么，震惊世人的“坑儒”又是怎么回事呢？

秦始皇三十二年（前215），秦始皇开始了他当皇帝之后的第四次大巡游。这一次，秦始皇主要巡视的是北方边地。就是这一次，他遇到了燕人卢生，便派卢生去寻找仙人。卢生出海寻找仙药，非但没有找到仙药，反而给秦始皇带来了“亡秦者胡也”的谶言。还是这一年，求仙心切的秦始皇还派了韩终、侯生、石生等一批方士也去寻求长生不老之药。

三年之后（秦始皇三十五年，前212年），卢生找不到仙人于是向秦始皇建议，隐匿自己的行踪，以免打扰“真人”光临。后来秦始皇以“真人”自称，废除称“朕”。接着发生了秦始皇随从向李斯泄露秦始皇不满他车队盛大的事件，致使秦始皇将自己评价李斯时在侧的全体侍从统统处死。

觉得被骗的秦始皇又听到儒生在背后议论自己，就下令逮捕在京城咸阳的诸生，并派人私下访查。秦始皇并为此事定了一个基调：“或为妖言以乱黔首。”这句话分量极重！这意味着侯生、卢生的议政与逃亡已经被秦始皇定性为一场针对大秦帝国的妖言惑众罪。

接着就是大逮捕、大审讯，被捕诸生之间又相互揭发，牵连了460人。秦始皇将这460人全部活埋，并通告天下，引以为戒。

皇长子扶苏向秦始皇进谏：天下刚刚平定，远方百姓还没有臣服。诸生都是读书人，皇上用重刑加以惩罚，估计会引发天下的不安。这番话秦始皇当然不会听取，不仅如此，扶苏还被秦始皇派往北方到蒙恬长城军团担任监军，等同被贬出京城。这就是中国历史上赫赫有名的“坑儒”事件。

秦始皇通过“焚书”和“坑儒”这两件大事，在极短时间内，迅速统一了思想，控制了舆论，形成了包括思想在内的大一统的历史格局。然而，“焚书坑儒”一直被作为秦始皇残酷暴戾的证据，被后世文人唾骂了两千余年。秦始皇作为秦朝缔造者，废分封，设郡县，实行中央集权制度，并开创了“书同文，车同轨”的大一统文明，被后世誉为“千古一帝”。然而绵延万里、举世瞩目的万里长城的修建，却给秦始皇带来了毁誉参半的历史评价。

有人认为秦始皇在兼并六国后兴建长城，是为了防御外敌入侵，保障老百姓的安居乐业，因此长城是中华文明的象征。也有人认为长城的修建表明了秦始皇的暴政，那一块块饱含民夫血汗的城砖，那一块块踩在脚下的巨石，就是秦始皇蹂躏百姓、视百姓为粪土的一个个历史印记。民间传说“孟姜女哭长城”的故事，正反映了人们对大秦帝国暴政的痛恨。

秦始皇是我国古代历史上一个杰出的政治家，算得上是一位富有雄心壮志的“千古一帝”。他完成了统一大业，结束了春秋战国以来诸侯割据混战的局面，揭开了历史的新篇章，为中华民族的发展奠定了坚实的基础。所谓“汉承秦制”，“自秦以来，其制未变”，“百代犹行秦法政”。中国两千多年的封建王朝的统治，在政治制度上基本上都是沿袭了秦朝的制度。

秦始皇在历史发展过程中的进步作用是不容置疑的，但他在统一六国之后，广建宫殿陵墓，奴役了70万人，被他征发的徭役、兵役至少三百万，而当时全国人口只有两千万，成千上万的老百姓死于奴役，浪费了大量人力、物力、财力，影响了人民正常的生产和生活；残酷的刑法，使人民生活在水深火热之中；“焚书坑儒”，钳制了人们的思想，摧残了文化。由于他的暴政秦朝迅速被农民战争推翻而走向灭亡，从统一到灭亡，只有短短的 15 年时间，仅仅存到二世就被改朝换代。

7. 天下统一，功过千秋

作为世界上最早封建王朝的皇帝，秦始皇的每一项措施都可谓是历史性和创造性的。

首先是颁行统一法律。商鞅变法时，采用魏国李悝所著的《法经》作为秦国法律的蓝本。秦始皇统一六国后，把秦律颁布全国执行，从此结束了战国时代各国法律条文不一致的状况。秦律具有苛刻严明的特征，对于“治吏”尤为重视，大量律条是针对官吏制定，官吏犯过，必加刑罚，绝无宽恕余地。所以秦代吏治清明，官吏不敢贪污受贿，也不敢玩忽职守，理事效率极高。

除了法律，秦始皇还采取了许多统一措施，诸如统一度量衡、货币，简化和统一汉字等，史称“车同轨，书同文”。这些都对统一帝国的巩固和发展起了巨大作用。

在国家疆域方面，秦始皇于完成全国统一后，又派蒙恬北攻匈奴，解除了匈奴对秦朝北境的威胁。后来又在那里置县，移民开垦。为防御北方匈奴南侵，秦始皇将原秦、赵、燕三国已筑的北边长城连在一起，作为帝国的北疆。长城西起陇西临洮（今甘肃岷县），东至辽东（今大同江附近），延绵万里，成为举世闻名的奇迹。秦始皇同时也征服和统一“南越”居住的岭南广大地区。五岭山高水险，交通不便，为了解决军粮运输，秦始皇在今广西兴安县北开凿了灵渠（又名兴安运河），灵渠沟通湘、漓二水，使长江和珠江两大水系联系起来。另外，又修筑了一条“新道”，大大方便了内地与岭南的交通运输。统一岭南后，秦始皇设置南海、桂林、象郡，作为帝国南部边郡，并徙民戍守，与越杂居。北筑长城和南戍五岭两项大功告成，就大体上划定了秦朝东到辽东，西至陇西，北至阴山，南至南海的空前辽阔的帝国疆域。

因为势力变得越来越强大，秦始皇也随之自高自大，他狂妄地说："朕为始皇帝。后世以计数，二世三世至于万世，传之无穷。"但是最终的结果秦始皇的理想未能变成现实，秦王朝二世就结束了。不过，作为中国历史上的第一位皇帝，秦始皇确实算是名留青史了。

秦始皇所完成的统一和建立的中央集权制度，对中国历史的发展有着深远的影响。是他领导的统一战争，结束了春秋战国以来近500年的诸侯割据混战的局面，给社会带来了一个安定的环境，当时天下黎庶莫不"虚心面上，高山仰止"。是他建立的中央集权制度，完成了大一统，加强了各地区经济、文化联系，他是第一位把中国统一起来的人物。不但政治、政策上统一中国，而且统一了中国的文字、文化，为我国长期统一奠定了基础。尽管秦政暴虐，立国短暂，但他所创立的制度，在中国推行达两千年之久。

秦始皇又是一个典型的双重性人物，他的功大过亦大，历代以来受到人民的唾骂。秦始皇极其残暴，烧毁诗书图籍，严重破坏文化；他又活埋议政的方士及儒生，钳制思想；严刑苛法，赋役繁重；他大兴土木宫室，修坟墓；以及连年用兵，广大人民痛苦不堪，人民的反抗导致秦王朝快速灭亡。

"秦王扫六合，虎视何雄哉！"秦始皇对中华民族统一事业做出了伟大贡献。秦始皇是中国封建社会的第一个有名的皇帝。后世点评概括起来为毁誉两派。誉之者称其"亘古未有，千古一帝"；毁之者谓之"肆虐异常，暴君之首"。

第二章

他是中国历史上第一位由平民登上帝位的皇帝；他是中国历史上第一位在短时间（七年）内统一天下的皇帝；他是中国历史上第一位善于利用宣传战打击政治对手的皇帝；他是中国历史上第一位创作楚声短歌的皇帝，其《大风歌》被誉为“千古人主第一词”。留下了如此多的第一，刘邦到底是什么人呢？他的胸襟、他的眼光、他的御人成王之道都是从何而来的？一个无赖成长为皇帝，到底要有怎样的雄心和意志？面对人生挫败他怎样走出低谷？面对百废江山他将如何整理？

1. 草泽“龙种”，叱咤风云

在秦朝之前，丰县城东北离城五六里处有一条河叫泡河，在河上建筑了一座大型的石拱桥，方便人们过河行走。当时的泡河，河床很宽，水波平缓细碎，不管是在日光下，还是在月光下，远远望去，水面细波闪动如同鱼鳞一样。泡河就好似一个横在地面上的长长蛟龙，而这座石拱桥又好像一架搭在蛟龙背上的马鞍。在拱桥的北面有一片水泊好似明镜，人称“大泽”。大泽的水面，经常笼罩着淡淡的雾霭，水天一色，茫茫苍苍，呈现出一种朦胧之美。

刘执嘉是从城西北乡村迁到城里的，他先是做点小本生意，赚点钱后就在中阳里建房安居，然后又在县城东北泡河附近买了些田地。刘执嘉是个随和的人，亲友睦邻；其妻子刘媪也爱行方便，乐于施舍。因此，两口子在城里很受邻里的尊敬。

一天，刘执嘉去东北面的田中耕作，吃午饭的时候刘媪去送饭，当走到半路的时候，天气突然大变，乌云密布，电闪雷鸣，黑云如浓雾低沉沉黑压压地飘过来，眼看暴雨来临，刘媪急忙快跑，一边跑一边喊，其实刘执嘉在田中也隐约听见妻子的喊声。但当刘媪刚到桥前，暴雨骤降，雷声接连不断。刘媪只好先到桥下躲避，刚到桥下，忽见头顶迎面飞下来一条黑色的巨龙，直奔自己扑来，刘媪非常害怕，当场就失去知觉，迷迷糊糊之中感觉有黑龙缠在自己身上。此时刘执嘉在地里听到夫人的叫喊声，就慌忙前来迎接，当看到电闪雷鸣中蛟龙似的黑云压在桥下妻子的身上时，顿时吓坏了。

刘执嘉匆忙跑到桥下，只见妻子躺在桥下昏迷不醒，忙上前抱住并连声叫喊。昏迷之中，刘媪听到有人在叫自己，猛地打了个冷战，昏昏然醒来，睁眼一看是自己的丈夫，这才长舒了一口气。刘执嘉也破涕为笑，问妻子："吓坏了吧？"刘媪心神不宁地答道："吓死了。"然后，刘媪把刚才梦中见到的黑龙缠身等情况向刘执嘉说了一遍。刘执嘉听后心里很不舒服，可又想起风水先生给他家看阴阳宅算卦之事，心情稍微平静了一下，心里想难道刘家真的挑上了风水宝地，后代将有帝王出世？便对妻子说："不用害怕了，回家吧。"此时雨过天晴，两人相搀回家。

不曾想到，刘执嘉的妻子从那以后真的有了身孕，怀胎十月生下一子，他就是后来汉朝开国皇帝汉高祖刘邦。

刘邦当了沛公，沛公也就是农民起义军的一个首领。那时，他们首要的任务是推翻秦二世胡亥的统治。陈胜死了以后，农民起义军开始变得涣散，作战效果也下降了很多。为了统一作战，项梁召集了各地起义军首领，在薛县召开了军事大会，刘邦也在其中。薛县会议后，刘邦与项梁、项羽联合作战，多次击败秦军主力。刘邦屡建战功却虚心谨慎，而项梁屡胜而骄，疏于戒备。

在秦二世二年九月的定陶大战，起义军被秦军战败，项梁本人也被杀害，但是项羽率领起义军继续与秦军作战。定陶大战之后，楚怀王由盱眙迁到彭城，农民起义军就确定了入定关中的战略决策。秦二世二年（前208）九月，楚怀王与各路将领约定"谁先入定关中就给谁封王"。当时，秦军实力仍然很强大，经常击败农民军，所以大家都不认为率先攻打关中是件有利的事情。项羽想要报秦军杀死项梁之仇，于是让沛公一起向西攻打关中。而楚怀王的一部分老将认为项羽为人狡猾、狠毒，不如派遣较为忠厚、仁义的刘邦向西进攻。因为楚军那时已经多次进兵攻打关中，在此以前陈王和项梁都失败了。秦朝的暴政对关中的百姓造成的痛苦很深，现在如果能派忠厚长者前往，如果不使用残暴的手段，应该能够攻下关中。楚怀王采纳了老将们的建议，最后决定让刘邦率部向西攻打关中。

随着秦王朝的灭亡，农民军反秦的斗争转化为农民军领袖之间争权夺利的斗争，其中最主要的是刘邦和项羽这两大反秦主力之间进行的长达五年的楚汉之争。这场战争比之前的倒秦之战更能体现出刘邦的才能。

五年期间，刘邦总是战败，时时处于弱势，但是却总有人给他献计，他自己也是从善如流。其实，国与国之间的竞争就是人才的竞争，那时也是如此。荥阳一战，汉军被楚军切断粮道，困于荥阳，假如被楚军俘获，将有生命危险。刘邦十分着急，连智多星张良都没有办法。就在这时，进来一将，他慷慨陈词情愿粉身碎骨报答刘邦的知遇之恩，这个人就是汉将纪信。他对刘邦说："几个月了，大王困守于此恐怕坐以待毙，不如突围出去。可是现在四面都是敌人，我愿意代大王出去诈降，您再趁机逃走。"刘邦一听非常感动，含着热泪说："将军如此忠诚，希望老天保佑将军平安。"纪信见刘邦如此动情，表示视死如归。

然后，刘邦招来陈平，把纪信愿意代降的话告诉了他，但是如何逃脱呢。陈平想出了一个办法，刘邦觉得非常好，于是马上给项羽写了封降书，说当晚就投降。楚军很高兴，可是到了夜里却发现只是一群妇女穿着甲胄走出城来，他们又狐疑又觉得有趣，很多人都来看热闹，看守城门的此时也放松了警惕。趁着这个机会刘邦就溜走了，纪信被项羽烧死。历史上有名的"鸿门宴"，同样是张良献计，众臣辅佐，刘邦才得以逃脱。

还有一次楚汉两军相持很久仍然未能决出胜负，兵将们都感到非常累了。刘邦和项羽隔着广武涧开始对话，项羽说："我要跟你单打独斗！"可是刘邦知道自己打不过他，于是就实施"君子动口不动手"

的策略，说了十条项羽的罪状，最后还将了一下："我没有必要跟你斗狠。"项羽听了大怒，于是用暗箭射中了他。当时刘邦胸部受伤，却按着脚说："这贼子射中了我的脚趾头！"

见过咸阳宫廷的刘邦早已经做起了皇帝梦，刘邦衡量当时的局势，因为自己一无实力，二无条件，一时之间不可能与盟主项羽公开敌对，只有接受分封，以后从内部进行破坏，才可能有出头之日。当时他的根本态度，已经从反秦转为反楚。这与天下人的愿望是对立的。之后的五年时间，他的一举一动都在反楚，使出浑身解数，挑拨离间，又打又拉，是从内部瓦解楚王朝阵营，围攻盟主项羽，一定要置之于死地。当时有许多人上了他的当，看不清反秦还是反楚这个大方向，只去计较个人之间利害得失的小是非，跟着他跑。结果兔死狗烹，自食其果。

2. 泗水亭长，妻室身世

流氓原指无业游民。因无正当职业，而又要生存于世并时常做出一些比他人活得更自在更快活更潇洒的样子，只有使出放刁、撒泼、耍赖等手段达到目的。于是，流氓的意义现在也就引申开来，与不务正业、为非作歹、恶劣下流画上了等号。

刘邦生于公元前256年，是泗水郡沛县丰邑中阳里（今江苏丰县）人。他出身寒微，世代务农，家里人都没有一个正儿八经、像模像样的名字。古时候对上了年纪的男子、妇人分别尊称为公与媪，兄弟排行的次序以孟、仲、季相列，于是，刘邦的父亲就叫刘太公，母亲叫刘媪，大哥早死，二哥叫刘仲，他是老三，理所当然地就叫了刘季。

刘邦小时候家境贫穷，父母不可能送他上学识字念书，刘公刘媪这对老实巴交的农民可能压根儿就不会产生让自己的儿子读书的念头，也许是想不出来读书有什么用吧。中国农民最讲究实际了，只有务农种田、糊口度日才是生命之要义。可能是认为这种“脸朝黄土背朝天”的生活方式没有出息，刘季从小就“不事家人生产作业”。他不种田，但是又没有别的事情可干，就整日游手好闲、东逛西窜。刘公刘媪自然是气得不行，对他又打又骂，办法使尽，可就是无法将他束缚在几亩田土之上。时间长了，父母管不了那多，也就只好听之任之了。

在刘邦内心深处，或许他真的瞧不起种田这一单调乏味、沉重苦闷的行当。父母干了一辈子，又怎么样？累得腰弓背驼、骨瘦如柴，常常是衣不蔽体食不果腹。如果以此为生存根本，那么自己这辈子的出路与“下场”不会比父母强。他的心中时常涌动着一股朦胧的豪情壮志，总觉得自己与众不同，将会干出点了不得的大事出来。当他跃跃欲试地放眼四顾的时候，周围却找不到一个施展抱负的出路。

最后，刘邦只有将满腔激情压在心中，苦闷得不行，每天喝酒作乐，喝得酩酊大醉，玩得不分东南西北。喝醉了无知无觉就会言行失控，常常随地而卧，一边呕吐一边破口大骂，一些污秽难听不堪入耳的脏话会随口说出来，还经常伴以手舞足蹈的动作，样子十分的不雅。但是后来做了皇帝，人们就把他神化了，说他年轻时只要一喝醉呀，头顶就会出现一条长龙，盘旋着射出一道迷人的光彩。

如果没有正当职业，当然就不会有稳定的收入来源。而吃喝玩乐都需要银子，获得银子的方法就是以流氓手段得到。可想而知，刘邦年轻时候的名声肯定很坏。但是，长期的流氓生活也使刘邦获得了很多的利润，钱财来得快同时也就去得快，从此就养成了他喜好施舍、豁达大度、宽厚仁爱的性格；不发愁生活，不被土地束缚，不被物役拘束，乐观开朗，行动洒脱，善于权变通达；走东串西，见多识广，视野较他人开阔；虽然时常遭人议论，却也不为世俗所左右，不受传统观念束缚。

到了壮年，刘邦混了个泗水亭长的职位。这一职位，不知道是他通过“流氓”手段，还是通过贿赂上级官员，或者是凭着真实本领弄到手的，反正这是他人生的第一次转折。官虽小，可算是有了一份稳定的收入，而且获得了社会对他的认可，这在官本位的封建时代里显得至关重要。刘邦走马上任，大家就开始亭长长、亭长短地呼来叫去了，他那一直潜隐着的自尊第一次得到了某种程度的满足。

其实，他并没有满足于此，他虽然没有什么远大的目标与不达目的誓不罢休的追求，但总觉得自己的未来应该不仅仅是一个小小的亭长就可以满足的。

一次，刘邦应征徭役来到咸阳，看到了秦始皇出巡的车驾仪仗，那浩大的气势与无上的尊严在一瞬间就唤醒了他内心那朦胧而潜在的强烈欲望，于是，他不由得发自内心地感叹道：“唉，大丈夫当如此也！”

之前，皇帝的高贵与荣光他可能想都没有想到过，此次一见，不觉眼界大开，心头顿生羡慕之情，要是能够像秦始皇那样风光，该是何等威风何等惬意呀。当然，也仅仅是心里想想而已，他并没有去把它当作自己的人生目标来追求，因为那毕竟不过是一座空中楼阁，实在是太虚无缥缈了。

刘邦还没有起兵之前，吕雉就嫁给了刘邦。当时，刘邦只不过是沛县泗水亭长。按照秦国的规定，十里设一亭，亭设亭长；十亭设一乡。大概的意思就是十个村子合起来叫一亭，十个亭合起来叫一乡。因此亭长比乡长低半级，比村长高半级，主要职责是维护所辖亭部范围内的治安，兼有迎送过往官吏、递送官府文书等事宜。

刘邦娶媳妇的过程非常有意思。论长相，刘邦的鼻梁生得很高，胡须很美，腿上有 72 颗黑痣，而且自己编个竹冠戴在头上，被当地人称为“刘氏冠”。即便如此，因为他不事生产、整天游手好闲，最终没有人愿意将女儿嫁给他。这样一来，刘邦到40岁也没有成亲，仍然是光棍一条。

这一年，单父（今山东单县）吕公因为避仇迁到沛县。因为沛县县令和吕公交情很深，就为其准备接风酒。沛中豪门望族为了讨好沛令、巴结吕公，纷纷去道贺。萧何在筹备酒宴时规定：凡是贺钱不满一千钱的，只能坐在最下面。刘邦进门时神气十足地诈称“贺万钱”，其实上他一分钱都没有带，于是就被安排到上座。吕公听了以后大惊，觉得刘邦将来会有出息，就将女儿嫁给他。

刘邦娶妻时43岁，而吕雉只有28岁，不论在当时还是在现在，他们应该属于大龄青年。此前，刘邦没有结婚，是因为游手好闲，大家都看不起他。吕雉不结婚，是因为吕公一直想给她选一个好女婿，属于沽名钓誉型。吕公选中刘邦，他的妻子十分生气，但吕公坚持自己的意见，直斥女人家懂得什么。

婚后，吕雉生了两个小孩，也就是后来的汉惠帝刘盈和鲁元公主。吕雉娘家虽有钱，可是婚后也经常干农活儿。有一天，吕雉和两个孩子在田里干活，来了一位老人讨水喝。喝完之后，老人对吕雉说：“夫人是天下的贵人呀。”刘邦回来听说后，赶紧追去让老人给自己看相。老人看完之后告诉刘邦：贵不可言。

刘邦登上皇位后，儿子刘盈就被立为太子，吕雉也成了皇后。刘邦、刘盈死后，吕雉把持朝中大权长达九年，史称吕后。吕后性格刚毅，当刘邦四处征战时，她和萧何留守后方，为刘邦取得天下立下了不小的功劳。刘邦当年和项羽争夺天下，在彭城大败的时候，吕后的弟弟吕泽保存了一支建制完整的部队，帮刘邦渡过难关。吕后的妹夫樊哙也是刘邦的干将。因此，这时外戚可谓实力强大。

刘邦得天下后，杀韩信、彭越等功臣，吕后为此做出了很大的贡献。史书记载，彭越因为谋反被告发之后，刘邦派使者突然逮捕了彭越，囚禁在洛阳。后来刘邦把彭越免为庶人，流放蜀郡青衣(今四川芦山县)。在去蜀郡的路上，彭越刚好碰见了从长安回洛阳的吕后，他就向吕后申诉自己无罪，想要回故乡昌邑。吕后满口答应，就带他一起返回洛阳。回到洛阳之后，吕后告诉刘邦："彭越是位壮士，如果把他流放蜀地，岂不是给自己留下祸患吗？我已经把他带回来，应当赶快杀掉。"吕后于是使人告发彭越继续谋反（自然这多半是诬告），最后彭越被夷灭三族，把彭越剁成了肉酱。刘邦还很残忍地将这肉酱做成人肉丸子，送给功臣们，强迫众人吃下去，警告那些想要谋反的人。

在刘邦称帝之前，他长年在外征战，吕后独守空房，时间一长就觉得寂寞。据说，因此与审食其关系暧昧。吕后把持朝政之后，审食其成了最受她宠幸的人，后来被刘邦的另一个儿子刘长所杀。刘邦还是汉王的时候，得到一个姓戚的定陶女子，对她十分宠爱，经常让她陪自己出征却让吕后留守。在戚姬日日夜夜吹枕边风的情况下，刘邦多次想要立戚姬的儿子如意为太子。吕后的弟弟建成侯吕释之，赶紧向张良请教。张良出主意，让吕雉的儿子刘盈想办法，请来了刘邦最想见到的"商山四皓"，这样才保住了刘盈的太子地位，后来继位为惠帝，但吕雉和戚姬从此结仇，刘邦死后，吕雉派人砍掉戚姬的手脚，挖掉戚姬的眼睛，弄聋戚姬的耳朵，灌药酒让戚姬不能说话，然后把她放在厕所里，起名"人彘"。

3. 能屈能伸，楚汉战争

刘邦在沛城起兵的同时，原楚国贵族的后裔项梁、项羽叔侄也在吴中起兵（今江苏苏州市吴中区和相城区）。他们杀了会稽郡守，很快组成了一支8000人的江东子弟兵。六国其他一些贵族也都纷纷起兵，自立为王。

秦二世元年（前209）十二月，陈胜被自己车夫庄贾所杀。次年（前208）六月，项梁知道陈胜确实已死，就在薛县召集各部将领，立了楚怀王，定都盱台（今江苏盱眙）。这时，秦大将章邯已经把魏国和齐国攻灭。到了七月，楚军经过休整，开始向秦国反攻。楚军连连胜利，项梁被胜利冲昏了头脑，骄傲起来，对于别人的进谏也不听。九月，章邯得到秦关中的援兵后，突然夜袭定陶。结果楚军大败，项梁被杀。章邯在击杀项梁后，认为楚国已不再构成威胁，就渡河进攻赵国。赵王向楚怀王求救。接到赵国的求援信，楚怀王和众将商讨，决定分兵两路：一路以宋义为上将军，项羽为次将，范增为末将，北上救赵；一路以刘邦为将西进关中。楚怀王曾和诸将约定：先进入关中的就称为王。

经过连番征战，公元前206年八月，刘邦攻入武关，继续向咸阳逼近。秦相赵高杀死二世，派人向刘邦求和，刘邦拒绝。九月，秦王子婴即位，他诛灭赵高，派兵在峣关抵挡刘邦。刘邦率军绕过峣关向秦国进攻，在蓝田之南打败秦军，接着到蓝田又大破秦军。十月，刘邦即进抵咸阳东郊霸上（今陕西西安东）。秦王子婴被迫乘坐素车白马，在脖子上系了一条白色的带子，捧着玺印向刘邦投降。秦王朝正式灭亡。

十月，刘邦进入咸阳。当时他以"关中王"自居，准备就住在宫中，好好享受一番。樊哙提醒刘邦不要重蹈秦的覆辙，他却不以为然。因此张良又再一次进谏说："秦王朝的统治是残暴无道，所以才能使你进入关中。你想为天下除去残暴，首先就要做出朴素的表率，现在刚刚入秦，就要安于享乐，这是所谓'助桀为虐'，况且，'忠言逆耳利于行，良药苦口利于病'。樊哙说的虽然不中听，但为了夺取天下，我希望你还是听从他的劝告。”这样，刘邦才收起享乐的想法，“封秦重宝财物府库，还军霸上”。只有萧何是带着“秦丞相御史律令图书”，回到军中。

项羽消灭秦军主力后，也率军向关中进发。汉王元年（前206）十二月，他来到函谷关。听说刘邦已平定关中，项羽大怒，当即命当阳君英布攻破函谷关，接着率40万大军开到戏下（今陕西临潼东北戏水西岸）。这时，谋士范增坚持劝项羽赶快除掉刘邦，于是他下令犒劳士兵，第二天早上就向刘邦进攻。刘邦当时只有10万人，在兵力上是完全处于劣势的。在大难就要临头的时候，刘邦盼来了救星。这个救星不是别人，是项羽的叔叔项伯。项伯和刘邦的谋臣张良交往甚密，张良曾救过他的命。他听说项羽马上就要向刘邦进攻，就连夜进入刘邦军中，想把张良带走。张良却说：“沛公有大难，我作为谋臣不能一声不响就走，要走也得把这个事情告诉他。”刘邦听了大惊，要张良赶快考虑对策。张良说：“你现在应该亲自对项伯说明，你不敢背叛项王。”刘邦对项伯以好酒招待，并约为儿女亲家，然后说：“我入关后，秋毫不敢所取，登记吏民，封存府库，以等待将军（指项羽）。所以派遣将士守关，是怕盗贼和其他意外。我日夜盼望将军到来，怎么敢反叛呢？希望您能替我向将军说明这个情况。”项伯答应了，对刘邦说：“你明天清早一定要亲自去跟项王赔礼。”刘邦答应了，项伯即连夜返回，把刘邦的话全部告诉了项羽，并劝告项羽说：“如果沛公不先攻破关中，你能顺利入关吗？人家是有大功的，你不该以兵相待才是。”项羽表示同意，于是取消了进攻的计划。

第二天一早，刘邦就率张良、樊哙和100多个骑兵来到项羽的帐前，向项羽赔礼。项羽宴请刘邦，席上二人明争暗斗，剑拔弩张，演出了历史上著名的“鸿门宴”，项羽差点要杀了刘邦，刘邦借故脱身躲过此劫。鸿门宴后，项羽即率兵西屠咸阳，杀秦王子婴，烧秦宫室，掳掠财物妇女，然后东归。

四月，项羽遣诸侯各自回国。刘邦没有办法，也只好前往南郑。项羽当时只给了他 3 万士兵，加上自愿随从的几万人，也不到 10 万人。所以为了防备其他诸侯的袭击，也为了向项羽表示不再东出争夺天下，刘邦接受张良建议，把通往汉中的栈道烧了。就这样，从陈胜开始反秦到秦灭亡，长达 3 年的战乱暂时平息。

刘邦来到南郑，可是他并不甘于受封于汉王，但是考虑到自己势单力孤，当时才没有立即起来反对项羽，而到了南郑之后，情况发生了变化：一方面，刘邦所率士卒不服水土，都想东归，他必须立即决断；另一方面，项羽分封不均，齐国田荣起兵反叛，也为他提供了东进的机会。于是刘邦决定出关与项羽一决雌雄，恰好丞相萧何又向他推荐将才韩信，认为“必欲争天下，非信无可与计事者”，他便任命韩信为大将。韩信向刘邦建议：“我们的军吏和士卒都是山东（指函谷关以东）人，他们都日夜盼望东归，借助这股士气，可以建立大功。我们应立即决策，率兵东进。”刘邦非常高兴，就让他全权部署作战计划。汉王元年（前 206）五月，刘邦以萧何为丞相，留守巴蜀，管理后方的事项，自己则和韩信率领大军暗度陈仓（今陕西宝鸡东），很快占领了整个关中，楚汉战争正式爆发。

汉王二年（前 205）十一月，正当项羽与齐、赵激战时，刘邦率兵出关向中原进军。汉军声势浩大，56 万人东向伐楚，很快攻下了彭城。

项羽知道刘邦出关东进后，没有选择立即回去迎战。他打算把齐国彻底击破后，再全力对付刘邦。后来听说刘邦已经占领彭城，便率领精兵 3 万，急忙回到彭城。当时刘邦还在彭城置酒和各路诸侯庆功，楚军在早晨向汉军发动进攻。一天之内，就打败了汉军，汉军沿谷、泗二水溃退，被杀死十几万人。又在灵璧（今安徽宿县西北）东濉水被项羽追上，又有十几万汉军被杀死，“濉水为之不流”。刘邦仅与数十骑逃脱，路上恰遇女儿和儿子，而父亲和妻子却被楚军俘虏。各路诸侯看到刘邦大败，纷纷叛离。

刘邦退到荥阳，收集逃散的士卒。这时，萧何从关中派来增援部队，就连五六十岁的老人和不满二十岁的青年都被征入伍。与此同时韩信也收兵前来会合，汉军复振。五月，在荥阳南边京、索之间击破楚军，使楚军不能越荥阳而西。在此期间，刘邦还派说客说服英布叛楚。英布是项羽手下的一员猛将，他的反叛不仅使项羽丧失一支重要的力量，而同时由于项羽要分兵平叛，就给刘邦的正面战场减轻了压力。

五月，楚军对荥阳猛攻。在这种情况下，将军纪信建议刘邦，让自己代替他假装投降，以使刘邦借机逃离。

项羽占领荥阳后，接着又攻克重镇成皋（今河南荥阳汜水镇）。汉王四年（前 203）十月，刘邦把成皋收复。刘邦攻占成皋后，立即进围荥阳。项羽听说成皋失守，立即回师。刘邦撤出包围向后退，两军在荥阳东北的广武山形成对峙。

双方这样对峙了 10 个月，刘邦兵盛食多，而项羽兵疲食绝。最后在辩士侯公的说和下，刘邦和项羽约定：双方以鸿沟（今河南荥阳、中牟、开封一带）开界，“中分天下”，西边属汉，东边归楚。并且项羽把刘邦的父亲和妻子放了回去。

鸿沟之约后，项羽率兵东去，刘邦也想引兵西还。张良、陈平却进谏说：“汉已据有天下大半，诸侯又归附，楚已兵疲粮尽，这是天要楚灭亡的好时机，不借这个机会消灭项羽，那真是养虎为患了。”刘邦觉得有道理，立刻向楚军追击。这便是毛泽东诗中的“宜将剩勇追穷寇”的典故。

汉王五年（前 202）十月，刘邦派遣使臣与韩信、彭越约期会师，共击项羽。到了固陵（今河南太康西），韩、彭两军未至，项羽向刘邦发起攻击，汉军大败。刘邦只好又坚壁固守。他向张良寻求计策，张良说："若能以齐地实封韩信，以梁地实封彭越，他们肯定会全力帮你击败项羽。"于是刘邦派人告诉韩信、彭越，只要他们合力击楚，打败项羽后，他们就可以被封为王。韩、彭立即回报："我们马上进兵。"从而，汉军在兵力上占据了绝对优势。到十二月，双方在垓下会战，汉军30万人团团围住了项羽。最后，楚汉战争以项羽自刎，刘邦胜利作为结局。

4. 豁达大度，从谏如流

当时刘邦以一平民身份，在秦末起义群雄中脱颖而出，战胜强大的敌手项羽，夺取天下，开创几百年的王朝基业，彻底打破了几千年以来的世卿世禄制度，这在中国夏商周以来的历史上，应该都算是第一人吧。

刘邦之所以能胜利，他自身的一些因素起了重要作用。

首先，他对社会生活比较熟悉，了解人民心理，同情人民的疾苦。早先，他与项羽及众诸侯相约，最先夺取关中者为王。后来进入关中后，他对父老乡亲们说："你们受秦的苛法很久了，我来是为你们'除害'，不必惊慌。"他对大家约法三章：杀人者死，伤人及盗抵罪，余悉除去秦法。老百姓用牛羊酒肉慰问他的军队，他都不接受。他说，粮食多，不要浪费。这样"人又益喜，唯恐沛公不为秦王"。而和项羽对比之下，虽然他勇武善战，军事实力比刘邦强，可是他却是一个残暴成性的"霸王"，所到之处，烧杀抢掠，"秦人大失所望，然恐，不敢不服耳"。刘邦虽然即皇帝位，基本上也是实行秦朝的封建统治制度，但他实行与民休养生息的政策，对内定律令、定军法、定礼仪，提倡节俭；对外与少数民族匈奴单于等实行和亲，以求得边界稳定。这些，都为汉王朝的兴盛奠定了基础，开了好局。

其次，刘邦豁达大度，从谏如流。他善于听取别人的意见，不固执武断。一个是他采纳郦食其攻取陈留的计策；另一个是听张良劝说，封举足轻重的韩信为齐王；还有一个就是楚汉划界鸿沟后，听张良、陈平的劝说，乘胜追击引兵东向的项羽。还有的说法是刘邦称帝后，欲建都洛阳，听取齐人娄敬的建议，入都关中长安。这些举措都非常正确，使得刘邦一步步走向胜利。

第三，刘邦善于任用人才，吸取别人的长处。建立汉朝后，有一次刘邦曾与自己的大臣讨论自己胜利、项羽失败的原因，各位大臣都做了分析，他都不赞成，最后拿出自己的见解来：“夫运筹策帷帐之中，决胜于千里之外，吾不如子房。镇国家，抚百姓，给馈饷，不绝粮道，吾不如萧何。连百万之余，战必胜，功必取，吾不如韩信。此三者，皆人杰也，吾能用之，此吾所以取天下也。”众臣听罢，都是心服口服。刘邦的确知人善任，唯才是用，同时加上自己的进步，成了天下无敌的杰出政治家。就这样，曾经的一个泗水亭长成了叱咤风云的英雄，创建了布衣帝王的汉家天下。

刘邦登上皇位后，昔日的功臣淮阴侯韩信、淮南王英布等异姓王发生叛乱，他亲自征讨，回到家乡沛县后，与故乡父老子弟饮酒时作了一首《大风歌》，诗云：“大风起兮云飞扬，威加海内兮归故乡，安得猛士兮守四方！”这首诗唱出了这位开国皇帝的真实心态，既流露出英雄叱咤风云的豪迈之情，又流露出失去患难与共的良将时无所依靠的空虚感。

刘邦称帝后，建立大汉，使秦开创的社会制度得以延续下来，使初建的封建一统制度没有被搁浅，没有使中国社会倒退到群雄逐鹿、硝烟烽起的春秋战国时代；同时革除秦的严刑峻法、苛政弊端，实行轻徭薄赋，与民休息，成为一个与时俱进的明君，成就了400余年汉王朝的基业。在这400余年的历史进程中，形成了中华民族以“汉族”为主体的格局，并贯延至今，真正使中国实现了第一个民族大融合，出现了经济大发展、社会大进步的局面。这也是刘邦对历史的贡献。

第三章

史上最具争议的篡位者——王莽

千百年来，在人们的心目中，王莽“野心家”和“伪君子”的面目已经定格。他大奸似忠，一贯以谦恭、简朴、大公无私的面目示人，但最终还是露出了自己的真面目，夺取了刘家汉室江山社稷。结果，他和他的王朝在流民暴动和豪族叛乱中被埋葬，死无全尸。这张脸谱就是王莽的本来面目吗？似乎不是。胡适说他是一个大政治家，黄仁宇说他是一个大书呆子。野心家、伪君子、政治家、书呆子，王莽究竟是一个怎样的人？

1.“孝悌”楷模，名扬天下

西汉时的王莽从其出身而言，应该算是豪门。他父亲虽然早死，但他的几个伯父、叔父在汉成帝时代一个个出将入相、封侯受赏，王氏一门可谓显赫一时。

可王莽本人的家里却是寒微至极，父亲早逝，只与母亲相依为命，靠亲戚周济生活。但也正因此，王莽从小就练就了一套为人处世的本领，可以说是少年老成。无论心中多么难过或气恼，但在亲戚长辈或外人面前，他都表现出十分愉悦、平和的样子，因此颇为宗族中众人赞赏。

王莽为获得权力，对自己要求很严格。他聘请德才兼备的学者政客做幕僚，把得到的赏赐分给部下，用家中的余财施舍穷人。

一次，母亲有病，各公卿大臣们纷纷派夫人前来探视，负责招待客人的王莽夫人，身穿短衣布裙，客人们以为她是奴婢。此事传开后，王莽的名声更响亮了。

又有一次，他的大伯父病重，他得知后跑来，守候在病人床前，端药送水，守夜看护，一连几个月衣不解带，蓬头垢面，憔悴不堪，简直比病人还“病人”，比亲儿子还“亲儿子”。对此，全族上下无不夸赞，纷纷上书，为他请求封赏。

于是汉成帝封他一个新都侯称号，并任命他为宫中侍卫，成了皇帝身边一位近臣。虽然地位高了，权力大了，但王莽从不露出半点骄矜懈怠神色，反而更加谦恭有礼。一方面广为结交公卿将相、名士大儒；一方面又赈济穷困、轻财好施。而自己生活却十分俭朴，常常不吃荤菜，更不穿长袍大袖的礼服，只一身短衣打扮。于是朝野一致以一个“贤”

字称赞他。后来，他的叔父、大司马王根退休，举他以代。皇帝及众大臣都认为最适当不过，于是，38 岁的王莽便当了掌握全国最高军权的大司马。

正当他仕途顺畅之时，汉成帝去世，汉哀帝上台。汉哀帝排斥王家。为了退保其身，王莽忍痛辞官回家，那一段时间，他经常大发雷霆，动辄怒骂、哭号，为多年用心付之流水而痛苦不已。

世事难料，汉哀帝继位不久就去世了，而且皇族无后，连个主持丧事的男人也找不到。于是，当时已是太皇太后的王莽的姑母王政君就凭当年印象，把王莽宣进朝来，让他主持丧事，并又重新任命他为大司马兼任尚书。司马掌管最高军权，尚书相当于丞相，掌控最高行政权。两职集于一身，王莽一下就成为举足轻重的人物。

重新掌权的王莽决心利用这千载难逢的机会，大显身手。他草草处理完哀帝丧事后，就提议让年仅 9 岁的刘衎为皇帝。太皇太后对他是言听计从，于是，西汉最后一个皇帝汉平帝继位，而实际权力则自然由王莽掌控。王莽此时思来想去：汉朝自开国以来，已经历 11 个皇帝、200 余年。近几十年内，几个皇帝都是庸才，大臣又多贪鄙，国困民穷、怨声四起，可见大汉气运将尽了。目前大权既已在握，应当把握时机了！

不过王莽并不莽撞，他深知贸然行事只会“欲速则不达”。于是，一场场由他精心设计的戏慢慢开演了。

汉平帝元年，正月新春，王莽率百官到长乐宫长信殿给老太后贺节。礼拜完毕后，有越裳国使臣请求觐见老太后并献宝。

“越裳国在什么地方？”老太后问。

大司徒孔光道：“远在西南蛮夷之地，距中原千山万水，已经很久不同朝廷来往了。”

“他们远道而来不容易，传见！”老太后道。

于是两个青帕裹头、银饰遍身、脚穿草鞋的人走了进来，一个人捧一只金丝编的鸟笼，里面各装一只洁白如雪、纤尘不染的白雉。拜贺后，把白雉献与太后。

王莽一见，喜笑颜开地冲太后行礼致敬："古书曾载越裳国献雉的事，乃国家祥瑞的兆示！今日又献白雉，大汉朝必将有喜庆事来临！"群臣齐跪拜高贺："万岁！"

老太后高兴起来，笑着问："贵国可有国书？"

那使臣送上国书给王莽，王莽又呈给老太后。

"老眼昏花的，我看不清这些小字儿，大司徒给读一下吧！"太后道。

大司徒孔光于是当众朗读起来："小国之君欣闻大汉皇帝新立，大司马王莽辅政，感奋莫名，不期周公之贤才再见于中国，成康之治必重现于当代。敝国地小民贫，无以为献，谨以白雉一双，聊表敬意。"

周公是历史上有名的开国功臣，成康之治则是周公辅佐周成王开创的圣明政治局面，被为历代历朝称颂。据史书载：只有那时，曾有越裳国献白雉于朝的事。

孔光读罢，马上跪拜启奏："周公有道，因此才能致远方来使。今大司马迎幼主、辅朝政，功德堪与周公并列，才又有白雉进献之盛事吉兆。臣请太皇太后顺应天意人心，赐大司马'安汉公'称号，并厚加赏赐，以奖功褒德！"

古代封赏大臣分五等，即公、侯、伯、子、男。"公"为第一等。春秋时，所谓"公"就是一国之君主，如齐桓公、晋文公等。所以自秦朝以后，历代皇帝封赏臣子，最高只是"侯"而已。开始众朝臣一怔，后来见与王莽亲近的手握大权的几个朝臣已跪下拜请，为明哲保身，也接二连三跪下来，一齐请太皇太后降旨。

太皇太后还没来得及说话，王莽惶然不知所措地也跪下来，大声道："越裳献雉，全因太皇太后德高望隆；国家兴盛，也是臣与孔光、王舜、甄丰等众大臣在太皇太后指导下，共同致力所至。我怎么敢独享其功？！恳请太皇太后褒奖孔光等众位朝臣！臣为太皇太后骨肉至亲，报效朝廷乃臣之天职，当隐而不提！”

孔光等人争辩道：“赏有功而褒有德，乃朝廷之大法，岂能因骨肉至亲而不行？”

众大臣越推举，王莽越是推让。双方争执不下。太皇太事非常感慨地说：“多年只见大臣贵戚们争权夺利，哪有这班朝臣这种谦让奉公的美德？”正考虑应如何处理时，王莽道：“臣誓不受封。若不如臣之所请，臣便告退还家！”

老太后只好降诏：“成全大司马居功不傲的古君子之风，孔光等人各加官一级、赏万户。”

孔光等人骤然间又升官、又发财，也是喜出望外。对王莽更是感激涕零，于是跪下来不起来，再说企求说：“大司马功高泰山，若不显扬功德，臣等死不受赏！”

于是老太后不顾王莽再三推辞，下诏道：“以大司马、新都侯王莽为皇帝太傅，总领百官，位在三公之上，赐号称安汉公，赏二万八千户，不得辞让！”

王莽匍匐在地，非常激动地说：“太皇太后隆恩，臣不敢再推辞。但臣谨收太傅、安汉公称号，二万八千户，臣实在不敢受。近年天灾频繁，百姓衣食不济，待百姓衣食丰足，臣再受不迟。”

众大臣没有不被感动的，连太皇太后也为自己这侄子的高风亮节感动得泪流满面。

王莽辞去二万八千户的赏赐，又乘机奏请封赏刘姓皇室子弟数十人，连那些退休在家的老病官吏，也一一予以赏赐，太皇太后自然无一不准。于是，朝廷上下到处是对王莽的感恩戴德之声。谁会想到那不远万里送到京师的白雉，竟然是王莽令地方官花重金招诱越裳人送去的，就连那封国书也是按他的意思所写。仅仅这一件事的策划与实施，花费的银两就足够几万饥民十年的钱粮。

紧接着这年冬天，趁国内大旱、灾民遍野之机，王莽就又大张旗鼓地上书：献钱百万、私田三十顷，以助灾民。安汉公一带头，谁敢不献钱献地？就连平日横征暴敛的贪官污吏们也纷纷以个人名义，把巧取豪夺的百姓血汗钱也贡献出来以响应安汉公的义举。下属官员替他宣传：天灾民困，安汉公坐立不安，已半年不吃肉食了！于是，招引得太皇太后连连降旨，劝他为国为民，必须吃肉，等等。于是，国内百姓，无不顶礼膜拜，视王莽为千古难得的圣贤！

2. 毒死平帝，假帝变真

又过了两年，汉平帝 11 岁了，于是王莽又把自己 14 岁的女儿许配给他为皇后。为此，朝廷赏赐王莽两县二乡的土地和一万万钱的聘礼。王莽以救济灾民为理由拒绝接受。对此，九州臣民简直把他视为亘古未有的圣贤！由于他的退还土地、拒绝钱财，还引起了全国“公愤”：据说全国上书为他再次请赏的达 407572 人之多！几乎相当于全国人口的十分之一。于是，全国范围内又一次掀起了赞颂王莽的高潮。当然，这高潮的掀起，到底是百姓发自内心，还是各地官吏有意制造，就只有天知地知了。

哀帝没有后代，他死后，平帝是被王莽等人拥立为皇帝的。平帝是中山王的儿子，当时才 9 岁。平帝的母亲卫姬、舅舅卫宝、卫玄等人都不准进京，只赏给爵位。

扶风功曹申屠刚向太皇太后王政君要求允许卫氏一家入京。申屠立即被王莽撤职查办。王莽的大儿子王宇秘密派人联络卫宝，叫卫宝请求入京。王莽拒绝了卫氏的请求。

王宇与老师吴章、妻兄吕宽商议此事。吴章认为王莽迷信鬼神，可以扮鬼神吓唬他，再以上天意愿来劝他允许卫氏进京。

在一个漆黑的夜晚，吕宽弄些鲜血洒在王莽家的门上，可惜弄出了响声，被逮住了。王莽知道后把王宇打入死牢。王宇服毒自杀。王宇的妻子怀有身孕，在狱中生下孩子后也被处死。王莽把一切与自己有矛盾的人统统诬蔑为吕宽的同党，连汉元帝的妹妹敬武公主、梁王刘立、王莽的叔叔红阳侯王立、堂兄弟平阿侯王仁，都被迫自杀了。牵连被杀的官员达几百人。

平帝母亲卫姬一家大多数被杀，少数被流放，只剩卫姬一个人被软禁在中山国。王莽与年幼的平帝争斗是以清除了所有的异己为结局，赢得了胜利。

王莽永不能忘哀帝时的教训，太皇太后王政君的年纪太大了，他担心姑姑死后会不利于自己，就想把女儿嫁给平帝。王莽上书给太皇太后："皇帝即位三年，仍未娶皇后。每次国家危机，都因皇帝没有太子。请按礼仪制度，选定 12 名后妃，使皇帝多子多孙。"遵从太皇太后的旨意，朝廷遴选了各世家千金多达两千人。王莽怕女儿落选，痛恨那么多人来竞争，就想出新花招，向太皇太后上书："我的品德不好，女儿容貌也差，不能当皇后。别选我女儿了。"

对于王莽的"赤诚"之心，太皇太后十分赞赏，下诏不选王莽的女儿。诏令刚下，竟有千余人纷纷对王莽的女儿大加赞扬："王莽的品行好，女儿漂亮，为什么要排除呢？我们盼望他的女儿母仪天下。"

王莽前去劝解，可是请愿的人越来越多，选皇后的活动最后却变成了王莽之女是否能当皇后的争论。最后，太皇太后派人去王莽家里考察，考察结果是："王莽的女儿贤惠漂亮。"

太皇太后派人算卦，结果也是“大吉大利”。王莽顺理成章成为皇帝的岳父，女儿成为皇后。王莽得到大量的赏赐和封地，地位高于刘姓诸侯王。王莽春风得意，刻“宰衡太傅大司马”印章挂在腰上，似乎没有更高的奢望了。

平帝的年龄越来越大，不满王莽的专权，王莽深感不安，就想除掉平帝。公元5年冬，平帝生病，王莽亲自到郊外祭天的场所祭天，自己愿意代替平帝得病。不久，平帝康复了。

可是王莽不能容忍平帝长大后对自己报复，借着腊八节进贡椒酒的机会，在酒里下毒。平帝喝了美酒后毒发身亡，死时仅13岁。

毒死平帝后，王莽决定再立一个皇帝。但是不知道立谁？平帝没儿子，汉元帝的直系子孙都没有了。只能在汉宣帝的后裔中选择，后来决定立广戚侯刘显的儿子刘婴。刘婴是皇室中最年幼的一个，刚两岁。

刘婴被放到皇帝的宝座上，对王莽来说是很有利的，王莽可以任意摆布刘婴。武功县县令孟通向朝廷奏报：有人挖井时挖到上圆下方的大白石头，写有“告安汉公莽为皇帝”八个大字。

王莽解释道：“上面说的‘为皇帝’，即摄行皇帝职权的意思。”于是王莽派王舜向太皇太后禀报。太皇太后没想到，侄子还有篡位的野心，大声斥责：“什么符命？摄行皇帝之事不准施行！”

王莽的堂兄弟王舜，不顾及太皇太后的态度，说：“只是摄政皇帝而已，又不是真皇帝，何必生气呢？再说，谁能阻止？”太皇太后没有办法，只好答应了。

王莽的心腹们草拟居摄的礼仪：王莽戴皇冠、穿皇服，背后有斧钺仪仗，坐龙椅上朝见大臣，听取政务，尊号称“假皇帝”，自称为“予”，发布命令同圣旨，群臣拜见时称“臣”。

公元6年正月，王莽成为“假皇帝”。3月，王莽立刘婴为太子，戏称为“孺子”，年号“居摄”，尊王莽的女儿为皇太后。“摄皇帝”

在历史上独此一家。

3. 称帝之初，大肆改革

王莽当政后，社会危机非常严重。为了缓和阶级矛盾，他维持“新”朝的统治，打出《周礼》的旗号，宣布实行改制。公元9年，为了缓和当时十分尖锐的阶级矛盾，第二年，他下诏进行大规模的改革，历史上称为“托古改制”。王莽宣布全国土地改称“王田”，不许买卖。仿照古代井田制，规定一家人口不满8口而田过一半（900亩），多余的土地要分给九族、邻里、乡党。没有田的人，一夫一妇可以受田百亩。同时，他还把私家奴婢改称“私属”，也不许买卖。王莽要推行的所谓“井田圣法”，没有从根本上解决社会土地问题，反而又把农民禁锢在“王田”里当牛做马；不仅没有解放奴婢，而且把占有奴婢作为制度固定下来。他的改革实质是复古倒退。

王莽实行了多次币制改革，使用了金、银、龟、贝、钱、布五物六类，28种货币，称为“宝货”。不仅名目繁多，而且将早已失去货币性能的原始货币，如龟壳、贝壳等拿来使用，造成了金融严重的混乱，货币贬值，而每改革一次，就是王莽集团对人民的一次大搜刮。大量的黄金、白银流到他们的腰包。

王莽还实行了“五均六管”，就是在全国几大城市里设“五均司市”，用以负责管理市场，平衡物价，收税和贷款；实行盐、酒、铁器官卖；钱由政府统一铸造；收山林、池沼和农商、手工业税，表面好似有益于民，这是王莽集团的又一次变相搜刮。王莽所用“五均六管”官，都是些大富商，如薛子仲、张长叔等人，家资都很丰厚。这些人有了特权，便乘机贱收贵卖，投机倒把，大发横财，就这样币制改革给商业带来严重的创伤，百姓更是一贫如洗。贫苦农民无处谋生，就连上山打猎、放牧，以及捕鸟、捕鱼、养家畜、养蚕、纺织，甚至缝补、算卦都要上税。

王莽还曾经多次改动官名和县名。如改大司农为羲和，后改为纳言，改少府为共工，改郡太守为大尹，县令长为宰。据《尧典》载正十二州名分界，后又据《禹贡》改为九州。有的郡甚至五易其名，最后又恢复旧称，他颁行五等爵，滥加封赏，却把受封的人留在长安食禄，有的人因为俸禄无着不得不当佣劳作，更多的官吏则竞为奸利，受贿赂以自给。这些改革不仅不能解决社会矛盾，反而使社会矛盾加剧。一旦贫苦农民触犯了“新法”，就要被罚为官奴婢。因犯禁被捕，押解长安去服劳役的人一次竟达 10 万之多。王莽当政时，还挑起了对东北和西南少数民族的战争，大量征发徭役和物资，使人民更陷入悲惨境地。而王莽却用搜刮来的民财肆意挥霍，大兴土木，修建庙宇。

4. 荒唐皇帝，毁于荒诞

当王莽成为假皇帝后，各地的叛乱接连不断。安众侯刘崇起兵叛乱，他与张绍集中几百人攻打宛城，战败了。张绍的堂兄张竦与刘嘉向王莽上书，称赞王莽的功德，于是他们就升官发财做了侯爵。

越是荒唐的建议，王莽越会接受。公元 17 年，王莽下令铸“威斗”。王莽亲自主持铸斗典礼。工匠们用不同合金比例的青铜，铸造长有二尺五寸、形状像北斗七星的“威斗”。王莽出行时派人保护着“威斗”走在车队的前边。

在宫中，有专人侍立在“威斗”一旁，随着“威斗”转动，王莽的龙椅也会转动，目的是保证他坐在北斗七星的斗柄上，妄想用北斗七星的神奇威力战胜起义军。

有个自称能看风水的人向王莽禀奏，称长安有“土功”象，就是要多搞一些建筑物。于是王莽下诏兴建宗庙，命大司马王邑、大司徒王寻主管此事，派十几名官员当监工，征十几万名工匠，兴建了9座宏伟的宗庙，祭祀从黄帝到他父亲王曼共9个人。建筑这项庞大的工程，王莽出卖官爵：六百斛米买一个郎官，出钱越多，职位也就越高。

这些买官的人，在百姓身上大肆搜刮钱财，变本加厉地搜刮百姓。王莽修庙，是为了压制起义军，却激起了更多的百姓造反，连长安附近的老百姓都造反了。

新始建国二年，王莽下诏实行五均六管，即在国都长安及五大城市设立五均官，政府管理物价，征收商税，由政府经营盐、铁、酒、铸钱和征收山泽税。

税收方面的研究者认为，王莽已经开始征收增值税了，这在历史上是第一次。

币制屡次改变，让人们早上赚到的钱下午就不能用了。王莽新朝的钱币造型很特别，主要有两部分构成：一部分是类似麻钱子的外圆内方的孔方形，另一部分是方形的。两部分连成一体，极为珍贵。

侍从郎官成修向王莽提出，黄帝是由于有120个妃嫔才成仙的。王莽大喜，下令大选美女，确立1位皇后、3位贵妃、9位嫔人、27位美人、81位御人，共121人，比黄帝多了一位妃子。

举行大婚时，王莽把白胡子染成黑色。大臣崔发现王莽焦急的样子，就说：“《周礼》上记载，国家危亡时，可以用痛哭来消灾，只有哭才能解决问题。”王莽带领群臣来到祭天之处，向天祷告：“上天让我当皇帝，为什么又让叛乱者四起呢？如果是我的错，请打雷劈死我吧！”

王莽在未篡位前，推举他做皇帝的势头已汇成汹涌大潮，全国各地络绎不绝给京师送来载有“天命”信息的奇石铜符，称王莽应该即位称帝。于是，王莽终于顾不得王政君的劝阻，当了真皇帝，给西汉214年历史画上了句号。因而，有人认为真实的王莽应是中国历史上独一无二的民选皇帝。

而客观地讲，在千百年流传下来不可胜数的野史小说中，王莽被过度丑化了。后人只是凭借推测，强加给他各色小丑的面具。不过，这些面具，也并非完全是空穴来风。王莽执掌了生杀予夺大权后，毒死13岁的汉平帝，挑选年仅两岁的刘婴做儿皇帝，自己成为幕后操纵朝政的摄政王，后来干脆篡汉自立，做了15年皇帝。据此，以正统道德标准来衡量，他应该是为人所不齿的。然而王莽却站在了这个最容易招致传统道德指控的审判席上。他早年尤其是以精通、践行礼仪而成名，就更加凸显了整个事件的滑稽性和讽刺意味。

第四章

乱世奸雄魏武帝——曹操

曹操在乱世中积极追求个人抱负的实现和自我的不断超越，以最终获得完全的“优越感”。由此，曹操一生以“安民定天下”为己任，以齐桓公、晋文公为榜样，追逐“老骥伏枥，志在千里。烈士暮年，壮心不已”的境界。同时曹操由于对自我有着许许多多的自卑和不安全感，所以信奉“宁我负人，毋人负我”。这使得他变得猜疑和行为复杂多变，令人难以捉摸。

1. 乘乱而起，成就霸业

汉桓帝永寿元年（155 年），曹操出生在沛国谯县（今安徽亳县），父亲曹嵩是宦官曹腾的养子，曹操出生时小名叫阿瞒。当时曹腾是汉桓帝时很有地位的宦官，汉灵帝政治腐败，朝廷可以标价出卖官位，曹嵩仗着曹腾的关系交了上万文钱后，当上了太尉，这在当时的官职中地位已经很高了，随后他又先后担任了司隶校尉，大司农等官职。由于家族势力很大，衣食无忧，少年时代的曹操缺乏管教，所以变得任性放荡，不懂礼教，也不受世俗的约束。因此周围的许多人都看不起他。可是他聪敏过人，遇事能随机应变，擅长射箭。所以，他受到了梁国人桥玄的器重。桥玄曾对曹操说："如今天下将要大乱，没有治世之才将无法拯救天下，也只有你是平定天下的人。"桥玄想让曹操早日出名，于是将他介绍给最有威望的许劭。许劭是一个品评人物，他仔细端详着曹操，然后对他评价"治世之能臣，乱世之奸雄"。这件事情很快传了出去，那些士大夫官僚们听到后，就开始注意曹操了。

公元 174 年，刚满 20 岁的曹操以"孝廉"的身份被地方官推荐给了朝廷，在父辈的帮助下做了郎官，任"洛阳北部尉"，他的政治生涯从此开始了。"洛阳北部尉"只是一个小官，负责洛阳北部的治安。但是曹操并没有轻视自己的官职，而是决定从小官做起，整顿好京城的秩序。他上任后，找人专门定制了十几根五色大棒，将其悬挂在县衙大门的两旁，目的是重申朝廷禁令和治安条例，将豪强权贵和平民百姓一视同仁，如有严重违犯者，一律用五色棒将其打死。有一天晚上，蹇硕的叔父倚仗家中的权势触犯了夜禁，他是皇帝身边太监。曹操依然按令行事，命人将其捉到县衙，处以棒刑。这件事传开后，京城中的大部分人都不敢随意违犯禁令，治安状况也因此有了明显的好转。

当时由于朝廷的严酷剥削和压榨，各地的农民自发组织起来，在颍川成立黄巾军，发动起义，后来，起义队伍日益壮大，统治者受到了严重威胁，便派兵前去围剿。曹操以骑都尉的身份，跟随皇甫嵩前去镇压黄巾军，由于他作战勇敢，又多次立功，因而被提升为济南相（太守）。济南（今山东历城东）是一个侯国，此地的王侯没有行政权力，只能享受领地内的赋税收入，所有的政事都由朝廷派来的国相处理。当时归属济南的十几个县的县官大多上下勾结、贪赃枉法、欺压百姓，当地被搞得一塌糊涂。曹操上任之后，通过调查取证，先后检举了十几个为官不清、坑害百姓的县官，其中有 8 个人被罢免了官职。这使济南的吏治有所好转。

到何进秉政的时候，曹操升任典军校尉。当时，何进大肆谋杀宦官，曹操为其出了不少力。当董卓率领着大队人马进入洛阳时，曹操因不愿为董卓出力而受到追杀，最后只好逃到了陈留。在陈留太守张邈的大力协助下，曹操用自己的部分财产作为军饷，招收了 5000 名士兵，将他们组成军队，进行系统的训练，准备在条件成熟时讨伐董卓。随后，曹操与渤海太守袁绍、河内太守王匡、兖州刺史刘岱、冀州牧韩馥等人联合起来，共同起兵讨伐董卓，由于众人之中只有袁绍的声望最高，所以袁绍被推举为盟主。

董卓听到各地起兵的消息后，便害怕起来，他专横地把汉献帝和百万人民迁到长安，放火烧毁了全部宫室、官府、民房。洛阳附近因此被烧得鸡犬不留，当时百姓死伤不计其数。面对此情此景，讨伐董卓的联军却按兵不动。有一次，各路将领聚在一起开会，曹操说：“大家为了讨伐董卓才起兵，现在他劫走天子，烧毁宫室，弄得民不聊生。这正是攻打他的好时机，大家还犹豫什么呢？”曹操慷慨激昂地说完之后，却没有人吱声。当时的盟主袁绍为了保存实力不想出兵，其他人就更不愿意出兵了。

曹操一气之下，就率领自己的5000人马，向成皋（今河南荥阳汜水镇）进军。董卓得到消息后，派徐荣率领大军在汴水（在今河南荥阳西南）拦截曹操。由于曹操兵力太少，两军刚一交战，他的人马就败退了，曹操在撤退的时候，肩上先中了一箭，随后自己的坐骑也中了一箭。那马吃痛受惊，将曹操掀到了地上。徐荣的追兵越来越近，在这万分危急的时刻，曹洪赶到，他将曹操扶到马上，二人共骑一匹马，才脱离了险境。这一仗，曹操折损了大半的兵将，可他的同盟军却还在喝酒作乐，根本没打算讨伐董卓。没过多久，几十万大军就将粮草消耗完了，讨伐董卓的起义宣告失败。

2. 金戈铁马，由弱转强

当曹操有了充足的粮草，军队的实力也壮大了，他便准备实行统一全国的行动。当时，各地的豪强很多，在他周围的强大敌人有：东面占据徐州的吕布；南边占据淮南、扬州的袁术；西边占据荆州、南阳的张绣；北边占据青、冀、并、幽四州的袁绍。曹操分析当时形势，制定了联强击弱、逐个击破的策略。他先拉拢韩遂、马腾，和他们定下盟约，不要互相攻打，随后以天子的名义封赏袁绍，使袁绍不至于轻率出兵。一切安排妥当，曹操领军前去攻打张绣。

公元197年，曹操过关斩将，他的大军一直攻到了南阳郡的宛县，张绣抵挡不住，率军诈降。在一天夜晚，张绣趁曹军疏于防范，召集自己的部下发动突袭，杀死了大量的曹军。损失惨重的曹操率领着残兵败将逃到舞阴休整。

公元 199 年，曹操再次率领大军攻打张绣，张绣的军队节节败退，后来在谋士贾诩的劝说下，张绣再次投降，曹操正在用人之际，没有将张绣处斩，反而为了拉拢张绣，将其封为扬武将军，还让自己的儿子曹均娶了张绣的女儿，两人结成了儿女亲家。张绣的归降，令曹操的实力大增，有了足够攻打袁术的力量。

早在公元197年曹操“挟天子以令诸侯”时，袁术就已经开始称帝了，并将寿春作为自己的国都。为了保住自己的帝位，他极力拉拢吕布，还打算与吕布结为亲家，然后合兵一处共同对抗曹操。曹操得到消息之后，赶紧以献帝的名义下诏，称赞吕布杀死董卓立下大功，给予封赏，借以笼络吕布。吕布接旨后，便后悔将女儿许给袁术的儿子，急忙派人将出发的女儿截回来，还将袁术派来的使者杀死。这样一来，袁术被激怒了，他率领几万骑兵攻打吕布，由于吕布作战勇猛，袁术接连战败。双方的实力都在不断削弱，当曹操认为时机成熟时，便派大军攻打袁术，此时的袁术无法抵挡，只好退回淮南，没过多久就在寿春病死了。曹操占据淮南之后，又领兵攻打吕布，并将其困在城中两个多月，吕布在断绝粮草之后，出城投降。吕布作战勇猛，曹操很想将其收在麾下，但吕布做事反复无常，曹操怕留下后患，就杀死了吕布。

曹操的迅速扩张，使袁绍感到恐慌，他决定趁自己的兵力超过曹操之时，攻打许都。这时，他手下的谋士田丰极力劝阻袁绍，认为曹操善于用兵，前去攻打未必有胜算，应作长远打算。但是袁绍并没有听从田丰的劝谏，发出文书，声讨曹操。公元 200 年春，袁绍派沮授为监军，率领十万精兵，从邺城出发，向黎阳（今河南浚县东北）进军，并在附近安营扎寨。然后派大将颜良、郭图领兵攻打白马（今河南滑县东）。当时，驻守白马的大将刘延坚守城池，拒不出战。曹操回援的军队在官渡（今河南中牟县）驻扎，但是只有三四万人的兵力，曹操便召集众人商议应对之策。谋士荀攸献出一计："根据敌强我弱的实际情况，不适合正面交锋，应该将袁绍的兵力分散开，我军给予逐个击破，方可获胜。曹公您亲自领兵向延津（今河南延津北）进发，放出消息，说我军要渡黄河攻打袁绍的后方，袁绍一定会分兵前去拦截，到那时我们的骑兵就会趁其不备，突袭白马，到时定能擒获颜良。"

曹操接受了荀攸的建议，当即派出部分士兵向延津进军。袁绍得到曹操攻打自己后方的消息后，非常惊慌，急忙派黎阳的军队赶到延津渡口去截击曹军，以防止他们过河。曹操见袁绍果真中计，便立即率军向白马杀去。围攻白马的大将颜良、郭图仗着自己兵多将广，加上黎阳是自己后盾，就麻痹大意了，结果被曹军里外夹攻，杀得大败，颜良也在交战中阵亡。

3. 挟持天子，枭雄称霸

东汉末年黄巾大起义被镇压下去了，可它却沉重地打击了汉朝地主阶级的统治，东汉政权早已腐朽不堪，分崩离析，名存实亡。而在镇压黄巾起义的过程中，各地州郡大吏独揽军政大权，地主豪强也纷纷组织"部曲"（私人武装），占据地盘，就这样形成了大大小小的割据势力，从而转入争权夺利、互相兼并的长期战争，中原地区出现"白骨露于野，千里无鸡鸣"的凄惨景象。当时的割据势力，主要有河北的袁绍、河内的张杨、兖豫的曹操、徐州的吕布、扬州的袁术、江东的孙策、荆州的刘表、幽州的公孙瓒、南阳的张绣等。群雄并起的局面形成了，在这些割据势力的连年征战中，袁绍、曹操两大集团逐步壮大起来。

建安三年（198 年），袁绍击败公孙瓒，占有青、幽、冀、并四州。

建安元年，汉献帝被曹操挟持到许县，形成“挟天子以令诸侯”的局面，取得政治上的优势。

建安四年（199年）六月，袁绍挑选精兵10万，战马万匹，企图南下进攻许都，由此拉开了官渡之战的序幕。

首先，袁绍比曹操的兵多，千里黄河多处可渡，如分兵把守则防不胜防，不仅难以阻止袁军南下，且使自己本已处于劣势的兵力更加分散。其次，官渡地处鸿沟上游，濒临汴水。鸿沟西连虎牢、巩、洛要隘，东下淮泗，为许都北、东之屏障，是袁绍夺取许都的要津和必争之地。加上官渡靠近许都，后勤补给比袁军方便。

建安四年（199年）十二月，在曹操正部署对袁绍作战的时候，刘备开始起兵反曹，占领下邳，屯据沛县（今江苏沛县）。刘军增至数万人，并与袁绍联系，准备一起攻打曹操。曹操为保持许昌与青、兖二州的联系，避免两面作战，在次年二月亲自率精兵东击刘备，迅速占领沛县，转而进攻下邳，关羽迫降。刘备全军溃败，只身逃往河北投奔袁绍。当曹、刘作战正酣之时，袁绍谋士田丰建议袁绍“举军而袭其后”，袁绍以幼子生病为理由拒绝采纳，这样曹操就从容击败刘备回军官渡。

建安五年（200年）正月，袁绍派陈琳书写檄文并发布，檄文把曹操骂得忍无可忍。二月进军黎阳，企图渡河寻求与曹军主力决战。为了夺取黄河南岸要点，他首先派颜良进攻白马的东郡太守刘延，以保障主力渡河。四月，曹操为争取主动，求得初战的胜利，亲自率兵北上解救白马之围。此时谋士荀攸认为袁绍兵多，建议声东击西，分散其兵力，先引兵至延津，伪装渡河攻袁绍后方，使袁绍分兵向西，然后遣轻骑迅速袭击进攻白马的袁军，攻其不备，颜良一定会被击败。曹操采纳了这一建议，袁绍果然分兵延津。曹操乃乘机率轻骑，派张辽、关羽为前锋，急趋白马。关羽迅速迫近颜良军，冲进万军之中杀死颜良并斩首而还，袁军溃败。曹操解了白马之围后，白马的百姓随之迁徙，他们沿黄河向西撤退，袁绍率军渡河追击，军至延津南，派大将文丑与刘备继续率兵追击曹军。当时曹操仅有骑兵600，在南阪（在白马南）下驻扎，而袁军达五六千骑，尚有步兵在后跟进。曹操令士卒解鞍放马，故意把辎重丢弃在道旁。袁军一见果然中计，纷纷争抢财物。曹操突然发起攻击，最后击败袁军，杀了文丑（死于乱军，并不是关羽斩杀），顺利退回官渡。

官渡之战，经过一年多的对峙，最终以曹操的全面胜利而告结束。曹操以两万左右的兵力，出奇制胜，击破袁军10万。这个战例成为中国历史上以弱胜强、以少胜多的典型战例。曹操以其非凡的才智和勇气，为他的军事生涯写下了最辉煌的一笔。

建安七年（202年），袁绍因兵败忧郁而死，曹操乘机彻底击灭了袁氏军事集团，在建安十二年（207）年，曹操又征服乌桓，至此，战乱多时的北方实现了统一。

4. 杀高顺，灭吕布

高顺是三国时期吕布的重要将领，以作战勇敢无畏而闻名。高顺跟随吕布征战四处，直属部下七百余人，号称千人，铠甲武器都精练齐整，敌阵没有不被他们击破的，所以名为“陷阵营”。

建安三年，刘备给吕布造成了很大的威胁，吕布命中郎将高顺和北地太守张辽协力攻打小沛，曹操命夏侯惇前往解救，反被高顺打败，结果刘备弃城逃向曹操。

同年九月，曹操东征吕布，吕布连续三次被战败。于是在下邳坚守。这期间吕布想要陈宫、高顺守城，自己亲自去截断曹操粮道，后来却又犹豫不已。

十二月城池被攻破，高顺被侯成、宋宪、魏续一党捉拿，并且斩首送到许昌，然后埋葬于此。

话说回来，其实高顺是一个实实在在的忠臣，一个深思远虑出谋划策的谋臣。同时高顺是一个很注重个人修养的人。他很有威仪，治军也很严格。他从不喝酒，这在当时对于一个武将是很难得的。别人的馈赠他也不接受。侯成也是吕布部将，有一次丢失了战马，后来找回。众将带了礼品去恭贺他，侯成用自己酿的酒招待众将。宴饮之前，侯成先给吕布送了些酒肉过去。吕布大怒，因为吕布曾在军中下过禁酒令。侯成非常害怕，赶紧回去把酒倒掉，并把众将送的礼物都退了回去。

高顺对吕布这个反复无常、以怨报德的主人，他不仅为他冲锋陷阵，更是尽心尽力辅佐他。有一回，吕布要亲自向臧霸索要财物，高顺劝他珍惜名声，不要为这等无谓的行为出兵，实际上是变相劝谏吕布不要过于贪图小利，吕布自然不会听从。对于吕布的本性，高顺很了解，所以他常对吕布说："凡破家亡国，非无忠臣明智者也，但患不见用耳。将军举动，不肯详思，辄喜言误，误不可数也。"实际上就是含蓄地指出了吕布反复无常、刚愎自用的毛病。吕布却是"知其忠而不能用"。他还甚至在郝萌反后，开始猜忌诸将，甚至剥夺了高顺的兵权交给自己的小舅子魏续，直到作战时才赋予他临时指挥权，可高顺面对如此的猜忌与冷遇，仍然无悔地为吕布作战直至被擒处死。

5. 老骥伏枥，志在千里

随着汉献帝傀儡化程度的加深，曹操篡汉的意图越来越明显，周瑜骂曹操："名为汉相，实为汉贼"，刘备骂曹操"欲盗神器"。

刘备、孙权虎视眈眈，而曹操的心腹大患是以马超为首的关中诸将。内外政敌加强宣传攻势，说曹操有"不逊之志"，甚至一些人要求曹操交出兵权。为了安抚内部的拥汉派势力，曹操不得不把篡汉的意图深藏起来，表现自己对汉室的忠诚。

公元 210 年 12 月，曹操下了一道《让县自明本志令》。强调自己在年轻时就立志济世为民，没有任何个人野心。如今身为丞相，已超过了原来的志向。曹操说自己为了阻止别人称帝做了很多事，既不让别人称帝，也不会自己称帝。

曹操说汉室信任曹家已经超过三世，说自己不能放弃兵权，既是出于对自身和子孙安全的考虑，也是出于对国家安全的考虑。至于封地，曹操愿将所封地四县让出三县，食户三万减去二万。

在笔者看来，曹操不称帝，是全面权衡得失后所做的重要决定，是非常明智的选择。这一招也确实奏效，不仅牢牢地掌握了大权，而且迫使孙权也不敢称帝。

曹操劫持了汉献帝以后，对他严加防范，曹操居住在邺城，很少去朝觐。

曹操戎马一生，真的以功业来论，称帝的条件已经足够，但他把代汉建魏的事留给了他的儿子曹丕，始终没有称帝。曹操虽然受封为魏王，但是却享有天子的仪仗，其实和皇帝也差不多了。

公元 219 年，孙权上表劝曹操称帝，曹操对群臣说：孙权是想把我放在火炉上烤！

一些野心家借汉献帝的名义，密谋政变。对于内部政敌，曹操不管他们的名望和功劳多高多大，都以灭族处置。吓得汉献帝胆战心惊，求曹操饶他一命。在此之前，汉中的张鲁投降，曹操拥有了汉中。刘备举兵来夺汉中。

公元219年三月，曹操亲率大军从长安出发，经斜谷支援汉中。斜谷全长近五百里，是在陕川之间的险道。汉中地区地形险峻，而曹军士兵多来自平原，山地不利于曹军作战。曹操担心被汉军袭击，就派兵据守沿途险要，逐渐推进至南郑。曹操占的地盘最大，防线最长，这需要提高警惕防备孙权，也就无法倾全力对付刘备。而曹军的运输补给更是一大难题，于是刘备抓住曹操的薄弱环节，进行突破。

刘备同孙权达成共识，双方分割荆州，刘备免除后顾之忧后，就倾尽蜀中的财力、物力和人力，专心同曹操对抗。

刘备下令汉军防守险要，而不是与曹操硬拼。一次，曹军运粮到了北山下，黄忠率军前往汉中，中途遇到大股曹军。赵云率少数骑兵冲入敌阵，把曹军击散。

五月，曹操被迫下令撤出汉中。

八月，关羽率荆军围攻曹仁驻守的樊城。然而于禁不识地形，屯兵低矮的汉江与白河的交汇处。关羽在上游堵住河水，等河水暴涨后决开河堤，把于禁军队的大部分精兵淹死，未死的也全部被俘。于禁被迫投降，关羽劝庞德投降，庞德不降被杀。

十月，曹操率军赶到洛阳。徐晃率领新兵援救樊城，在樊城以北和关羽交手，屡次战败，许昌人心大乱，曹操想迁都暂避关羽兵锋。丞相主簿司马懿力阻其议，使曹操打消了迁都的念头。徐晃采取守而不战的办法，等待曹操大军的到来。关羽仍在江陵等地留有相当数量的军队，以防孙权从后方发动偷袭。

孙权在江东，对刘备占据荆州早就心怀不满。但为了防御曹操的威胁，将矛盾暂时淡化是完全可能的，这需要双方从大局出发，求同存异，尽可能多地做到和平共处。只是，关羽高傲自负。一次，孙权派使者见关羽，表示要替自己的儿子娶关羽的女儿，目的是巩固联盟。关羽断然予以拒绝，还把孙权骂了一通。

孙权命吕蒙驻守陆口，寻找机会夺荆州。孙权公开发令将假称病重的吕蒙召回，让陆逊去接替吕蒙驻守陆口。陆逊到后，给关羽写去一封信，对关羽大加恭维。关羽失了戒心，认为曹军才是劲敌，便把留守后方的军队往前线调了不少。

孙权给曹操写了一封信，表示将派兵袭击关羽，关羽如丢掉江陵、公安二城，樊城之围就可不救自解，请求曹操不要泄露机密。

曹操暗中将密信的内容泄露，以使孙权、关羽两强相斗，坐收渔人之利。曹仁的军队得到信后，士气大振。关羽得信后则举棋不定，疑心这是曹操搞的离间之计，又认为孙权的确不可靠。曹操各路援军会齐后发起攻击，关羽军抵挡不住，损失惨重，撤了樊城之围。曹操下达不准追击的命令，坐山观虎斗。

这时，孙权率军西上，关羽沿江设立的岗哨全被消灭了。蜀军留守公安城的是将军傅士仁，留守江陵的是南郡太守麋芳。麋芳、傅士仁等部属负责军需供应，有时供应不上，关羽威胁说回师后一定要惩治二人，他们害怕，在孙权的诱降之下先后开城投降。

吕蒙占领江陵后，对关羽及其将士的家属实行优抚，关羽手下的将士都丧失了斗志，纷纷逃回江陵。关羽被迫率军退守麦城，被吴军围住。12 月，关羽假装投降，可是在带着十余骑突围时还是被杀害。

孙权派人将关羽的人头送给曹操，想嫁祸曹操。曹操没有中计，以诸侯之礼将关羽安葬在洛阳。可见，曹操、孙权都善于利用反间计，从而达到自己的目的。

襄樊战役以孙、刘联盟的彻底解体为结局，同时为吴、蜀的灭亡拉开了序幕。

战争的胜利和政治上的成功是不可分割的。曹操不但有“为天下除暴乱”的安邦定国志向，还有改造社会的美好理想。

曹操在大力改革东汉弊政的时候，采取了许多有效的措施。例如，奖励垦荒屯田，大修水利；压制豪强，厉行法治；主持修学教化，推崇仁义礼让；提倡节俭之风，严令禁止厚葬淫祀；唯才是举，广招人才，等等，从而促进了社会的稳定和生产的发展，也为曹操成为最大的胜利者奠定了基础。

曹操在文学上的成就也是非凡的，他的诗悲壮慷慨，气魄雄豪，立意深远，开创了一代诗风，后人赞誉为“建安风骨”。在曹操的直接影响下，其子曹丕、曹植，甚至建安七子等一大批杰出的文学家围在他的周围，开创了建安文学时代。“建安文学”已经成为中华民族优秀的文学风格之一。横槊赋诗，慷慨高吟“不戚年往，忧世不治”的大英雄曹操，与其集团的辉煌事业，在悠久的中华大地上将永远闪耀光芒。

第五章

圣人可汗——隋文帝

说到中国最伟大的皇帝，人们会毫不犹豫地想到唐太宗或者是铁木真又或者是康熙。可是在西方人的眼中他们却认为隋文帝杨坚是中国史上最伟大的皇帝！他在位期间，疆域辽阔，人口达到700余万户，是人类历史上农耕文明的巅峰时期。杨坚在历史上被尊为“圣人可汗”。

1. 传奇身世，联姻贵族

西魏末年，年仅20多岁的杨忠在朝廷里还是一名官职低微的武将。公元541年6月的一天，杨忠的夫人吕芳桃在冯翊（今陕西大荔）般若寺中生下一名男孩，父母二人商量后给他起名叫杨坚，当时家境非常贫寒，杨坚是他们的第一个儿子。杨坚的出生曾有传说：在他降生时，般若寺笼罩在一团紫气之中，属于祥云笼罩。第二天早上，有个尼姑专程从河东赶来，对吕芳桃说："这个孩子并不是一个普通人，如果让他在俗世中生活，将会有大的劫难，还是到我的庵里居住吧。"于是就将杨坚母子二人接到尼姑庵中。

有一天，尼姑外出，吕芳桃抱着儿子在院中玩耍，忽然间孩子的头上长出两只角。身上也有了鳞片，吕芳桃惊慌之下手一哆嗦，将孩子掉到了地上。尼姑刚巧从外面回来，她见了之后便说："这孩子被你这么一摔，将会晚做好几年的皇帝。"曾有人将杨坚模样描述如下：上长下短的身材，面孔极像龙，前额凸出像两个犄角，两眼如电，手上的纹路恰似"王"字。

当时，杨忠同独孤信一起投靠了当朝的重臣宇文泰，在随后的多次征战中，杨忠立下了赫赫战功，当宇文觉建立北周政权时，杨忠封官晋爵，最后当上了随国公。杨坚很聪明，也很有心眼，但他在少年时却不爱学习，他父亲有了权势后，曾将他送入专门为贵族子弟设立的太学读书，但他的成绩一直不好，并经常受到同学们的讽刺，杨坚也有自知之明，他曾经自嘲地说自己"不晓书语"。杨坚与众不同的是从不说笑，就连最要好的朋友也不敢和他开玩笑。虽然杨坚没有什么能力，但他父亲杨忠却成为宇文泰跟前的红人，被赐予鲜卑姓“普六茹”。

因为父亲权势的关系，杨坚在14岁的时候就有了官职——被地方长官京兆尹薛善任命为功曹。功曹在当时是非常重要的属吏，职司庶务。杨坚15岁时，他父亲又立下很大的战功，朝廷封赏杨忠的同时，也授予杨坚为散骑常侍、车骑大将军等职。第二年，杨坚当上了骠骑大将军、开府仪同三司。这时，西魏的执政大臣宇文护（宇文泰的亲侄儿）有了叛逆之心，计划着自己称帝。而杨坚刚刚升任骠骑大将军没多久，宇文泰就因病医治无效去世了。他在临终前将侄儿宇文护叫到床前，让他好好照顾自己的儿子宇文觉。宇文泰过世没多久，宇文护仗着自己在朝中的影响当上了辅政大臣。

当时，西魏的君主是拓跋廓，他登基后从来也没有处理过政事，而是将所有时间都花在与嫔妃的寻欢作乐上，可称得上是一位名副其实的傀儡。宇文护时刻都在积攒着力量，寻找时机废掉拓跋廓，拥立自己的堂弟宇文觉登基。公元556年12月，宇文护发动宫廷兵变，强迫拓跋廓将皇位禅让给自己的堂弟宇文觉。第二年初，宇文觉在长安举行正式登基大典，将国号定为“周”。

在宇文护发动的这次政变中，杨忠是一个不可或缺的人物，他为宇文觉鞍前马后地奔波效力，既有功劳又有苦劳。宇文觉登基之后，封赏有功之臣，杨忠的官位再次提升，当上了柱国、大司空，随后加封随国公。宇文护并没有真心辅佐自己的堂弟宇文觉，而是在他登基后的第九个月，再次发动政变，将宇文觉杀掉，然后，宇文护又将宇文觉的兄长宇文毓推到了帝位上，称为周明帝。此时，杨坚已经当上了大兴郡公。

武成二年（560年）四月，宇文护再次杀死文毓，拥立宇文邕为皇帝，称为周武帝。此时的杨坚又被提升为左小官伯。没过多久，年仅 19 岁的杨坚当上隋州（今湖北随州）刺史，已经成为大将军。杨坚担任了很长时间隋州刺史，有一天，皇上下旨召他回京。当时，正好赶上他的母亲吕氏患病，杨坚便日夜不停地在床前服侍，这使他得到了满朝文武的大加称赞。

25 岁那年，杨坚与独孤信的第七个女儿——年仅 14 岁的独孤伽罗结婚。独孤信是当时的鲜卑大贵族，官拜柱国大将军，自西魏以来，一直在朝中担任要职，掌握着大权。他的长女就是周明帝的皇后。独孤信感觉杨坚很有发展前途，便主动将自己的七女儿嫁给了他。自从与独孤家族联姻后，杨坚在朝中的地位更加稳固了。由于杨坚地位的快速提高，使执政大臣宇文护感觉受到了威胁，于是，就想方设法想要除掉杨坚，幸亏有大将侯伏、侯万寿两兄弟站在杨坚一面，替他说了许多好话，杨坚才逃过大难。

杨坚 27 岁的时候，他的父亲杨忠因病过世，按照当时的惯例，杨坚继承隋国公的爵位。周武帝宇文邕在五年之内，逐渐削弱了宇文护的兵权，最终一举将宇文护及他的同党全部杀死。此后，周武帝开始亲自处理朝政。宇文护死后，能够威胁杨坚的势力得以消除。随后，周武帝宇文邕将杨坚的长女杨丽华选为皇太子宇文赟的妃子，杨坚的地位随之升高，成了皇亲国戚。

2. 生性多疑，后继无贤

杨坚称帝初年，还能够任用贤能，听进大臣们的谏言，将国家治理得井井有条。但随着时间的推移，他生性多疑、喜怒无常的心性也逐渐显露出来。杨坚是从宇文氏手中篡夺的皇位，为了保住自己的江山，他非常担心有臣子仿效自己篡夺皇位，于是，他时刻保持着高度警惕，留意着文武大臣们的言行，稍不合自己的心意，就将其进行严惩。

杨坚称帝前后，极为赏识颇有才学的虞庆则。以至于登基后，将虞庆则升为吏部尚书兼内史监，这在满朝的群臣中仅排在高颎下面。后来，杨坚又将其升任为尚书右仆射，由此可见他在杨坚的心中占据着非常重要的地位。

开皇十七年（597 年），桂州（今广西桂林）人李贤兴兵反隋，杨坚指名要虞庆则领兵带队。当时，虞庆则的内弟与他的小妾有私情，便偷偷向杨坚说虞庆则不愿去等坏话。杨坚心中很不高兴，对虞庆则的忠心起了怀疑。在大军凯旋回师的路上，虞庆则指着一个地方对手下中将说："这里若是有个合适的人把守，再准备好充足的粮食，便很难将其攻破。"虞庆则的一席话，被别人报告给杨坚后，杨坚的疑心开始作祟，认为虞庆则有图谋不轨的意向，于是便将他杀死了。

高颎可称得上是杨坚的左膀右臂，杨坚称帝后，将高颎任命为尚书右仆射兼纳言，可谓一人之下万人之上，高颎在杨坚巩固帝位的过程中出谋划策，许多改革措施都是他提出来的。在灭陈和突厥的时候，他也随军前往，立下赫赫战功，杨坚将他当成自己的镜子，但他们却在立太子的问题上出现了分歧。杨坚不满意皇太子杨勇的所作所为，欲立晋王杨广为太子。但高颎却极力劝谏，说废长立少有违礼仪，由于杨勇的女儿是高颎的儿媳，杨勇即位，高颎就将成为国丈，这使杨坚开始怀疑高颎的动机。最后，杨坚在处理另一个大臣的案子时，故意牵扯上高颎，将其削官为民。

3. 恢宏改革，开皇之治

在中国历朝历代中，隋文帝被公认为是才智最高的皇帝，也是最为仁慈的圣皇天子。在他精心治理下，隋朝迅速强大繁荣起来。他不仅完成统一中国的大业，还使隋朝成为政权稳固，社会安定，人口繁盛，垦田速增，积蓄充盈，文化发展，甲兵精锐，威震绝域的强盛国家。后人一般将隋文帝的统治称为“开皇之治”。

开皇之治是隋文帝在位的20多年时间，当时社会民生富庶、人民安居乐业、政治安定。隋文帝杨坚倡导节俭，节省政府内不少开支、废除了不必要的杂税并设置谷仓储存食粮。杨坚成功地统一了历经数百年严重分裂后的中国，从此中国在大多数的世纪里都保持着他所建立的政治统一。

由于东汉至隋南北分裂达400多年之久，民生困苦，国库空虚，故自开皇九年，杨坚统一天下后，然后以富国为首要目标，轻徭薄赋以解民困，在确保国家赋税收入的同时，稳定民生。由于南北朝以来，户籍不清，税收不稳，于是开皇五年接纳尚书左仆射高颎之建议，推行户籍法，做全国性户口调查，增加国家税收，改善经济，消灭了魏晋南北朝以来隐瞒户籍制度的弊端。

隋初经历南北朝战乱，民生疲敝，因此杨坚接纳司马苏威建议，罢免盐、酒专卖及入市税，其后多次减税，减轻人民负担，促进国家农业生产，稳定经济发展。隋之富饶并不是重敛于民，查找原因应该与全国推行均田制有关。此举既可增加赋税，又可稳定经济发展，且南朝士族亦渐由衰弱至于消灭。均田制能顺利推行，对隋初经济发展收益甚大。

从开皇元年（581年）开始，隋文帝即着手一系列的改革。他首先废除不合时宜的北周六官制，基本上确立了三省六部制度。以利于加强中央集权。三省，就是尚书省、门下省、内史省。这三省的正副长官，即尚书省的令、仆射，门下省的纳言，内史省的监、令，都是宰相。三省都是最高政务机构，分别负责决策、审议和执行。尚书省下设吏、礼、兵、刑、户、工等六部。每部设尚书，总管本部政务。此外，有御史台和太常、光禄、卫尉、宗正、太仆、大理、鸿胪、司农、太府等九卿。

隋文帝建立的这一整套规模庞大、组织完备的官僚机构，表明封建制度已发展到成熟阶段。自隋定制，一直沿袭到清朝。

其次，隋文帝下令制定了《开皇律》，它对后世法律影响深远。也为维护地主阶级利益确立了法律根据。《开皇律》分为12篇。判刑的名目有五种：一是死刑，二是流刑，三是徒刑，四是杖刑，五是笞刑。为了缓和阶级矛盾，修订《开皇律》时，废除了一些酷刑，如枭刑——斩首悬于木杆上；轘刑——车裂；宫刑——破坏生殖器。也一概不用灭族刑。同时，减省一些刑律，减去死罪81条，流罪154条，徒、杖等罪千余条，总共保留500条。

这个新的封建法律，是维护统治阶级利益的。明文规定贵族官僚享有法律特权。凡是在议亲、议故、议贤、议能、议功、议贵、议勤、议宾，即所谓“八议”范围内的人和七品以上官吏，犯罪都可以减罪一等。九品以上官吏犯罪，可以用钱来赎罪。

第三，隋文帝采取了许多经济措施以巩固其统治。他颁布了关于均田和租调的新令；下令将百姓成丁年龄由18岁推迟到21岁，丁男服役期限由1个月减为20天；户调绢由1匹（4丈）减为2丈；丁男年满50，免役改庸等。这些规定减轻了农民的负担，使农民有更多时间从事农业生产。

他还整顿了府兵制，加强中央对军队的控制权。西魏、北周建立的府兵制，士兵另立户籍，完全脱离生产，实际上是地方豪族的武装，统兵权不归中央。隋文帝改变了这种情况，规定军人户籍属州县管理，平时参加生产，兵农合一化。使府兵制和均田制结合起来，既保证国家的兵源，又加强了对农民的奴役和控制。中央政府设立十二卫，各卫设大将军，为府兵最高将领，归皇帝统管，加强了封建国家对军事机构的直接控制权。

此外，建立科举制，废除九品中正制。开始，隋文帝命令各州每年推选 3 个文章华美、有才能的人，到中央授官。后来，隋文帝又下令，京官五品以上，地方官部管刺史，要由有德有才的举人担当。到隋炀帝时，定十科举人，开设进士科，以考试诗赋为主，选择“文才秀美”的人才，这标志着科举制度的产生。科举制度的创建，重才学而不重门第，削弱了门阀大族世袭的特权。这种“任人唯贤”的改革，对后代影响很大。

隋文帝进行的一系列改革措施，对削弱地方豪强势力，对加强中央集权起了积极的作用。隋文帝统治的后期，国家富足强盛，编户大增，仓储的丰实为历史所罕见；全国安宁，南北民众得以休息，社会呈现空前繁荣景象。隋文帝所创隋朝制度，为唐朝以后各朝所遵循，为历史的进步做出了巨大的贡献。

在短短的二十多年里，耕地面积大量增加，隋初为 1900 多万顷，二十多年以后，增加到 5500 多万顷。农作物的产量增长较快。隋文帝即位之初，府库空虚。十多年以后，政府的府库已容不下各地征调的绢帛，而需要建立新的府库。到隋文帝末年，西京和各地的仓库都装满了粮食，多的达到千万石，少的也不下数百万石。后来，唐朝建国 20 年时，隋朝的库藏还没用尽。

4. 推行文治，劝学行礼

公元590年隋文帝实行兵农合一制，府兵入州县的户籍。杨坚对于地方机构也进行了改革。他采纳度支尚书杨尚希提出的“存要去闲、并大去小”的建议，将原来比较混乱的地方官制从州、郡、县精简为州、县两级，撤销境内500多郡。同时，裁减了大量的冗官，将一些郡县合并。大大节省了政府的开支，提高了行政效率，也减轻了人民的负担。为了更好地行使权力，达到集权统治，杨坚下令，九品以上的官员一律由中央任免。官吏的任用权一概由吏部掌握，禁止地方官就地录用僚佐。而且每年都要由吏部进行考核，以决定奖惩、升降。

杨坚还实行三年任期制。他简化了地方行政机构，废九品官人法，初创科举制。这种选拔政府官员的制度，使各个阶层有才华的人都有机会为政府效力。杨坚开创建立的科举制度，在中国历史上留存长达1300多年，直到清朝末期才废除。就连当时的美、英等国皆称奇并借鉴了这种选拔制度作为政府文员的聘用方法。

隋文帝杨坚推行均田制，整顿户籍。实行了“大索貌阅法”要求官吏经常检查人口，根据相貌来检查户口，使编户大增。实行“输籍定样”在第一个的基础上确定户口数，编制“定簿”，以此为依据来收取赋税。这些举措防止地方豪强和官僚勾结，营私舞弊。将依附豪强的人口解放出来，增加了国家的劳动力，调动贫苦农民的生产积极性。使国家掌管的纳税人丁数量大增。

隋文帝还曾颁布“人年五十，免役收庸”“战亡之家，给复一年”等仁政措施。隋文帝一系列的改革措施，大量地减少了国家的财政开支，增加了国家的财政收入。开皇十七年，户口滋盛，中外仓库，无不盈积。所有赉给，不逾经费，京司帑屋既充，积于廓庑之下，高祖遂停此年正赋，以赐黎元。隋文帝初登基时全国人口 400 万户，隋炀帝登基时已达 890 万户，以一户 6 口计，全国人口不下 5000 万，这个数字大约直到唐玄宗时才达到。隋开皇九年已垦田地 1944 万顷，大业中期已垦田地 5585 万顷，而唐天宝十四年已垦田地仅仅 1430 万顷。隋炀帝登基就有 890 万户，而唐太宗直到驾崩才有 380 万户，国力之差距可以想见。

在隋朝政府各地都修建了许多粮仓，其中著名的有兴洛仓、回洛仓、常平仓、黎阳仓、广通仓等。存储粮食皆在百万石以上。贞观十一年，监察御史马周对唐太宗李世民说："隋家储洛口，而李密因之；西京府库，亦为国家之用，至今未尽。"隋朝已灭亡了 20 年，隋文帝已经死了 33 年，可那时的粮食布帛还未用完。1969 年在洛阳发现了一座隋朝粮仓——含嘉仓遗址。面积达 45 万多平方米，内探出 259 个粮窖。其中还有一个粮窖还留有已经炭化的谷子 50 万斤。由此可见隋朝的富裕与强盛，以及隋文帝的治国有方。

在隋朝雄厚而强大的经济实力的前提下，隋文帝下令修建了大兴城（唐时长安城），大兴城的修建不仅是中国古代城市建设规划高超水平的标志，也是当时国家的经济实力和科技水平的综合体现。大兴城乃当时的"世界第一城"，它的设计和布局思想，对后世都市建设及日本、朝鲜都市建设都有深刻的影响。

在公元 584 年，隋文帝杨坚命宇文恺率众开漕渠。自大兴城西北引渭水，略循汉代漕渠故道而东，至潼关入黄河，长 150 多千米，名广通渠。这是修建大运河的开始。大运河对于中国来说远比长城对后世中国发展更有帮助。大运河连接黄河流域长江流域，连接了两个文明，使黄河流域长江流域逐渐成为一体。

"鸿恩大德，前古未比。""七德既敷，九歌已洽，要荒咸暨，尉候无警。于是躬节俭，平徭赋，仓廪实，法令行，君子咸乐其生，小人各安其业，强无凌弱，众不暴寡，人物殷阜，朝野欢娱。二十年间，天下无事，区宇之内晏如也。”这就是隋书里的“开皇之治”，李世民永远也达不到的高度。唐初统治者完全是仰视隋文帝所开创的大隋王朝的。

杨坚开创的“地广三代，威震八纮”的大隋王朝存在的时间尽管只有 37 年，建立正式行政区域实施有效管辖的范围却超过了以往。唐朝到 630 年也没有达到隋朝的疆域。隋朝的军队歼灭或重创了突厥、吐谷浑、契丹、高丽，拖延阻止了异族的强大与崛起，为盛唐的开创打下了坚实的基础。曾有这样的评价：“隋朝消灭了其前人的过时和无效率的制度，创造了一个中央集权帝国的结构，在长期政治分裂的各地区发展了共同的文化意识，这一切同样了不起。人们在研究其后的伟大的唐帝国的结构和生活的任何方面时，不能不在各个方面看到隋朝的成就，它的成就肯定是中国历史中最引人注目的成就之一。”

唐朝是隋朝的延续，因为唐朝的国家体制政治经济制度都是照搬隋朝。短暂的隋王朝，留给子孙后代的财富、对后世中国造成深远的影响却很多，如大运河、科举制度、义仓的创立等。

5. 御侮安邦，巩固边疆

开皇七年，杨坚采纳大臣灭陈之计，加紧赶造战船，下诏揭露陈后主罪行，争取陈国民心。到了开皇八年十月，杨坚发水陆军 50 万，分兵 8 路攻陈：杨素军出永安（今四川奉节东）；杨俊军出襄阳；刘仁恩军出江陵。以上三路由杨俊指挥，直指江夏（今武昌），阻止长江上游陈军东援。杨广军出六合（今属江苏）；贺若弼军出广陵（今江苏扬州西北）；韩擒虎军出庐江（今合肥）；王世积军出蕲春（今湖北蕲春东北）；燕荣军出东海（今江苏连云港西南）。以上五路由杨广指挥，直攻陈都建康。

年底，各路大军都已到达长江北岸。当敌人大军压境的时候，南朝陈后主仍沉湎于酒色，自恃长江天险，忙于准备欢庆春节，甚至令驻守江州（今江西九江）、京口（今江苏镇江）的两个儿子率舰返回建康，江防的防守更加薄弱。隋军在长江上游首先发起进攻，杨俊率军10万屯于汉口，与驻守江夏的陈军相持月余不得进。杨素与刘仁恩率军东西夹击攻占狼尾滩（今湖北宜昌西北），继占歧亭和延州（今湖北宜都西北），尔后顺江而下。屯于公安的陈荆州刺史陈慧纪一看形势不利，忙率战船千艘、将卒3万余人东撤，欲援建康，结果被隋军阻于汉口。

开皇九年正月初一，位于长江下游的隋军乘陈军欢度春节之机，分路秘密渡江，韩擒虎率军袭占采石（今安徽马鞍山市西南），杨广率军进屯六合南之桃叶山。这时，陈后主才感到事态严重，急忙下旨调兵抵御，但为时已晚。初六，贺若弼率军攻占京口，同时分兵至曲阿（今江苏丹阳），防止三吴（今江苏太湖东、南及浙江绍兴、宁波一带）陈军北上支援建康，自率主力西进，十七日据钟山，屯于白土冈东南；韩擒虎已率军攻克姑熟，沿江直下，进屯新林（今南京西南）；隋行军总管宇文述率军3万攻占石头城，对建康已形成包围之势。配合主力进攻建康的其他两翼隋军亦进展顺利。王世积军在蕲口大败陈军，燕荣军已进入太湖，牵制住吴州陈军。

这时建康附近还有陈军10万余人，后主陈叔宝不懂军事，又不听手下的建议，将军队全部集中部署于城内外。二十日，仓促令诸军出战，在白土冈一带南北列阵20余里，加之指挥通信不灵，首尾进退互不相知。贺若弼率8000甲士进攻，初战失利，后乘其骄，攻击陈军薄弱部，陈军一部败退，牵动全阵，一溃而不可止。同日，韩擒虎率军自新林直逼建康，石子冈陈军守将降，引导陈军从朱雀门进入建康城，俘陈叔宝。当夜，贺若弼军亦从北掖门入城。二十二日，杨广入建康，让后主下诏投降，吴州（治吴县，今江苏苏州）、湘州（治今长沙）等地陈将拒降，二月间均为隋军击破。岭南数郡共奉高凉（今广东阳江西）冼夫人为主，保境拒守。隋派使臣安抚岭南，杨广亦命陈叔宝致书冼夫人，劝其归隋。冼夫人与其孙率众迎接隋使，岭南诸州悉为隋地。至此，结束了东晋以来270余年南北分裂的局面，完成了隋文帝统一南北的大业。

隋灭陈后，江南地方推行了打击士族豪强的政策，引起士族豪强势力的不满。他们利用隋欲移民关中的流言，乘机煽动民众叛隋。开皇十年十一月，婺州（治金华，今属浙江）汪文进、越州（治会稽，今浙江绍兴）高智慧、苏州沈玄侩等，均举兵叛隋，并自称天子。乐安（今浙江仙居）蔡道人、温州沈孝彻、泉州（今福州）王国庆等，亦自称大都督，起兵响应，杀官吏，攻州县，致使原陈故地多数皆反。隋文帝遂命内史令杨素为行军总管领兵攻讨。杨素率水陆两军，分路进击，逐个歼灭，至次年春，所有叛军均被消灭，江南遂安。

隋炀帝杨坚是一位极有作为的帝王，它结束了自东汉以后长达360年的分裂动乱局面，是继秦始皇以后，实现中国历史上第二次统一的皇帝。虽然隋朝短暂，但杨坚在稳坐大隋开国皇帝之位的24年间所创造的历史功勋却是永久的。

第六章

国破身死的亡国天子——隋炀帝

国破身死的亡国天子，市井传说的荒淫皇帝。成王败寇的人们总爱涂黑失败者的声名，但人写的历史又怎能永远掩盖真相，大运河沟通南北，如金色的血脉滋润众生；洛阳城危峙中原，在千百年的风雨中见证兴衰，承载文明。它们已经为“伟大的暴君”书写了他真实的墓志铭。

1. 开疆拓土，丝绸之路

公元605年（大业元年），隋将韦云起率突厥兵大败契丹，韦云起以从契丹经过去柳城（今辽宁朝阳南）与高丽交易为理由，率军入其境，契丹人未加防备。韦云起率军进至距契丹大营50里的地方，突然发起进攻，大败契丹军，俘虏男女4万余人。隋朝的进军阻止了契丹的崛起。

公元608年（大业四年），隋炀帝派军灭了吐谷浑，开拓疆域数千里，范围东起青海湖东岸，西至塔里木盆地，北起库鲁克塔格山脉，南至昆仑山脉，并实行郡县制度管理。吐谷浑从此在中国的统治之下。这是以往各朝从未设置过正式行政区的地方。

公元609年（大业五年），隋炀帝率大军从京都长安（今西安）浩浩荡荡地出发到甘肃陇西，西上青海横穿祁连山，经大斗拔谷北上，到达河西走廊的张掖郡。而西部大漠边关自然条件环境恶劣，隋炀帝还曾遭遇到暴风雪的袭击。此峡谷海拔三千多米，终年温度在零度以下。士兵冻死大半，随行官员大都失散，把隋炀帝也弄得狼狈不堪。这次西巡历时半年之久，隋炀帝最远到了青海和河西走廊。他此行的意义对后世影响深远。在封建时代，中国皇帝抵达到西北这么远的地方，只有隋炀帝一人。隋炀帝西巡过程中置西海、河源、鄯善、且末四郡，进一步促成了甘肃、青海、新疆等大西北地区成为中国不可分割的一部分。

隋炀帝除向西北开拓疆域外，隋朝大军还向东南进行了一系列开疆拓土的战争，这些战争的胜利使大隋王朝东南的领土疆域扩大到印度支那的安南、占婆（今越南地区）及台湾等地。后来隋朝还把强大的突厥分裂成东突厥与西突厥两部，并在和东突厥的战斗中取得胜利。这也为以后唐太宗取得一系列的胜利打下了坚实的基础。现代一些学者认为，隋朝的疆域比唐朝大。

隋炀帝到达张掖之后，西域 27 国君主与使臣纷纷前来朝觐，表示臣服。张掖成了各国商人云集进行贸易的地方。隋炀帝亲自打通了丝绸之路，这是千古明君才能有的功绩。为炫耀中华盛世，隋炀帝杨广在古丝绸之路举行了盛大的万国博览会，这应该算是创世之举。

丝绸之路是古代横贯亚欧的通道。其起点一般认为是长安（今西安），其实它随朝代更替，政治中心的转移而变化。长安（今西安）、洛阳、平城（今大同）、汴梁（今开封）、大都（今北京）曾先后为丝绸之路的起点，往西一直延伸到罗马。在通过这条漫漫长路进行贸易的货物中，以产自我国的丝绸最具代表性，“丝绸之路”因此得名。

2. 运河开通，利于千秋

古代陆上运输只能依靠人力和畜力，速度缓慢，运量又小，费用和消耗却甚大，所以大宗货物都尽量采用水路运输。中国天然形成的大江大河大都是从西往东横向流动的，但是在黄河流域历经战乱破坏，而长江流域得到开发以后，中国就逐渐形成了经济文化中心在南方，而政治军事中心在北方的局面。为保证南北两大中心的联系，保证南方的赋税和物资能够源源不断地运往京城，开辟并维持一条纵贯南北的水路运输干线，对于历代朝廷就变得极其重要。

隋炀帝杨广即位后，为了南粮北运和加强对东南地区的控制，于大业元年（605 年），隋炀帝“命尚书右丞皇甫议发河南、淮北诸郡民，前后百余万，开通济渠”（《通鉴·隋纪四》）。通济渠在黄河南岸，分为东西两段。西段在东汉阳渠的基础上扩展而成，西起洛阳西面，以洛水及其支流谷水为水源，穿过洛阳城南，到偃师东南，再循洛水入黄河。东段西起荥阳西北黄河边上的板渚，引黄河水进入淮河的支流汴水，经今开封市及杞县、睢县、宁陵、商丘、夏邑、永城等县，再东南穿过今安徽宿县、灵璧、泗县，以及江苏的泗洪县，至盱眙县注入淮水。两段全长近 2000 里。施工时虽然也充分利用了旧有的渠道和自然河道，但因为有统一的宽度和深度，因此主要还要依靠人工开凿，工程浩大而艰巨。可是历时很短，从三月动工，到八月就全部完成了。当然，代价是极其高昂的。

京杭大运河是中国古代劳动人民创造的一项伟大工程，是祖先留给我们的珍贵的物质和精神财富，是鲜活的、流动的重要人类遗产。大运河肇始于春秋时期，形成于隋代，发展于唐宋，最终在元代成为沟通海河、黄河、淮河、长江、钱塘江五大水系、纵贯南北的水上交通要道。大运河为中国古代经济发展、国家统一、社会进步和文化繁荣做出了重要贡献，至今仍在发挥着巨大作用。京杭大运河显示了中国古代水利航运工程技术遥遥领先于世界，留下了丰富的历史文化遗存，孕育了一座座璀璨明珠般的名城古镇，积淀了深厚悠久的文化底蕴，凝聚了中国政治、经济、文化、社会诸多领域的信息。大运河与长城同是中华民族文化身份的象征。

南北大运河的开凿，使中国的东南沿海，从钱塘江到长江、淮河、黄河及海河等五大水系，如同一条纽带，连通了五大水系，实际上就是把长江中下游平原和黄淮平原及华北大平原，也就是整个中国最为富饶的中心地区都串联起来，使中国大地形成一个自然整体，也就自然使中国的东南沿海及江、浙等经济物产繁富地区和广阔的中原地带，成为一个经济、文化整体，组成中华国家的经济重心；而由这一经济重心地带，向中华大地的东南和西北各地域辐射，遂使中国成为屹立在世界东方的泱泱大国。除了宋、金有过短暂的对峙之外，中华大地从此再也没有出现过分裂的局面。

3. 文治武功，暴徒昏君

隋炀帝自大业元年（605 年）正月即位，至大业十三年（617 年）唐军入主长安，做了 13 年皇帝。隋王朝也由极盛走向衰亡。隋炀帝的所作所为激发了社会矛盾，从而加速了自身的败亡。但这里还有其他社会原因。

第一，由于隋朝整个统治阶级贪婪腐朽，大量兼并农民土地，使得广大贫民家破人亡，造成尖锐的社会矛盾。杨素是隋炀帝最为倚重的权臣，当时他可谓是权倾一时。史载他仗势广占大量邸店和民户田宅，将一些普通平民迫为奴婢，家童有数千人，后庭妓妾有上千人。

史称，由于以隋炀帝为首的统治集团的残酷剥削压榨，到炀帝后期，全国农业生产再也无法进行下去，造成了“黄河之北，则千里无烟，江淮之间，则鞠为茂草”，田地一片荒芜，百姓也纷纷逃散，“父母不保其赤子，夫妻相弃于匡床”，全国形成“万户则城郭空虚，千里则烟火断灭”的惨状。

第二，炀帝后期，统治阶级内部矛盾也空前尖锐起来。当时有一些人受到炀帝的信任，他们结党营私，打击异己。权臣宇文述“言无不从，势倾朝廷”，炀帝赏识的还有一个叫虞世基，因为特别能揣摩主上的脾性，助纣为虐，将炀帝不喜欢的人，顺意打击，加以诛害，他认为可用之人，即使有重罪也照样重用，“引致奸黠，共为朋党”。吏治腐败不堪，人民深受其害。

隋朝末年，统治阶级内部也矛盾百出，除了一批尚有良心的正直官员纷纷对隋王朝失望之外，最高集团中原来狼狈为奸的君臣之间也产生互不信任和摩擦。即使重臣杨素，后来也为隋炀帝所猜忌。《资治通鉴》记载，炀帝早就对杨素的居功自傲不满，在杨素死后，炀帝对周围人说，“使素不死，终当夷族”，即全家抄斩的意思。

这一点影响到杨素的儿子杨玄感和隋炀帝的关系，这位头脑较清醒的隋王朝贵族后来最终成为朝廷的反对派，在大业九年（613年）率领一批青年贵族举兵起义。这应是隋王朝统治阶级内部已经分崩离析、离心离德的典型实例。

后来，隋炀帝在扬州被其心腹干将宇文述的二子宇文化及、宇文智及所杀，这也是炀帝后期统治集团内部矛盾发展的必然结果。

第三，到了隋王朝后期，统治愈加残暴。隋王朝前期所制定的法律条文《开皇律》《大业律》越来越不被遵守，最后任意刑杀，以巩固即将崩溃的统治。这一点也加速了隋王朝的灭亡。炀帝晚年时，由于统治残暴而引起广大人民和统治阶级内部一部分正直清醒人士的武装反抗和大规模起义。隋炀帝只好用严刑酷法来惩治这些反抗的人们，即使犯的是盗窃罪，也都重判死刑，并且不须上报朝廷。这就使得许多贪官暴吏，有专杀之权，他们各专威福，生杀任情。

大业九年（613年）杨玄感起兵反隋以后，隋炀帝用极为残酷的刑法对待起义者，把参与杨玄感起兵，“行轘裂枭首之刑，或磔而射之，命公卿以下，脔瞰其肉”。辗裂，是一种古代用车分裂人体之刑；磔也是一种古代把肢体分裂的酷刑。隋王朝严刑酷法的结果，激起了全国人民更大的反抗，史称“百姓怨嗟，天下大溃”，隋王朝终于在人民起义大风暴中走向覆灭。

4. 洛阳危机，被缢而亡

大业十三年（617），李密、翟让逼近洛阳，首先挑选七千精兵抄近道突袭占领位于黄河与洛水交叉处的粮仓——洛口仓。李密大开仓门，昭告世人：若有需要，无论何人，均可前来领米。消息一传出，那些饱受疾苦、几近死亡的民众蜂拥而至。他们不明白：为什么总是富者越富，穷者越穷。大隋天子何等残暴，如此虐待百姓，在这个没用的地方，囤积如此之多大米却见死不救。而李密大人却是截然相反，自己不要一粒米，反让百姓各取所需。很快，李密这个名字很快就被人人所称道，可谓威震八方。

当时，越王杨侗身边的谋臣又一次判断错误，他们仅仅认为李密只是一个入室窃米之徒，一个饥肠辘辘的穷光蛋，只要尽快抓住他以儆效尤即可。于是，越王命刘长恭为大将率兵征讨李密。那些贵族子弟当然都认为是一个出人头地的好机会，争先恐后地报名参战。一时间铠甲锃亮，武器锋利，威风凛凛，彻夜行军，拂晓时分逼近仓城对岸。

李密早就得到消息，于是在仓城前门左右两翼排兵布阵、严阵以待。不善实战的隋军贪功心切，连早饭都没顾得上吃，就急急忙忙渡过洛水，一哄而上，发起进攻。起初隋军来势凶猛，一时间，中路翟让竟无力抵挡节节后退。隋军紧随其后，穷追不舍，但不久队伍就开始混乱，李密瞅准时机率直属精锐部队从两侧包围过来，顷刻间隋军大乱，全线崩溃。就连大将刘长恭也丢盔卸甲，扮作兵士，才勉强逃回了洛阳，可惜隋军生还者不足半数。最后李密缴获的兵器财物堆积如山。

经过这场战役以后，李密的声望更加高涨，其影响力波及河北、山东、江淮等地。他深受部下拥戴，自封魏公，封官晋爵，设立官府；加封翟让为大臣，单雄信、徐世勣为大将军。得知消息的各路英雄纷纷差遣使者，希望和李密建立友好关系，求得保护。

李密在攻占回洛仓后，又打算进军洛阳。越王委派元善达赶赴江都，向祖父隋炀帝告急。元善达一路千辛万苦，穿行于敌军之间，终于抵达江都，向隋炀帝哭诉了洛阳的危境。由于洛口仓、回洛仓均落入李密手中，洛阳城内粮食紧缺，无法长期固守。所以，请求隋炀帝尽快救援。听完元善达的禀报，曾经不可一世的隋炀帝也不知道该如何是好。大臣虞世基不相信他的话，说道："听了你的话，总觉得你们这些人有些夸大其词啊。你开口闭口反贼如何猖獗，可是你怎么平平安安地来到江都了呢？这就说明事态没你讲的那么严重。"

再说隋炀帝，他似乎完全厌倦并放弃了长安和洛阳，非常喜欢江都的气候风貌，似乎已经不想走了，真有些乐不思蜀的感觉，就连后宫的吴侬软语也能听懂一些。那些思乡心切的北方士兵很是生气，不知不觉中就埋下了矛盾的种子。随着时间的推移，江都的气氛越来越紧张，兵变随时都可能爆发。

隋炀帝虽是来江都避难，但其奢华荒淫的生活却丝毫没有改变。后宫仍建有上百间小屋，住着百十位深受隋炀帝喜爱的美人。工匠们挖空心思装饰房屋，烹饪佳肴。隋炀帝大多时间由萧皇后和宫中美人陪伴，漫步花园，身边美女千余，终日里口不离杯，醉生梦死。可是莫名的空虚感总在心中萦绕，不知如何是好。一日，隋炀帝看着镜中的自己忽然对身旁的萧皇后说："谁会砍下我这细颈上的脑袋呢？"萧皇后一惊，连忙问："您这是说什么呢？"隋炀帝好像预感到了什么，若无其事地说道："这世道是相当玄妙而公平的。苦与乐、贵与贱总会交替而生，正所谓物极必反啊！"发出这样的感慨让人觉得他很是大彻大悟，不同凡响。如果他真正地觉悟，或许还不会有接下来的后果。

后来宫女告诉皇后，军人们可能图谋不轨，皇后不予理睬，说道："天下之事到了这一田地，除了顺其自然还有什么好办法呢？就算你给皇上进言又能怎样，只是让他多添烦恼罢了。"

大业十四年（618）三月十五日夜，司马德戡在江都东城内集结几万将士，闯入宫中，一路杀到隋炀帝住处。隋炀帝的孙子燕王杨倓当时只有16岁，他从自己的寝宫逃出，派人向隋炀帝禀报兵变消息。隋炀帝问是什么事，裴虔通骗他道："草坊被烧，正在救火。"

裴蕴等人定下平叛妙计，向虞世基报告。虞世基不相信禁卫部队叛乱，阻止平叛。隋炀帝的孙子燕王倓只好亲自叩宫门告密，因司宫者故意阻遏，隋炀帝失去了平叛的最佳时机。

三更过后，几万叛军由城外进入，分兵把守街巷。五更时，司马德戡率领数百骑兵冲进成象殿，深入宫中。

裴虔通带兵包围了隋炀帝，隋炀帝问裴虔通："卿不是我的将军吗！为什么要反？"裴虔通说："臣没有反，将士们思归，望陛下回京城。"炀帝无奈地说："我跟你回去。"

天亮后，宇文化及进入宫中。隋炀帝眼看着裴虔通将自己12岁的小皇子赵王杲杀死。接着，裴虔通向隋炀帝下手，隋炀帝喝道："天子自有天子的死法，拿毒酒来！"

裴虔通找不到毒酒，隋炀帝只好自己解下腰带，自缢而死。50岁的隋炀帝，就这样在江都宫中结束了生命。萧皇后为隋炀帝料理后事，将炀帝和赵王杲同殡在西院流珠堂。隋炀帝的死也让隋氏宗室、外戚以及宠臣受到了株连。

事态平息后，给事郎许善心悲壮地为隋炀帝殉葬。朱贵人骂叛军，为叛军所杀。将领麦孟才、钱杰、沈光密约，在出发时刺杀宇文化及。因有人走漏了消息，被司马德戡率军镇压，沈光等将及其部下数百士兵战死。

宇文化及率叛军西返关中，遭到李密瓦岗军的全力抵抗，宇文化及遭到重创，部众越来越少，最后败于窦建德。

公元 618 年 8 月，江都太守陈棱找到炀帝的灵柩，改葬于江都宫西吴公台下。9 月，李渊为杨广追谥号为炀帝。公元 622 年 8 月，李渊改葬隋炀帝于扬州雷塘的数亩田上。

对于隋炀帝，历代向有不同的评价，但基本上认为他属于昏君暴君之列，但也应该承认他青少年时期的功绩。他早年南平陈朝，北击突厥，在兄弟之间，功绩卓著。但即位后一方面严刑峻法，另一方面穷兵黩武，终致“海内骚然，无聊生矣”，最终成为孤家寡人，以致“万乘之尊，死于一夫之手”，这是作孽自受。这是一位历史上难于简单评说的人物，还是等待将来做更公平客观的评价吧。

第七章

盛世奠基者——李世民

作为一个君王，他无疑是成功的，但在这个圣明君主的身上，有一块永远都洗刷不掉的污点，那就是他早年在玄武门弑兄杀弟的罪恶。在他晚年的时候，当年他和兄弟之间的争斗，在他的几个儿子中间重新上演。这是他最不愿看到的局面。他是个成功的帝王，却是个失败的父亲……

1. 志向远大，劝父起兵

乱世出豪杰，时势造英雄。在历代开国皇帝中，唐高祖李渊是出类拔萃的一个。隋朝末年，天下大乱，地方势力纷纷拥兵自重，农民起义风起云涌，先后有上百支队伍树起了反隋大旗，隋朝的统治也变得岌岌可危。在诸多反隋势力中，李渊起步较晚，但是却能够在短时间内脱颖而出，很顺利地攻下长安，并成就大业。从大业十三年六月起兵反隋，到武德元年（618 年）五月称帝建唐，只用了一年时间。

613 年征高丽之役，李渊督运于怀远镇，路过涿郡，与宇文士及深夜密论时事，开始有起兵反隋夺取天下之志。616 年李渊奉诏为太原留守，以王威、高君雅为副。太原当时是军事重镇，兵源充足，粮饷丰沛，可以“食支十年”。李渊认为这是天赐良机，于是将长子建成留在河东，命其“潜结英俊”；携次子世民至太原，命其“密招豪友”，积极准备起兵。李世民结交晋阳宫监裴寂、晋阳令刘文静等，暗自部署力量。

隋炀帝大业十三年，突厥进犯边塞，隋炀帝令李渊与马邑太守王仁恭率军抵抗，两军在马邑相持。王仁恭见突厥人多势众，担心寡不敌众。李渊却说，我军远离朝廷，没有外援，如果不与突厥大军决一死战，恐怕全军性命难保。于是，他亲率 4000 名精兵，与突厥展开游击战争。两军相遇，并不出击，而是严阵以待，使突厥人不知其意，更不敢轻举妄动。与此同时，李渊又突然出兵袭击突厥军，斩敌千余人，突厥连连受挫，锐气大减。

617 年初，刘文静被李渊指使伪造敕书，说炀帝要发太原、马邑等几郡年 20 岁以上、50 岁以下的百姓全部当兵，年底集中涿郡，准备攻打高丽。于是群情激愤，马邑刘武周乘机起兵，引突厥攻占汾阳宫。李渊借机募集新兵，并密召长子建成、四子元吉等急赴晋阳。由于形势紧张，隋炀帝才同意李渊自行募兵，但眼看上万新兵云集，他才怀疑李渊要谋反，便暗中策划晋祠祈雨大会，想把李渊父子诱骗至晋祠杀害。

晋阳乡长刘世龙得知此事，因感李渊不以其出身微细，以礼相待，立即将此事报告李渊。李渊父子决定先发制人，于617年五月起兵晋阳。还有一种说法是，李世民暗中在晋阳部署宾客，准备起兵，而李渊不知其事。等到李世民把计划告知李渊，李渊大为惊骇，甚至要执李世民送官治罪，这是不可信的。也许这样写的目的是为了把李世民说成李唐王朝的真正奠基人，使他的皇位获得具有合法性。当然，年轻的李世民见事机变，行动大胆，劝李渊早日举兵，可能纠正过李渊行动过于迟缓的弱点。在李渊的授意下，他在组织起兵方面也起了不小的作用。

大业十三年六月，当除掉隋炀帝安插在太原的心腹王威、高君雅后，李渊在晋阳起兵，顺势攻取西河（今山西汾阳）。八月，攻取霍邑（今山西霍县）。九月，李建成率军趋于灞上，李世民率军攻打长安，对其形成了包围之势。

十一月，李建成部下雷永吉用云梯首先登上城墙，长安守将顷刻瓦解。然而占据长安后，李渊担心成为众矢之的，没有急于称帝，而是重新打出了尊隋的旗号，架空隋炀帝，把年仅13岁的杨侑立为皇帝。杨侑名为皇帝，这不过是李渊“挟天子以令诸侯”的工具而已。李渊之所以这样做，一方面可以避免担上谋反罪名，缩小敌对面，一方面可以打着安定隋室的幌子公开招兵买马，扩大势力。同时，李渊对有功之臣和隋朝旧臣大肆封赏，以收买人心。

义宁二年（618年）四月，隋炀帝被杀。秦王杨浩、越王杨侗相继被立为皇帝，其他地方势力和起义军也纷纷称帝称王。在这种形势下，李渊也加快了改朝换代的步伐。

618年，隋炀帝被杀之后，李渊建立唐朝，同时立李建成为太子。据说太原起兵是李世民的谋略，并且李渊曾答应他事成之后立他为太子。天下平定后，李世民已经功名日盛，李渊却犹豫不决。李建成随即联合李元吉，排挤李世民。由于李渊的优柔寡断，也使朝中政令相互冲突，加速了诸子的兵戎相见。

李渊对几个儿子的态度逐渐明朗化了。他一方面对诸子宣传孝悌之道，以史为鉴，希望兄弟间化干戈为玉帛；另一方面，仍然重用李世民，重大的政令和军事行动都听取他的意见；他对太子李建成也十分关注，注意其政治动向。同时，他还想利用齐王李元吉这张牌，来平衡李建成与李世民之间的关系，希望李元吉和李世民缓和关系。但是，李元吉认定李世民不会甘居人下，因其与李建成的仇恨由来已久，不可能重归于好；况且，李元吉也有夺宗之心。因此，李元吉采取消极的不合作的态度，这使李渊更加为难。

2. 兄弟之争，玄武政变

一天，李渊为了缓和三兄弟之间的矛盾，带着他们到长安城南打猎，并让他们驰射角胜。李建成故意让李世民骑他的一匹难以驯服的烈马。李世民刚骑上马，马就狂蹦乱跳起来。李世民急忙跳下，再骑上去。可是刚一上去，马又蹦跳起来。连续反复了三次，李世民才制服了这匹烈马。他骑在马上，对旁边的人说：“有人想用这匹马害死我，岂不知死生有命，不是可以随便就害得了的。”李建成听了，便抓住李世民所说的“死生有命”大做文章，通过嫔妃们向李渊告状：“秦王太狂妄了，他说天命在他身上，一定是要坐天下的人，不会轻易死掉！”李渊大怒，立即召见李世民，责备他说：“天子自有天命，不是你耍点手段就能当得上的！我还没死，你为什么这样心急呢！”李世民再三解释，李渊就是不听，拍着桌子大发脾气。正在闹着，外面送来情报，说突厥又入寇北边。李渊要靠李世民打仗，只得草草了结此事。

一计不成，又生一计。一天夜里，李世民被李建成请到东宫饮宴，却暗中放了慢性毒药。李世民宴罢回到秦王府，就呕吐腹泻不止，最后竟吐出血来。多亏他平日能礼贤下士，门内聚有名医，经多方抢救，终于脱险。这一次大难不死，李世民就提高了警惕，与李建成形成对抗局面。

李世民为了在争权斗争中万无一失，于是派心腹温大雅去镇守洛阳，并用大量金帛作为贿赂费用。还让心腹张亮去交结山东豪杰，以俟长安事变，一旦失手好有后路可退。李元吉得知此事，便告发张亮图谋不轨。于是，李渊下令将张亮下狱，可张亮死不认账，李渊只好又将其无罪释放。

在兄弟之间矛盾日益加深的情况下，李渊为了缓和他们之间的关系，又想出了一个折中的办法。他对李世民说：“首建大谋，削平海内，都是你的功劳。因此，我打算立你为嗣，但你执意推辞。况且建成年龄居长，又为嗣已久，没有什么大的过错，我实在不忍废弃他。据我观察，你们兄弟之间已很难相容，如果都在京城，必然争斗不已。我想让你去镇守洛阳，主持东部政务，还准许你建天子旌旗，像汉朝梁孝王那样。”

李世民深知此举是父亲对自己的宽容，同时也是对自己政治企图的试探。可是他知道，一旦离开长安这个政治中心，自己就很难达到夺取太子地位的目的。于是，他就以不愿离开父亲、愿在膝下尽孝为由推辞。但是，李渊还是执意要他离开长安去洛阳。他安慰李世民说："天下一家，东西两都相距不远。我想念你的时候，就去洛阳看望你。你用不着为此悲伤。"

而李建成和李元吉的想法却不同，他们认为如果让李世民去洛阳，拥有土地和甲兵，就很难控制他了。而把他留在长安，只不过是一介匹夫，取之甚易。于是，就在李世民将去洛阳赴任的前夕，他们指使数人秘密上书言事，诬告说："秦王的手下听说要去洛阳，个个手舞足蹈，高兴异常，看样子秦王再也不会回到长安了。"又令心腹密劝李渊，分析利害关系。在这种情况下，李渊也改变了主意，不再让李世民出镇洛阳。

李建成为了巩固自己的地位，走内宫路线，多方讨李渊妃嫔们的欢心。而妃嫔们知道他是将来的接班人，便与他交好，极力在李渊的面前说他的好话。而且，还帮助他时不时地散布一些对李世民的非议之词。李世民也利用妻子长孙氏在父皇身边服侍的机会，加紧收买宫门守将，做先发制人的准备工作。在东宫和齐王府，他也安插了自己的耳目。

同年，李建成向李渊建议让李元吉做统帅出征突厥，借此要控制秦王的兵马，然后趁机除掉李世民。李世民在危急时刻决定背水一战，先发制人。

本来，唐朝的建立，李世民出力是最多，功劳也是最大，他又有尉迟敬德、秦叔宝、李靖等这些著名将领做左膀右臂，平时广泛结交知名人士。所以，他的势力无人能比。李建成在太原起兵之后，也统领一支军队，打过一些胜仗，虽然没有李世民那样雄厚的实力，但是，他有太子这个合法的身份，使得一大批皇亲国戚聚集在他的周围。他长期留守在关中，在京城长安一带有坚固的基础，甚至宫廷的守军（玄武门的卫队），都在他的控制之下。齐王李元吉也和他站在同一条战线。总的来说，李建成和李世民是旗鼓相当。

唐高祖武德九年的一天，李世民上朝去控告李建成和李元吉，揭发他们在后宫胡作非为。高祖大吃一惊，说："竟有这样的事？"李世民说："不但如此，他们还几次想谋害我。如果他们得逞，儿就永远见不到父皇了！"高祖说："你讲的事情，关系重大，明天我要亲自审问！"当天夜里，李世民就调兵遣将。

公元626年7月2日，李世民亲自率领长孙无忌等人，埋伏在玄武门附近。守卫玄武门的将领叫常何，原来是李建成的心腹，但已经被李世民收买。李建成和李元吉走到临湖殿，发现情况异常，立即掉转马头往东宫跑，只听有人喊："太子、齐王，为什么不去上朝？"李元吉回头一看，正是对头李世民，他急忙取弓搭箭，一连向李世民发了三箭，都没射中。李世民对准李建成回射一箭，李建成从马上摔下来，断了气。李元吉急忙向西逃去，被尉迟敬德一箭射死了。

当兄弟之战的时候，唐高祖李渊正带着大臣、妃子在海池中乘船游玩。忽然看见尉迟敬德匆匆赶来，高祖就问："你来这里干什么？"尉迟敬德说："太子、齐王叛乱，秦王恐怕惊动陛下，特派臣来护驾。"高祖大吃一惊，忙问："太子、齐王现在何处？"尉迟敬德说："已经被秦王杀死了。"高祖十分难过，吩咐游船靠岸，回头对裴寂等人说："想不到会有今天这样的事发生，你们看怎么办？"萧瑀说："建成、元吉本来就没有大功，秦王功德盖世，深得人心，理该立为太子。"高祖说："我本来也是这样想的。"尉迟敬德忙说："外面还没有完全平静，请陛下降旨，要各路军队都接受秦王指挥。"高祖立即派人传旨结束了这场政变。

三天之后，唐高祖宣布立秦王为太子，国家大事，一律由太子处理。这年八月，唐高祖被迫让位，自称太上皇。李世民当了皇帝，第二年，改年号为贞观。历史上把这次政变叫作"玄武门之变"。

3. 贞观之治，大唐盛世

李世民是借助农民起义的力量而起家的，认识到老百姓的力量完全可以决定一个国君的命运。为了避免重蹈覆辙，他从贞观初年就开始注意处理好与老百姓的关系。李世民引古人的话说："舟所以比人君，水所以比黎庶。水能载舟，亦能覆舟。""国以民为本"，民心向背乃是国家存亡的关键。为了做到"安人宁国"，必须删削繁苛，先存百姓，"安诸黎庶"，使其"各有生业"。李世民实行了"省徭赋""务积于人"的政策，尽量减轻人民的徭役和赋税的负担，让老百姓能生存下去。他说："治国犹如栽树，本根不摇，则枝叶茂荣。君能清净，百姓何得不安乐乎！"只有"徭役不兴，年谷丰稔"，百姓才能安乐，国家才有安宁的基础。他从历史的教训中认识到，"徒益其奢侈"乃是危亡之本。

李世民于贞观之初，采取一系列厉行节约、限制奢侈的措施，如停止诸方进贡珍贵异品，限制营造宫室，废除厚葬的陈规旧俗，规定葬制一律从简，如有违反，依法问罪。在他的影响下，当时有许多重臣，一般也都崇尚俭约的生活和简肃的作风。与此同时，李世民也比较体察民间疾苦，并采取一些相应的"恤民"措施。所有这些都是服务于他"安人宁国"这一治国的总的指导思想。

李世民比历代帝王有着较突出和罕见的才华和创举。他强调"为政之要，惟在得人，用非其才，必难致治。今所任用，必须以德行、学识为本"。他确实能够"拔人物则不私于党，负志业则咸尽其才"。早在统一战争时，他就重视人才的搜罗，每击败一个武装集团后，房玄龄就“先收人物，致以幕府。及其谋臣猛将，皆与之潜相申结，各尽其死力”。

公元620年，李世民率大军逼近洛阳，大军一路而来，一些州县纷纷归顺。7月，唐军到达新安，包围了洛阳，占领了一些城外的郑军据点。9月，唐军在邙山上与1万名郑军相遇，李世民手下大将尉迟敬德、屈突通合力迎敌，穿插奔突于邙山之上，斩敌千余人，俘获6000人，取得邙山战役胜利。

10月，唐军又占领王世充在洛城西的据点硖石堡，接着智取位于河南县城以东的千金堡。公元621年2月，打响了洛阳的争夺战，王世充带领两万士兵迎敌，李氏军中大将屈突通率5000名步兵，渡过谷水，破了敌阵。李世民的骑兵杀死敌军7000人，直抵东都城下。

当时的洛阳，城防非常坚固，因为隋朝以来，经常有战争，所以常常修城堡。杨玄感来打洛阳，李密来攻洛阳，都没能攻进城来。王世充称帝后，企图在洛阳久居，配备了精良武器，每天用石炮、弩箭阻击城外的唐军。从这年秋天一直到次年春天，半年时间内，唐军虽把洛阳越围越紧，日夜不停地攻城，但城池坚固，久攻不下，时间长了，军队将士感到疲劳，一些将领主张停止进攻，回长安休整后再打。

李世民感觉到将士的厌战情绪，说:“现在东都四周，各州已经投降，洛阳成了孤城，迟早可以攻下，怎能半途而废？不克洛阳，决不退兵！”

王世充的城池被攻打的时间长了，粮草供应不上，只好派人偷偷出城，赶到河北向窦建德求救。窦建德的军队是一支强大的力量，王世充称帝后，窦建德也称帝，国号称夏。他接到王世充的求救信后，意识到王世充若被消灭，唐军接下来就会收拾他。唇亡齿寒，他岂能坐视不管？于是决定先联合王世充击退李氏军队，然后消灭王世充，进而夺取天下。

于是，窦建德亲率10万大军（号称30万）来解洛阳之围。李世民听说窦建德前来援救，很轻敌，但手下有人提醒他："王世充的兵力还很强，缺少的只是粮食。如果让窦建德跟王世充会合，用河北的粮食接济洛阳，那咱们胜利的希望就很渺茫，必须把南下的窦军截住。"

李世民认为有道理，就决定先解决窦建德。他把李元吉留在洛阳继续围攻王世充，亲自带3000多精兵出城迎战。当时窦军渡过黄河后，先至洛阳东线，相继攻陷荥阳、阳翟，水陆并进，大船上载满军粮，浩浩荡荡，溯河向西，逼近了汜水关。

李世民从邙山出发向东，经孟州，到巩县，抵达虎牢关，在汜水镇与窦建德短兵相接。战斗的结果是：窦建德被俘，李世民胜利，斩杀3000余人，10万窦军顿时瓦解。汜水关之战李世民不但收缴了大量马匹辎重，还缴获了一些粮食，于是掉头又来进攻洛阳。

得知窦建德大军溃败，王世充就没有了指望。看到李世民的军队一路浩浩荡荡，兵临东都城下，形势非常严峻。王世充召开紧急会议，商议是否向南突围，占领襄阳，以便东山再起。然而，其部将皆认为大势已去，不愿意再打下去。王世充走投无路，只得"素服率其太子、群臣2000余人"，走出城门，向李世民投降——这正是：洛阳帝都飘战旗，你方唱罢我登场。李密落荒走他乡，复睹秦王占洛阳。

武德四年（公元621），尚为秦王的李世民，"以海内浸平，乃开馆于宫西，延四方文学之士"，如杜如晦、房玄龄等，"并以本官兼文学馆学士，分为三番，更日值宿，供给珍膳，恩礼优厚。世民朝谒公事之暇，辄至馆中，引诸学士讨论文籍，或夜分乃寝"。贞观时期的文武大臣，既有早年追随他的秦府幕僚房玄龄、杜如晦、长孙无忌等，也有他的政敌李建成的旧部魏征等；既有原属各个武装集团的人物岑文本、戴胄、张玄素等，也有农民出身的将领李勣、秦叔宝、程知节等；既有出身贵族的李靖，也有出身寒微的尉迟敬德、张亮、马周、刘洎等；此外，还有出身少数民族的契苾何力、阿史那社尔等。李世民对他们不讲门户，不分亲疏，不避仇嫌，不论前后，任人唯贤，只要确有才能，忠诚于唐，都能委以重任。

为了选拔人才，他还建立了一套比较完整的制度，如通过科举制度把选拔人才的权力集中到中央，网罗人才，扩大统治基础。据史料记载，李世民“尝私幸端门，见新进士缀行而出，喜曰：‘天下英雄尽入吾彀中矣’”。故有诗云：“太宗皇帝真长策，赚得英雄尽白头。”李世民除了统治有方，还比较知人善任，了解臣僚的长处和弱点，能够扬长避短，使其各得其所，各尽其才。如对房玄龄、杜如晦的任用就说明这点。他“每与房玄龄谋事，必曰：‘非如晦不能决。’及如晦至，卒用玄龄之策。”因此李世民任命他俩为尚书仆射（丞相），共掌朝政，发挥个人的长处，集中大家的智慧，使事情办得更好。

李世民还非常重视官吏的任用，特别是地方官吏更是他经常注意的。他曾说：“朕思天下事，丙夜不安枕，永惟治人之本，莫重刺史，故录姓名于屏风，卧兴对之，得才否状，辄疏之下方，以拟废置。”

李世民还规定，凡是县令都要五品以上的中央官吏保举，而各州刺史则由皇帝亲自选拔任命。这样做是因为他认识到：“古人云，王者须为官择人，不可造次即用。朕今行一事，则为天下所观；出一言，则为天下所听。用得正人，为善者皆劝；误用恶人，不善者竞进。赏当其劳，无功者自退；罚当其罪，为恶者戒惧。故赏罚不可轻行，用人弥须慎择。”

李世民深知，治国单靠一个人是不行的，没有忠臣贤吏辅佐，不可能求得身安国宁。因此，他重视“纳谏”“纳贤”是历代皇帝所不及的。他非常赞同魏征“兼听则明，偏听则暗”的意见，懂得“明主思短而益善，暗主护短而永愚”的道理。他说：“人欲自照，必须明镜；主欲知过，必藉忠臣。主若自贤，臣不匡正，欲不危败，岂可得乎？”“人君必须忠臣辅弼，乃得身安国宁。”所以李世民以隋炀帝拒谏为戒，特别强调要求臣僚进谏。他曾多次说过："朕每思之，若欲君臣长久，国无危败，君有违失，臣须极言。今天下安危，系之于朕。然耳目股肱，寄于卿辈，即义均一体，宜协力同心，事有不妥，可极言无隐。傥君臣相疑，不能各尽肝膈，实为国之大害也。""公等但能正词直谏，裨益政教，终不以犯颜忤旨，妄有诛责。朕比来临朝断决，亦有乖于律令者。公等以为小事，遂不执言。凡大事皆起于小事，小事不论，大事又将不可救，社稷倾危，莫不由此。"

李世民在贞观前期的统治言行一致。在他的倡导下，进谏和纳谏蔚然成风。如魏征谏止封禅，张玄素谏止修洛阳宫，戴胄谏设义仓，李百药等谏止裂土分封等，均被采纳。在纳贤和纳谏方面，李世民同魏征的关系堪称美谈。魏征原是李建成的部下，曾建议李建成早除秦王李世民。玄武门之变后，李世民召见魏征，责问他："汝为何离间我兄弟？"魏征面无惧色，举止自若，回答说："先太子早从征言，必无今日之祸。"李世民并未发怒治罪，却"改容礼之，引为詹事主簿"。原因就是他"素重其才"。他曾评价魏征及他同魏征的关系说："魏征往者实我所仇，但其尽心所事，有足嘉者。朕能擢而用之，何惭古烈？征每犯颜切谏，不许我为非，我所以重之也。"如一次魏征对李世民说："人言陛下欲幸南山，外皆严装已毕，而竟不行，何也？"唐太宗笑而答道："初实有此心，畏卿嗔，故中辍耳。"

又有一次，李世民"得佳鹞，自臂之，望见征来，匿怀中；征奏事固久不已，鹞竟死怀中"。李世民也有按捺不住的时候，一次罢朝回宫，怒气冲冲地说："会须杀此田舍翁。"长孙皇后问要杀谁？李世民说，杀魏征！因为他"每廷辱我"。长孙皇后退回后宫，穿上礼服再来见李世民。他惊问其故，长孙皇后说："妾闻主明臣直，今魏征直，由陛下之明故也，妾敢不贺！"这一番恭维话，反而使李世民转怒为喜。总之，李世民"自比于金"，而以魏征"为良工"。魏征也“喜逢知己之主，竭其力用”。仅贞观初年，魏征即谏奏二百余事，李世民均采纳。所以，李世民说：“贞观以前，从我平定天下，周旋艰险，玄龄之功无所与让。贞观之后，尽心于我，献纳忠谠，安国利人，成为今日之功业，为天下所称者，惟魏征而已。”当魏征死后，李世民亲临恸哭，并对侍臣说：“人以铜为镜，可以正衣冠，以古为镜，可以见兴替，以人为镜，可以知得失。魏征没，朕亡一镜矣！”

李世民在重视法律的制定和实行方面也有独到之处。他从安人宁国的需要出发，在立法方面确定了力求宽简的原则。他说：“国家法令，惟须简约，不可一罪作数种条。格式既多，官人不能尽记，更生奸诈。”立法不仅应当由繁而简，而且应当去重而轻，即“死者不可再生，用法务在宽简”。他特别强调法律一旦制定之后，要力求稳定，不可“数变”，“不可轻出诏令”。“诏令格式，若不常定，则人心多惑，奸诈益生”，对待立法或修改法律，应持慎重态度，不能朝令夕改，轻易变更法度。这种指导思想，在李世民即位后，就令长孙无忌、房玄龄等人重新修订了《武德律》，并于贞观十一年颁布了《贞观律》，同时还编制和删定大量令、格、式作为律的补充。共“立律五百条，立刑名二十等，比隋律减少九十二条，减流入徒者七十一条，凡削烦去蠹，变重为轻者，不可胜纪”。尤其对死刑一再从轻。开初曾“议绞刑之属五十条，免死罪，断其右趾”，后来又把断趾法改为流刑，并删去“兄弟连坐俱死”之法。这样一来，比以前规定为死刑的，几乎减少一半。总之，从立法的基本倾向看，是务求宽平，并在一定程度上克服了隋末法律过于苛刻的弊病，这对于减轻劳动人民遭受司法镇压的痛苦，毕竟有一定的积极作用，对后世的封建立法也有直接影响。

“贞观之治”是法制得到了较好贯彻执行的时代。形成这样的局面和李世民“守文定罪”“恤刑慎杀”的法制思想分不开。他说：“古来帝王以仁义为治者，国祚延长，任法御人者，虽救弊于一时，败亡亦促”，“为国之道，必须抚之以仁义为自然安静”。单靠严刑峻法，不能从根本上解决问题。只有兴仁义之政，力求恤刑慎杀，才能使老百姓渐知廉耻，官民奉法，盗贼日渐减少。对于执法官吏来说，重要的问题在于严格依法办事。能否依照律令断案，绝不是件小事，它关系到国家存亡的问题。李世民对侍臣们说：“朕比来决事或不能皆如律令，公辈以为小事，不复执奏。夫事无不由小而致大，此乃危亡之端也。”他还鼓励臣下对皇帝不守律令的做法要敢于直谏，不应等闲视之。只有君臣上下都能据律断罪，方可做到“庶免冤滥”。所以，李世民对法律的严肃性和相对独立性做得很好，即使有损于自己的权威也在所不惜。如有一次“大开选举”，他下令“诈伪阶资”者自首，否则处死。后来查出诈伪的一个人，大理少卿戴胄“据法断流”。李世民认为，这是使自己失信。戴胄说：“法者，国家所以布大信于天下；言者，当时喜怒之所发耳。陛下发一朝之忿，而许杀之，既知不可，而置之以法，此乃忍小忿而存大信。”李世民听后收回成命，并说：“朕法有所失，卿能正之，朕复有何忧也？”

对于恢复和发展经济李世民有深刻认识。他认识到，“国以人为本，人以衣食为本，凡营衣食，以不失时本。夫不失时者，在人君简静乃可致耳。”“国以民为本，人以食为命，若禾黍不登，则兆庶非国家所有。”所以，秉着“国以民为本”的思想，在推行均田制的同时，采取了“以农为本”“不夺农时”“与民休息”“轻徭薄赋”的政策。李世民为了“不夺农时”。在赋役征收方面，推行以庸代役的租庸调制，尽量减少徭役的征发；为了鼓励垦荒，规定归来的流亡农民可以减免赋役，设置义仓，对有困难的给予一定的粮食救济；为了促进人口的增殖和劳动力的增加，规定青年男女需适时婚配，鼓励寡妇再嫁，释放宫女自由成家，用“御府金宝”赎回农民因灾荒卖掉的子女和被突厥掠夺去的人口；为了发展生产，修复和新建了一些水利工程。所有这些，都对当时社会经济迅速地恢复和发展起到了积极作用。

唐太宗李世民虽是政变登基，但在位 23 年间，励精图治，选贤任能从谏如流，政治清明；视民如子，社会安定；经济发展，文化繁荣；不分华夷，民族融洽，史称“贞观之治”。

唐太宗执政初期，突厥颉利可汗乘唐朝内大乱，大举入侵。太宗遣尉迟恭出战，大败突厥。没过多久，颉利再次入侵，到达渭水便桥，派遣使臣到长安示威。太宗亲率六骑到渭水与颉利隔河棚会，指斥颉利背信弃义，颉利无言以对。此时唐朝大军陆续赶到。颉利看到唐军军容鼎盛，以为无隙可乘，于是与太宗议和，杀白马，立盟约，随即北归，这就是“便桥会盟”。

贞观元年（627 年），唐太宗论功行赏，房玄龄、杜如晦名列第一，并任宰相，执掌朝政，引起太宗叔父淮安王李神通和骁将尉迟恭的不满，他们自恃战功显赫，资深位高，口出怨言，扰乱庆功秩序，甚至还挥拳打伤前来劝解的任城王李道宗。于是，诸将争功，大吵大闹。对此，唐太宗声色俱厉，历数李神通功过是非，明言绝不因私封赏；又以汉高祖刘邦杀韩信、彭越之事警告尉迟恭，非分之恩，不可兼行。后来，二人表示悔过自新，争功风波得以平息。

唐太宗善于求贤。即位之初，他要求右仆射封德彝举荐贤能，然而，封德彝久无所举，以为天下没有奇才。太宗却认为君子用人如器，各取所长，人才无时不有，关键在于善于发现。太宗就是善于发现千里马的伯乐。

贞观三年（629 年），太宗对房玄龄、杜如晦强调广求贤人，随时授任，举用贤才是宰相之职。同年夏天，久旱不雨，太宗下诏求雨，中郎将常何列举了二十多种方法，非常符合实际。太宗倍加赞赏，可是知道常何身为武将，便仔细询问奏章来历，得知出自常何门客马周之手。太宗立即召见马周，予以重用。只要是人才，不论贵贱，不分地域，一视同仁。所以，出身寒素的儒生，来自敌方的将帅，以及乱世从戎、将门之子都有了用武之地。

4. 全面扩张，四面出击

贞观年间是唐朝开拓疆域最迅猛的时期，也是获胜最多的时期。唐朝依次取得了对东突厥、吐蕃、吐谷浑、高昌、焉耆、西突厥、薛延陀、高句丽、龟兹甚至可能还包括印度的胜利。这些胜利为唐朝300年的基业奠定了基础。颉利可汗恐怕是有史以来第一个被中国军队活捉的草原帝国最高统治者。唐军出击定襄，痛歼突厥，活捉颉利可汗，这应该是唐朝历史上拓边战争中最辉煌的胜利。突厥是唐朝最大的边患，作为同时存在的两个超级大国之一遭到毁灭，建立单极世界就变得容易多了。

唐朝的另一个著名将领侯君集奉命带兵攻打吐蕃。侯君集通过夜袭击败了吐蕃军，斩首千余。吐蕃军退兵后，松赞干布效仿颉利可汗，派使者谢罪求和。但是他没有放弃和亲的请求。也许是被他的执着感动，7年后他终于达成所愿。

贞观十五年（641年），文成公主入藏。贞观八年（634年），吐谷浑侵唐，唐军再次远征，途中缺水，就刺马饮血，终于袭破可汗伏允的牙帐，伏允丢下妻儿狼狈逃走，不久在沙漠中被部下所杀。吐谷浑部从此被纳入唐朝的势力范围。贞观十三年，高昌国不想称臣，可高昌王麴文泰看到唐兵来得太快，吓得一病不起，不久就死了。从此他也作为第一个被唐军活活吓死的人而载入史册。

贞观十九年（645年），唐军向辽东进军。唐太宗在路上对手下人说，四方基本安定了，就剩下这一块地方了，趁着我还没死，良将们还有精力，一定要解决掉。

于是，李勣暗度陈仓，突然出现在辽东城下，高句丽被吓坏了。营州都督张俭和将领李道宗也率兵进入辽东，击败高句丽兵，斩首数千。四月，唐军攻破高句丽盖牟城，俘虏两万多人，缴获粮食十多万石。五月，另一路唐军从山东渡海攻破高句丽卑沙城，俘虏八千人。这是百年以来中国军队第一次在鸭绿江边阅兵。

不久，李勣和李道宗所率领军队进逼辽东城下。数万高句丽军来应战。有人建议，说高句丽军多唐军少，应该坚守。可是李道宗说高句丽人仗着人多以为我们不敢拿他们怎么样，我们就是要攻击他们，杀杀他们的锐气。李勣说我们被派来就是负责替皇上开道的。现在道路不通，我们怎么能躲呢。于是唐军处于劣势却还要猛烈出击，高句丽兵始料不及，被冲乱阵形大败而归。唐太宗大军到来，把辽东围得水泄不通，日夜攻打。乘着刮南风的机会，唐太宗指挥士兵点燃城池西南楼，顺风放火。高句丽军抵挡不住了，辽东陷落。唐军杀高句丽兵1万多人，俘虏1万多士兵和4万多百姓。

攻克辽东后，唐军继续向白岩城进发。乌骨城派兵一万支援，被唐军击退（此战唐军只用了800人）。六月，白岩城不战而降。唐军继续向安市进发。高句丽将领高延寿等人率领靺鞨、高句丽兵15万来救援，被击败。高延寿向唐军乞降，来到唐军军营，一进门就跪下，屈膝向前，拜伏在地。唐太宗对他们说："东夷少年，跳梁海曲……自今复敢与天子战乎？"高延寿等人"皆伏地不能对"。唐太宗将降军中的高句丽军官、酋长三千余人掳往中原，其余高句丽人悉数释放。

安市城小而坚，在城主杨万春的抵抗下，唐军围攻数月不克。长孙无忌以为："天子亲征，异于诸将，不可乘危徼幸。今建安、新城之虏，众犹十万，若向乌骨，皆蹑吾后，不如先破安市，取建安，然后长驱而进，此万全之策也。”而这种方式过去一直是唐军克敌制胜的法宝。最终唐太宗决定暂时停止这次出征。九月，唐军班师。这次征伐高句丽，攻克玄菟、横山、盖牟、磨米、辽东、白岩、卑沙、麦谷、银山、后黄10城，迁徙辽、盖、岩三州户口入中国7万人。新城、建安、驻跸三大战，斩首四万余级。唐军战士阵亡的约2000人，损失最大是战马，约有七八成。

此战虽重创高句丽，但是战事旷日持久，耗费巨大，最终却未能灭亡高句丽。因此，唐太宗认为这场战争虽胜犹败，痛心地说："如果魏征还活着，肯定不会让我进行这次远征。"但这场战役非常重大。这是数百年来中国军队第一次真正战胜高句丽人。从此收复了今天辽宁一带很多南北朝时期被高句丽夺去的土地，为后来唐朝彻底征服朝鲜打下了坚实的基础。

松赞干布是藏族历史上的英雄，崛起于藏河（今雅鲁藏布江）中游的雅隆河谷地区。他统一藏区，成为藏族的赞普（"君长"之意），建立了吐蕃王朝。唐贞观十四年（640），他遣大相禄东赞至长安，献金五千两，珍玩数百，向唐朝请求通婚。太宗把文成公主嫁给了他。

7世纪，西藏王松赞干布势力雄厚。当时，唐朝拥有世界最先进的经济文化。唐太宗崇尚"一桩婚姻就相当于10万雄兵"。16岁的文成公主知书达理，朴素大方，主动应征做25岁的松赞干布的夫人。相传，禄东赞携带众多的黄金、珠宝等，率领求婚使团，前往唐都长安请婚。与此同时，天竺、大食、仲格萨尔以及霍尔王等也派了使者求婚，他们也都希望能迎回贤惠的文成公主做自己国王的妃子。为此，唐太宗李世民非常为难。为了公平合理，他决定让婚使们比赛，谁的智慧超群就算谁胜利，便可把公主迎娶，这便是历史上的"六试婚使"（又称"六难婚使"，也有"五试婚使"之说，拉萨大昭寺和布达拉宫内至今完好地保存着描绘这一故事的壁画）的故事。

贞观十五年（641年），文成公主在唐送亲使李道宗（李道宗是江夏王太宗族弟）和吐蕃迎亲专使禄东赞的伴随下，出长安前往吐蕃。松赞干布在柏海（今青海玛多）亲自迎接，谒见李道宗，行子婿之礼。然后，携文成公主同返逻些（今拉萨）。文成公主在吐蕃生活了近40年，在吐蕃一直备受尊崇。

永徽元年（650年），松赞干布去世后，文成公主一直居住在西藏。她热爱藏族同胞，深受百姓爱戴。她还曾设计和协助建造大昭寺和小昭寺。在她的影响下，汉族的碾磨、纺织、陶器、造纸、酿酒等工艺陆续传到吐蕃；她带来的诗文、农书、佛经、史书、医典、历法等典籍，促进了吐蕃经济、文化的发展，加强了汉藏人民的友好关系。她带来的金质释迦佛像，至今仍为藏族人民所崇拜。

8世纪中叶，安史之乱爆发，盛唐景象终归云烟，及至10世纪初，大唐帝国正式瓦解。从此，中国历史进入了一段极为黑暗混乱的时期，在短短的50余年间，子杀父、臣弑君，刀光剑影、血流成河，中原大地先后出现了五朝八姓十三君，像是一台搅肉机在无情地吞噬着人们的生命。

第八章

巾帼不让须眉——武则天

她 67 岁登基，执掌政权 15 载。她先后服侍两代君王，蓄养面首无数，却不曾体味爱情的真意。她荣登大宝，身披龙袍，却不得不亲手扼杀自己的女儿。后人赞叹她，诋毁她，欣赏她，批判她……而她则在陵前竖起一块无字碑，任由评说。

1. 聪慧绝顶，貌若天仙

武则天出生在洛阳城里，她的父亲叫武士彟，祖辈虽然一直十分殷富，但武士彟自身却没什么作为。传说当年武则天快要出生的时候，洛阳城北边，忽起祥云数朵，不多时，又突然狂风大作，大雨滂沱，结果雨没下多久天又晴了。对于女儿出生时发生的异象，武士彟认为此女非同一般，从此视武则天如掌上明珠。

对于武则天的相貌，一直以来都是众说纷纭，正史野史的记载也各不相同。但从唐代传下来的壁画彩绘，以及一些史书的描写，可以肯定武则天长得很美。但是武则天到底长什么样呢？史料并没有明确的记载，但现在的专家根据史书的记载推测，武则天应该是长得“方额广颐”。“额”即是额头，“颐”即是下巴，“方额广颐”就是说她的额头显大，下巴很宽，丰颐秀目。其实在现代被众人奉为大美人的林青霞，她的脸形也是“方额广颐”，由此推断，武则天应该算是很漂亮的。

武则天少年的时候，精力充沛，非常调皮，她从小就崇拜以父亲为代表的大丈夫行为，是个有男性气质的女子。随着年龄的增长，她的男性气质有了加剧的趋势。她凭着极强的领悟力，慢慢将早年无意识的模仿转变为对父亲行为和价值观自觉的遵从。她从不培养自己的女子气质，也不遵守社会规定的女子品德，诸如文静、顺从、优雅、整洁、勤劳等优良的传统；至于女子基本功，如织布、烹调，她更是不屑一顾。小小年纪，她就懂得使用计谋捉弄整日追踪她，让她去学女红的乳母。她不喜欢女孩的女红，却乐于乘船到嘉陵江游玩，到乌龙山采野果子吃。

她还热衷于打听各类政务，对父亲所从事的一切都充满了好奇。

其实，武则天的年龄虽小，但已经表现出对权力的欲望和对男人的渴望，而她这些不正常的心理与她的成长环境有很大的关系。武则天的母亲杨氏是武士彟的第二个妻子。武则天是杨氏为武士彟生的第二个孩子。在武则天还处于幼年时，武士彟第一任妻子所生的两个儿子已经长大成人，他们对于后母和妹妹们都特别不好，还经常欺负她们。这样的经历在武则天的幼小心灵里留下了沉重的阴影，一方面她希望自己有能力保护母亲和妹妹，另一方面她又希望能够出现一个男人把自己和亲人救出苦海。伴随着这样的心理长大的武则天，渐渐学会了忍受，狠毒的性情或许也是那时候养生的。

2. 杀女夺后，残忍至极

贞观十一年（637 年），14 岁的武则天入宫成为唐太宗的才人（正五品），唐太宗最初非常宠爱她，赐名“武媚”，但不久便将她冷落一边。武则天做了 12 年的才人，地位始终没有得到提升，在唐太宗病重期间，武则天和唐太宗的儿子即后来的高宗李治建立了感情。

贞观二十三年（649 年）唐太宗死后，武则天和部分没有子女的嫔妃们一起入感业寺为尼，但是她与新皇帝唐高宗李治一直藕断丝连。唐高宗即位后，他的妃子萧淑妃专宠，永徽二年，皇后复召武则天入宫，企图“以毒攻毒”，这年武则天 26 岁。武则天回宫后迅速打败萧淑妃，获得高宗的宠爱，第二年便升为昭仪（二品），后还生下了她的第一个儿子李弘。后来，武则天不满昭仪之位，开始动起了当皇后的念头。王皇后和萧淑妃结成一派，和武则天周旋于后宫。

武则天工于心计，心狠手辣，兼涉文史。33岁才产下长女，作为面子上的礼节，王皇后前来贺喜。司马光《资治通鉴》中对这段描述得令人胆寒，纵使观者想破了脑袋，也想不到武则天会用这一手对付皇后。

武则天得女一月有余，皇后王氏面带笑容地来庆祝女婴满月，虽然身为对头，但见到初生的婴儿，出于母爱之心看见了都是十分欢喜的。王氏逗孩子玩，似乎暂时忘了她和武则天之间的恩怨，这不禁令后世观者为之心寒——虽然王氏也是擅使诡计的毒妇，但终究要比武则天相形见绌。她的动机，无非是为了得到高宗的爱，目的是很简单的，而且感情用事太多，缺少提防；而武则天之志，成为皇后只是个小小的台阶而已，其心之大可吞象，不仅处处设伏防备，即便出手也是出人意料——皇后走后不多时，武则天竟然做出了连天下最冷酷的母亲都不忍做，不敢做的事——亲手掐死了自己刚满月的女儿！随后的事情就是佯装不知，去找高宗来看女儿，结果就是高宗悲痛错愕，武则天附和痛苦，心里却暗自窃喜。高宗便问侍从，这几个侍从都被武则天教过了怎么应付，便说之前只有皇后亲到武则天处，再无他人进出，大家都看见了。高宗顿悟了，虽他是个老好人，但宫中女人的内斗他还是了然的，王后从萧淑妃时就被冷落，这再来了个武则天，更是彻底成了摆设，做出这种惨绝人寰的报复不是不可能。

于是，高宗起了废后的念头，在李勣等朝廷重臣的支持下，高宗终于颁下诏书，以“阴谋下毒”的罪名，将王皇后和萧淑妃废为庶人，并加囚禁，她们的父母、兄弟等也被削爵免官，流放岭南。七天以后，唐高宗再次下诏，将武昭仪立为皇后。与此同时，又将反对最强的宰相褚遂良贬为外州都督。十一月初，武皇后又派人将正被囚禁的废后王氏和萧淑妃各打一百棍杖、断其手足，投入酒瓮之中，还气愤不过地说：“令二妪骨醉！”王、萧二人在酒瓮中哭喊了几天几夜，才气绝而死。临死以前，萧淑妃大声骂道："武氏狐媚，翻覆至此！我后为猫，使武氏为鼠，吾当扼其喉以报！"据说武皇后后来在宫中禁止养猫，而且常常夜梦王、萧二人披头散发，在宫中作祟。所以，她在执掌朝政以后，故常住东都，显庆四年（659年）四月，武皇后又捏造罪名，将长孙无忌、于志宁、韩瑗、来济等人削职免官，贬出京师。至此，反对武皇后的大臣都被或贬或杀，一个不剩。

3. 鸩杀太子，终成女皇

武则天做了皇后，为了维护自己的皇后地位，开始干预朝政。她一直没有忘记对她威胁最大、反对自己当皇后的长孙无忌，一定先要清除他。她指使许敬宗等人，捏造罪名制造朋党案，然后将长孙无忌牵连进去，把他流放到外地。后来长孙无忌被许敬宗逼得无奈自尽了。长孙无忌集团其他的人也被清除，或杀或流放。

武则天的日益专断引起了高宗的不满，他和宰相上官仪商量废后，上官仪答应起草诏书。但是被武则天安插在皇帝身边的耳目得知此消息。武则天知道后，软硬兼施，说得高宗心软，改变了主意，高宗还把责任全推到了上官仪的身上。武则天于是又让许敬宗捏造上官仪和已经被废的太子李忠图谋反叛，将上官仪处死，还赐死废太子李忠。李忠当时仅22岁。

即使作为母亲，武则天的心比一般的母亲要狠。为了自己的权势和皇位，她对亲生儿子都不肯放过。武则天亲生的儿子一共有四个，长子李弘、次子李贤、老三是李显、老四是李旦。公元656年，武则天的长子李弘被立为皇太子。

李弘为人忠厚，处事谦虚忍让，而且颇具政治才干，高宗和大臣对他都很满意。随着身体状况一天不如一天，高宗想把皇位传给李弘。

但武则天却不愿意让儿子来侵夺自己已经习惯和控制的政治权力，他担心儿子一旦即位，自己的权力梦就要破灭了。况且，李弘对武则天也不是言听计从。于是，在权力和亲情之间武则天狠心地选择了前者。

公元675年，即上元二年四月，武则天用毒药将年仅24岁的儿子李弘毒死。以天子礼葬于恭陵，追谥号孝敬皇帝。因李弘无子，便以楚王李隆基过继为子。

李弘死后，高宗精神受到很大的刺激，再加上原来的头疼病，觉得身体状况已不允许他再操劳国家大事了，就想把皇位让给武则天。但是，朝中大臣们的极力反对，使武则天没能如愿，可这对于武则天却是个极大的刺激。

公元675年5月，次子李贤被立为太子。李贤在高宗让他处理政务的过程中也显示出过人的能力，加上宰相们的辅佐，武则天又感到权力将要离她而去了。于是，武则天便指使人诬告太子贪恋女色，荒废政事。公元680年8月，李贤被废掉太子身份，贬为庶人，后来又被迫迁到巴州。在李贤被废掉太子的第二天，三儿子李显被立为太子。到了公元684年的时候，在武则天废黜中宗李显后的第三天，她就又派人到巴州将李贤杀死。

李显即位后就是唐中宗，他尊母亲武则天为皇太后。李显为人非常软弱，所以他的即位才被母亲所接受。但中宗也没有将皇帝的宝座坐热，仅仅两个月就被武则天赶了下去。中宗即位后，他想让岳父韦玄贞做宰相，可是高宗临死时立的顾命宰相裴炎不同意，中宗便任性地说："我就是把天下都给了他，又能怎么样？"裴炎便报告了武则天，武则天立刻召集大臣们到了乾元殿，将中宗李显废为庐陵王，幽禁在深宫之中。中宗被幽禁后，武则天把最后一个儿子李旦推上了皇位，即唐睿宗。

4. 面首“三千”，荒淫无度

高宗死后，武则天宠幸的人主要有薛怀义、沈南蓼及张易之、张昌宗等。首先入侍武则天的是薛怀义。薛怀义原名冯小宝，他本是同官县（今陕西铜川）街头卖膏药的小贩，后来因为在街头帮人打架误伤人命，为躲避官府的缉拿，潜逃到洛阳，在白马寺出家当了和尚。

唐太宗死后，武媚娘（武则天）作为太宗的嫔妃，也被送到感业寺出家为尼。白马寺和感业寺只有一墙之隔，而且两寺同饮一井水，有一天，武媚娘和冯小宝在井台相遇，武媚娘打不动水，正在为难。这时，身材高大、健壮有力的冯小宝也来井台挑水，他帮助武媚娘打好了水，还给挑着送到了尼姑庵的大门口，然后再自己去挑水，这样二人就认识了。

不论和尚还是尼姑都是戒吃荤腥的，可冯小宝半路出家戒不掉。有一天，冯小宝又来井台挑水，有一只山鸡口渴，落在井沿儿找水喝，冯小宝看见了，悄手蹑脚靠上去，一扁担打死了。好肥的一只山鸡，冯小宝就想把山鸡吃掉。于是他也不挑水了，捡来一堆柴火，到旁边树林子里笼火烤鸡去了。

偏巧这一天，武媚娘也来井边儿挑水。只见井台上冯小宝的水桶却不见人，武媚娘四处看了半天，附近也没有冯小宝的踪影。这时，顺风飘过来一股烤肉的香味儿。武媚娘自从离开后宫以后，就再也没有吃过肉。这肉味儿好香啊！是从哪里飘过来的呢？不远处的小树林，正在冒着一缕青烟，她想一定是在那里。这样想着，就身不由己地朝小树林走去。

媚娘看见正是冯小宝在火上烤肉，不知烤的是什么肉，反正是香味儿直往鼻孔里钻。过了一会儿，肉烤熟了，冯小宝从火上取下烤好的鸡肉，扯下一条大腿儿咬了一口。“什么肉，香吗？”武媚娘忍不住地问。冯小宝忽然听见有人说话，当时吓了一跳，回过头一看，见是武媚娘，就不好意思地笑了，说：“鸡，野鸡。落在井台上喝水，抡起扁担，只一下，哈哈哈……”说着，撕下另一个鸡大腿，递给武媚娘，说：“你敢不敢吃？很香！”武媚娘接过来，也大口大口地吃起来。

从那以后，冯小宝三天两头不是弄一只鸡，就是弄个狗大腿儿，偷偷送给武媚娘。武媚娘抢着去井沿挑水目的是为了和冯小宝相会。

武则天当上皇帝后，立刻让冯小宝当上了洛阳名刹白马寺的住持。高宗死后，武则天就让冯小宝随便出入后宫，又把他的名字改为“怀义”，赐给他薛姓。他凭着过人的聪明，加上当年的感情，很得武则天的宠爱。薛怀义又因督建万象神宫有功被擢为正三品左武卫大将军，封梁国公。后来还多次担任大总管，统领军队，远征突厥。

不久，御医沈南蓼又成为武则天的新宠，薛怀义出于嫉妒，一把火烧掉了耗资巨万的万象神宫，武则天却不予追究。致使薛怀义日益骄横，终于引起武则天的厌恶，指使人将其暗杀。薛怀义死后，已过中年的沈南蓼温和有加，却身心虚弱，满足不了武则天的要求。已经70多岁的她又陷入了寂寥烦闷之中，喜怒无常，脾气暴躁。

就在此时，有人又荐张易之兄弟侍寝，这两个20岁左右的美少年，不但聪明伶俐，通晓音律，而且精力旺盛，更有侍寝的本领。让武则天很是喜欢。武则天马上给二人加官四品。从此二张俨若王侯，每天随武则天早朝，待其听政完毕，就在后宫陪侍。二张恃宠而骄，不仅在后宫恣意专横，而且结党营私干预朝政，引起了众怒。终于在神龙元年，张柬之等策动了“宫廷政变”，杀掉二张。而武则天也在病榻上被“请”下御座，让位于中宗李显。

作为一个女皇，一个精明的政治家，武则天畜养男宠应该说主要是为了显示女皇的威权。二张入侍后，当时武则天已年满73岁，就算生活优裕，养生得法，也难使一个老妪返老还童。她这是在向众人炫耀：既然男子为帝可以有成群的嫔妃，女子登基也应该有侍奉的男宠。她一位女性政治家在男性皇帝专制时代，想立于不败之地，可以说是“树大招风”，面临孤军作战的艰难。为使臣民信服，就要人为地、主动树立自己的绝对权威和尊严。她在所有的领域内都要行使同男性皇帝一样的权利，都要享受同男性帝王一样的利益。因此，在“性”的问题上，她也要效法男性帝王了。即使不是为了“性欲”，她想拥有几个可以安慰寂寞、稍解老来忧愁的年轻异性，对于贵为天子的她也应该是可以理解的。

5. 科举考试，广纳贤才

武则天对人才的渴求，以及对人才的宽容，是为了增强自己的政治力量，积极扩大其政权的社会基础。武则天通过各种途径扶植庶族地主官僚，从中搜罗更多的有用人才。为此，她采取了多种措施：一是由朝廷派遣存抚使到全国各地寻访荐举可用的人才，经由存抚使荐举的人员，无论有没有才能，都加以试用，才高者试用为凤阁（中书）舍人、给事中；稍差一点的试用为员外郎、侍御史、补阙、拾遗、校书郎，官员试任制度从此开始。二是无论官吏还是百姓都可以自荐，此举既可避免荐举有所遗漏，也为平民百姓提供了平等的做官机会。三是进一步发展以乡贡即由州县保举为主的科举制度，不仅考试科目增多了，而目录取人数也大为增加，平均每年录取人数，比起唐太宗贞观年间增加一倍以上。

武则天对官吏的录用不讲门荫资历和出身，因为过于宽泛，从而使官员倍增，流于冗滥。但是，对于经过试用不称职者，武则天会随时撤换，而对那些在工作中有失职或犯罪行为的人，则毫不留情地判刑甚至处死。她掌握着刑罚和赏赐的权柄用来驾驭臣民，政令都由自己做出，明察事理，善于决断，所以当时的杰出人才也竞相为她所用。武则天这种大浪淘沙、优胜劣汰的用人政策，不仅达到了笼络天下人心，也让天下士人为己所用的目的，并且也确实选拔了不少贤才，使他们有了用武之地。当时他们不仅是加强武则天统治的重要支柱，其中有些人后来还成为辅佐唐玄宗开创“开元之治”的名臣贤相，如在中唐以后发挥非常重要作用的狄仁杰、魏元忠、张柬之、姚崇、宋璟、张说等，他们都是武则天亲手培养选拔的人才。假如不是武则天对人才的渴求以及对人才的宽泛，显然不会有这种结果。所以说，在使用和对待人才的问题上，以及在允许别人发牢骚说坏话这一点上，武则天不愧为一代英主。

武则天长寿年间曾经发生过一个故事，左拾遗张德的妻子生了一个男孩，张德异常高兴，便在孩子生下两天后，偷偷杀了一只羊（当时武则天不准宰杀牲畜），请亲朋好友到家里喝“三朝酒”。所请的几个朋友当中，有个叫杜肃的，时任补阙。拾遗、补阙都是朝廷谏官，所以杜肃和张德称得上是同僚。本来，这只是一次平常的宴请，因为是为了庆祝所以大家都带了一份礼物，表示祝贺；吃完然后走人，什么事情也不会有。但杜肃却在吃饱喝足之后，偷偷地带走一块肉饼，回家后便写成奏疏，然后附上肉饼作为证据，上呈武则天，告了张德一状。

第二天，武则天上朝，把张德叫到前面来问话：“听说你生了儿子，这是件大喜事，向你表示祝贺。”张德赶忙拜谢，武则天问：“请客的肉是从何处得来的？”张德是个聪明人，知道武则天的耳目很多，什么事情都瞒不过她，这时候除了据实汇报，没有其他的办法。于是赶紧趴下，磕头认罪。武则天说：“朕禁止屠宰牲畜，但红白喜事可以例外。不过你今后再有什么喜事请客，对客人也应该有所选择，不要什么人都请得去！”说完，拿出了杜肃的奏疏给他看，此时杜肃羞愧万分。

用人先得识人，识人要有一种有效选拔人才的机制。怎么选拔人才呢？武则天把重点放在科举上。在对科举制度上武则天有三大贡献：提高了进士科的地位，充分发挥了制举的作用，开创了武举。

唐代科举分为常科和制科。每年举行的考试称为常科，皇帝下诏临时举行的考试称为制科，又叫制举。常科里比较重要的有两种，一是进士，一是明经。本来进士的级别比明经科低，但从武则天开始，它逐渐变成科举考试里最重要的一科。为什么要提高进士科的地位呢？原因是进士科利于选拔人才。而明经科主要考经典记忆，需要熟悉儒家经典，这就需要家里得有经典。普通老百姓家藏书少，因此这种考试对世家子弟有利。这项考试不利于更好地选拔人才。而进士科考文才，这固然需要知识积累，但更重要的还是靠天赋灵气。好多寒门小户家里没有太多书，但子弟凭着灵气和天分，也能在进士科中崭露头角。相对来说，进士科也有它的公平性。这样，选拔人才的面更广了。

第二就是发挥了制举的作用。常科之外还设置举的原因是什么呢？首先，制举和现实联系紧密，考生的实际行政能力能检验出来。其次，制举的考生范围广。第三，制举考试起效快，制举过关，马上可以当官，选拔的人才可以直接发挥作用。

武则天从当太后临朝称制开始，就平均一年半举行一次制举。并且武则天为了拉近和考生的距离，亲自主持殿试。唐朝第一次殿试是在显庆四年（659 年），由唐高宗主持，但规模不大。

武则天于载初元年（689 年）二月，在东都洛阳洛城殿亲自策问天下贡士，这次考试被后世认为是科举史上的“殿试”之始。虽然这只是皇帝偶一为之，亲自代替了主考官，和以后宋代确立的殿试制度并不相同，却表现了武则天对科举取士的重视。为了这次殿试，武则天提前一年就下诏让文武百官五品以上者荐举贤才，特别注明人数不限多少。及至考试正式开始时，从四面八方赶来应试的考生足有万名之众，云集洛城殿。武则天急需选出能为武周政权服务的人才，因此非常重视这次殿试，亲自监考，问题都是她关心思考的时政问题。考生上万，科目又多，所以考试持续了数日之久，可谓盛况空前。在这次殿试中，青年才俊张说脱颖而出，其文笔俊秀，言辞锋利，文采飘逸，直指武则天重用酷吏之弊，被武则天钦点为对策天下第一，当即拜为太子校书，从此步入仕途。

第三是开创武举。武则天认为，有些人虽然没有文化，可是有胆量有武功，所以她又开创了武举。

尽管如此，武则天觉得人才还不够多，于是她又鼓励人们互相推荐和自我推荐。垂拱元年（685 年），武则天下诏，让“文武九品以上官及百姓，咸令自举”。另外，武则天铸造的铜匦虽说主要为告密之用，但铜匦朝东的青色格子用来接受自荐信件。这种推荐也选出了人才。狄仁杰就曾推荐自己的儿子当户部员外郎，结果很称职。狄仁杰推荐的可不光是自己的儿子，武周一朝经他推荐而当了大官的人才就有几十人。

然而，用人渠道多也产生了一些问题，最主要的就是官职不够。怎么办呢？两个办法：一是增加新的职位，二是大量试官，就是凡是自荐的或别人推荐的，先给一个官试试，看你行不行。

这样用人的方式看似没有原则，但武则天还留了一手。试官者若不能胜任，轻者贬官，重者杀头。这样一来，真正剩下的都是经过甄选的人才。

6. 军事政变，被迫退位

圣历二年（699 年）正月，武则天在宫中设置控鹤府，以张易之为控鹤监，张昌宗、吉顼、李迥秀、薛稷等为内供奉（后来改名奉宸府，张易之为奉宸令）。控鹤府就是专供他们宴饮嬉戏的场所。为掩饰他们的荒淫生活，武则天又召集宋之问、阎朝隐、李峤、张说、刘知几等 26 位文人学士，在控鹤府编纂《三教珠英》1300 卷，张昌宗、李峤为修书使。二张恃宠而骄，不仅在后宫恣意专横，而且开始干预朝政。武则天也有意把政务委托给他们处理，二张的势力迅速膨胀起来。文武大臣深为二张干政所扰，朝廷上下议论纷纷。长安四年（704 年）末，武则天卧病在床，累月不见宰相，身边只有二张侍奉，“居中用事”，使朝臣们心神不安，不知二张会干出什么事来。这就加速了政变爆发的时间。

神龙元年（705 年）正月，经过一段时间的周密筹备后，宰相张柬之等人领导发动了军事政变，把二张杀死在宫内。病榻上的武则天被迫逊位，唐中宗复位，李唐政权再度重建。

正月二十五日，武则天被迫离开她做了 15 年皇帝的皇宫，搬到洛阳宫城西南的上阳宫，中宗尊其为“则天大圣皇帝”，以示慰藉。武则天无法忍受失去皇位的痛苦，心境极坏，精神一垮，已是风烛残年的身体随之彻底垮了下来。

神龙元年（705 年）十一月初二，虚岁 82 的武则天死在上阳宫的仙居殿。临终遗嘱：去帝号称则天大圣皇后；归葬乾陵（高宗的陵墓）；赦免王皇后、萧淑妃二族及褚遂良、韩瑗、柳奭的亲属。被酷吏陷害的人在她临下台时得以赦免。

武则天的谥号曾几经变化，睿宗即位后，改称“天后”，景云元年（710 年）再改为“大圣天后”，延和元年（712 年）又追尊为“天后圣帝”，不久改为“圣后”。唐玄宗当皇帝后，开元四年（716 年），改谥“则天皇后”，天宝八年（749 年）最后定谥号为“则天顺圣皇后”。这些谥号的变化表明，武则天一直保持着受到李姓子孙尊崇的地位。

“女主临天下”，这是中国历史上罕见的现象，由 1200 多年前的卓越人物武则天所印证。武则天，武曌，这一富有历史意义的名字，为后人留下了无数的不解之谜，经受了一代又一代人的褒贬。李唐王朝 290 年的历史，武则天这位女性皇帝主导近半个世纪。

武则天死后，后世对她的评价纷繁冗杂，诋毁之词归纳起来有以下三点：一、大逆不道，篡唐自立；二、残忍成性，嗜杀无度；三、荒淫无度，面首干政。在“夫为妻纲”的封建年代里，武则天废掉中宗李显自立皇帝，这是不可思议的，这简直是个壮举，说明她确实不简单。对她的诋毁也是带有明显的轻视、践踏之意。赞誉地说，武则天确实是个治国之才，她既有容人之量，又有识人之智，还有用人之才。这种评价有它一定的客观性，也比较中肯。

武则天当政时，她提拔过很多人，但是也杀了不少人，刚刚提拔却又杀的也不少。一位大臣向她提建议说：“您这样做，谁还敢当官呀？”武则天听后不急不恼，只是让他晚上再来一次，那位大臣吓得不知所措，天威莫测。于是当天晚上，武则天让人在殿台上点了一把大火，黑暗中的飞蛾扑来。武则天笑着对那大臣说：“这叫飞蛾扑火，自取灭亡。”此人立即明白了武则天的用意。看来高爵厚禄诱人，要当官的人会源源不断，怎么可能杀得尽呢？

武则天能够统治天下，自有她不同凡响之处。她的刚毅、果敢和权力欲，不让须眉。曾经有这样一个故事。唐太宗养了一匹暴烈强悍的马，没有人能驯服它，武则天自荐能驯服。但她要三件东西，第一是鞭子，第二是铁锤，第三是一把锋利的匕首。她说，烈马发性，先用鞭子抽；仍不驯服，就用铁锤敲它的脑袋；还不驯服，就用匕首割断它的喉咙。无论故事真假，都说明武则天性情中的刚毅狠毒。

其实在封建社会，一个女人做了皇后，就是一国之母，已到最高位置。但对武则天来说，她就是要临朝称制，登上皇帝之位，让堂堂须眉男子顶礼膜拜，三呼万岁，抖一抖女人颐指气使的威风。武则天最后也终于达成所愿，成了中国历史上唯一的女皇。

封建专制政体，是以男性的一家一姓为代表的，所以干政不是女人应做的事。女人不能传代，女人当皇帝岂不与家天下的政体大相径庭。武则天最后不得不回到李氏的宗祠来享受李姓子孙的香火。这就是说，在封建专制政体下女人干政是得不到认可的。因此，女人要把非法变成合法，她就要比男人付出更大的代价，玩弄权术也比男人更要十倍、百倍地狡诈、凶残！而且女人凭借的资本也有限，无不借用本人的天生丽质，所以成功的道路上不得不付出损身损德的代价，这是客观必然。早在周武王伐纣时，周军在牧野誓师，就列举殷纣王罪恶，其中一条大罪就是"惟妇言是用"，当时就有"牝鸡之晨，惟家之索"的格言。母鸡打鸣，这个家就要离散。延伸开来，就是女人干政，这个王朝就要结束。周武王牧野誓师，就是这个逻辑。所以在旧史中充斥着女孽祸国的记载，什么殷纣以妲己亡，周幽以褒姒乱！把男人为中心的国家政体衰败责任推给女人来承担，这不仅是不公平的，而且也是对历史的不尊重。

但是以今日男女平等观念去看古代，认为男人能做皇帝，女人照样可做，男人三宫六院，女人为何不可以有面首，同样是缺失伦理道德的。在以往的历史实际中，女人干政就意味着外戚专权，或男宠乱政，而这实质就是加剧了统治阶级内部的分裂和斗争，从而造成社会动乱。西汉的诸吕之变，北魏末年的河阴之变，继武则天之后的韦后之乱，西太后扼杀维新的戊戌政变，都是如此。唯一的则天皇帝竟被五王政变推下台，得了现世报，更具典型意义。这样看来，“牝鸡之晨，惟家之索”，也是一种历史经验。所以汉武帝立太子刘弗陵，将其母赐死；北魏皇后生太子，最后都要被赐死，就是为了防止女人干政，避免导致外戚专横或男宠擅权。

随着封建制度被推翻，妇女从社会底层翻了身，现在男女平等，妇女的杰出才干得到了解放，她们从政也不需要特殊代价。从世界范围看，妇女成为国家元首也不足为奇。但在封建社会却是另一回事，武则天之残忍就是她从政必须付出的代价，这代价实质也是历史的悲剧！

武则天处事果敢，是个颇有作为、手段干练的女皇帝。武则天有她的智慧和自知之明之处，她不让在她的墓碑上刻字。有人分析其本意是功德无量，书不胜书；也许武则天有先见之明，意识到一个人的功过是非，不应自己吹嘘，还是留给后人评判吧。

第九章

盛唐天子——李隆基

他是盛唐天子，在波诡云谲的宫廷斗争中杀出一条血路，开创了中国历史上最为壮丽辉煌的开元盛世；他是风流皇帝，曲折缠绵的爱情美丽得让人们忽视了所有伦理的束缚，一阕《长恨歌》成为多少恋人吟唱不尽的悠悠恋曲；他是梨园祖师，羌笛羯鼓的清音在历史的长河中永不停息地吟唱着那永远溢彩流光的霓裳羽衣；他先英后庸，北地的战鼓惊碎了华清池里的绮梦，马嵬的哀歌宣告了那一段黄金岁月的终止。

1. 帝位之争，刀光剑影

李隆基的父亲李旦，即睿宗。睿宗“谦恭孝友，好学，工草隶，尤爱文字训诂之书”。母亲窦氏，官宦世家女。当时，武则天以太后的身份临朝称制。

公元685年8月5日，睿宗皇帝妃窦氏的宫中，传出一阵啼哭声，李隆基出生了。

李隆基“性英断多艺，尤知音律，善八分书。仪范伟丽，有非常之表”。李隆基对音乐、戏曲的精通，是宫廷中这方面的专门人才培养的结果。

李隆基3岁时，被封为楚王。武则天对小孙子李隆基“特加宠异”。

武则天篡唐为周后，睿宗被降黜，睿宗的两个妃子被杀害，五个儿子被幽禁。

武则天作为历史上有名的女政治家，任用酷吏，镇压一切反对她的人。哪怕是儿子、孙子和媳妇，也决不手软。结果，武则天到了孤家寡人的地步。

李隆基在被幽闭禁宫的6年时间里，失去了武则天的宠爱，成为磨难颇多的少年。他目睹了“酷吏肆凶”的暴行，感到深恶痛绝。

李隆基的伯父李显、父亲李旦和哥哥们都是懦夫，而李隆基却胸怀大志，性格坚毅。黄帝、尧、舜、禹、汉高祖刘邦、汉武帝刘彻、魏文帝曹丕、唐高祖李渊、唐太宗李世民等人是李隆基的偶像。

李隆基的雄心壮志，就是推翻武周政权，恢复李唐江山，做个流芳千古的明君。李隆基对武则天既仇恨又崇拜，既害怕又钦佩。从武则天身上，李隆基学到了很多东西。武则天斩尽杀绝的做法，对李隆基的影响很深。

武则天重用酷吏，朝野大多数人反感，在武氏集团内部也引起了强烈的不满。而李隆基吸取了教训，主张“政先仁义”。

青少年时代的李隆基，身处逆境，了解了百姓的疾苦和国家的忧患。他从武则天身上，吸取了许多有益的教训。

李隆基 15 岁时，在皇位继承问题上，武则天与武氏集团的矛盾越来越尖锐。于是武则天决定结束酷吏政治，改善跟儿孙们的关系。李隆基诸兄弟就被重新放在政坛。武则天既感到儿子不可靠，又感到武氏诸侄也不可靠，在皇位继承问题上，踌躇不决，引起莫大的苦恼。

公元 705 年正月，武则天病重，恢复李唐政权的时机来了。一天，张柬之、崔玄炜、桓彦范、敬晖、杨元琰和左威卫将军薛思行等人率御林军五百多人来到玄武门，李多祚、李湛和驸马都尉王同皎到东宫去迎接李显。

当时武则天住在迎仙宫，张柬之等人杀了张易之、张昌宗两兄弟，进入长生殿。武则天问：“是谁作乱？”众人回答说：“张易之、张昌宗两兄弟，我们奉太子命令杀了他们。”武则天对李显说：“是你领的头吗？你回东宫去吧！”吓得李显不敢说话。桓彦范说：“太子怎能回去呢！群臣不忘太宗、天皇的恩德，拥戴太子杀了贼臣。望女皇陛下传位给太子，以顺应人心！”武则天指着众人说：“你们都是我提拔的，都不听话了吗？”众人说：“我们这样做，正是为了报答陛下的恩德！”武则天幸存的子女：李显、李旦和太平公主，都参加了这场反对她的宫廷政变。政变发生后，武则天被迫让位给李显，即唐中宗。唐中宗立皇妃韦氏为皇后，韦后追赠父亲韦玄贞为上洛王，母崔氏为妃。李显目光短浅，没有彻底铲除武氏势力，而且纵容韦皇后和女儿安乐公主专权。

公元707年七月初六，太子重俊收买了左羽林大将军李多祚等，率领羽林兵300人，攻进武三思、武崇训宅第，杀死了武氏父子，自己也死于非命。中宗和韦后对诸王存有戒心，用外任方式加以贬职，宣布隆基兼潞州别驾，隆范兼陇州别驾，隆业兼陈州别驾。

李隆基来到潞州，认识了以“豪富”张为首的地方豪强。在地方豪强的心目中，李隆基获得了拥护。除此之外，李隆基还收罗了大批心腹。

景龙三年（709年），李隆基回到长安。李隆基开始暗中进行政变准备，他把重点放在北门禁军万骑上，万骑将领葛福顺、陈玄礼、李仙凫等都成为他的心腹。

公元710年六月，散骑常侍马秦客和光禄少卿杨均经常出入宫廷，与韦后通奸。安乐公主想叫韦后临朝摄政，自己当皇太女，日后也当女皇。四个人合谋在饼里放进毒药，中宗吃了，就这样稀里糊涂地死了。韦后宣布中宗死讯，宣布由她临朝摄政，韦温统率军队，李重茂继位，即唐殇帝。

韦后集团控制了朝廷大权，又掌握了禁军大部分兵力。而李隆基与太平公主直接控制的人马少，但李隆基身为李唐宗室正统，颇得人心。

李隆基获得了姑母太平公主的支持，公主的儿子卫尉卿薛崇简成为李隆基的帮手。

六月二十日夜二更，万骑将领葛福顺、李仙凫率羽林将士来到玄武门，斩韦璿、韦播等于寝帐。这样，玄武门被御林禁军基本上控制住了。

李隆基、刘幽求、葛福顺和李仙凫率领御林禁军，攻打玄德门与白兽门。韦后逃入太极殿飞骑营，被军士所杀。安乐公主被斩。

第二天，李隆基分遣禁军收捕诸韦亲党，斩死韦温、宗楚客等。京城内外安定了。李隆基和太平公主、刘幽求、宋王李成器拥待李旦继位，李旦即唐睿宗。

2. 发迹潞州，英明果断

中宗景龙元年四月，李隆基以临淄王的封爵和卫尉少卿的四品官职，兼任潞州别驾，第一次来到潞州（今长治市）。在景龙三年（709年）十月卸任回长安。在潞州治政近三年。

在潞州的这一段时间里，李隆基多方招揽人才，笼络民心，显出了他杰出的政治才能，“有德政、善僚属、礼士大夫、爱百姓”。管理政务之余，他还修造了一所宏丽的府第，后面建有“德风亭”（旧址在今长治市府上街）。亭西有辇道接“盾花梳洗楼”（旧名游岭，即今牛岭）。他常和潞州名士、幕僚、契友在这里赏景赋诗、评论国事。当谈到唐太宗的赫赫功绩的时候，他往往仰天长叹，似有无限感慨；谈到当时秉政的中宗、韦后，他不过微微一笑，似乎不屑一顾。他时常静静地听大家谈各自的抱负，不置一词。大家问他，他却笑而不答。喝到高兴的时候，他离席起舞，吟唱起汉高祖的《大风歌》，大家才知道他的志趣不凡。由于他风雅博学，平易近人，礼贤下士，有识之士都愿意跟随他。

李隆基选拔人才，能够不拘一格。如后来封为霍国公的王毛仲，“本高丽人”，父亲犯罪，沦为官奴，只因“性识明悟”，他就引为心腹，还让毛仲“伏事左右”。又如后来封为成纪侯的李宜德，为人家奴而“矫捷善骑射”，他就“以钱五万买之”。同时暗中蓄积武力，伺图展露身手。

景龙三年十月，李隆基带着精锐将士卸任回长安，就让王毛仲、李宜德二人“挟弓矢为翼”。后来，李隆基以皇侄的身份诛韦后及其党羽，拥立他的父亲睿宗，为他做皇帝打通了道路。李宜德曾经参加了诛除韦后的行动，而王毛仲则参加了镇压太平公主谋乱的行动，扫除了李隆基当皇帝的最后一道障碍。712年，李隆基登上了帝王宝座，开创了与“贞观之治”齐名的“开元盛世”。

723年正月也即开元十一年，此时的李隆基却是以皇帝身份再次来到潞州。和他一起侍驾来的还有张嘉贞、张说、张九龄、苗晋卿等几名大臣。他初九日进入潞州后，就大摆筵席“宴父老”。并把当年故居改为“飞龙宫”，让张说写了一篇《上党旧宫述圣颂》，树碑立石；还让张九龄写了一篇《圣应图赞》。潞州可以五年不用交租税，并赦免了“大辟”以下的所有罪犯。

开元十二年，李隆基东游泰山，回程途中又绕道潞州，体察民情，慰问疾苦，再次赏赐“父老”。

开元二十年，李隆基第四次来到潞州，对老年人普遍“赐粟帛”，让已经征募、即将开拔的士兵归里，另从别处征集，并再次免除潞州三年的租税。

李隆基之所以对潞州情有独钟，或许是因为潞州是其发迹之地。

中宗宫廷混乱持续了五年，使武则天时代末期的腐败政治逐渐加剧，于是，在人心思安的状况下，驱使朝野上下都盼望出现一个能够拨乱反正的人物，使政局恢复到武则天统治的全盛时期。武则天死了以后，懦弱无能的中宗李显、韦氏和安乐公主掌握了朝政大权；原来发动政变，恢复李氏唐朝的宰相张柬之，也被他们贬官驱逐；太子李重俊被杀；韦氏和安乐公主卖官鬻爵，毒杀中宗，梦想做第二个女皇。李隆基注意到朝政的混乱，于是他开始招募智勇双全之士，谋划匡复大唐社稷。唐朝初期，唐太宗曾经选拔骁勇善战的人员，组建了一支军队（类似于现代的特种部队），身穿绘有虎皮花纹的衣服，使用绘有豹皮花纹的马鞍，让他们担任自己巡游狩猎的警卫部队，人称“百骑兵”。

到了武则天的时候，把“百骑兵”增加为千骑，称为“千骑兵”。唐中宗李显又把“千骑兵”增加为万骑，号称“万骑兵”。这支军队的变化，足以说明它在捍卫大唐王朝中枢机关的举足轻重的作用。李隆基与万骑兵中的豪杰之士，交结甚深。正在韦氏集团谋划杀害李旦、太平公主、李隆基的时候，一直静观事变的李隆基和太平公主，抢先发动兵变，率领羽林军万余人从玄武门攻进皇宫，把韦氏一派全部消灭。然后，李隆基把父亲李旦重新推上了皇位，李隆基被立为太子。

中国帝位接替的传统是由上行下的方式。因此，尽管唐太宗并不希望自己的后世子孙，也学习自己发动宫廷政变的方法，用屠杀骨肉同胞的政变夺取皇帝的宝座，但是，玄武门之变仍然在他死后的 56 年和 61 年发生了两次。发动第二次玄武门之变的是太子李显和以张柬之为首的一帮大臣；不过，发动第三次玄武门之变的却是他的太孙李隆基。

第三次玄武门之变发生后，太平公主承袭她母亲武则天的遗风，也想当女皇。但是，她的野心，却直接与太子李隆基发生了不可调和的矛盾，原本对朝政不感兴趣的李旦，更加心灰意懒，他对老庄的无为思想非常痴迷。于是，在先天元年（712 年）六月，义无反顾地将帝位禅让给太子李隆基。目的有二，一是解脱了自己，二是借此停止皇室成员内部的倾轧。李旦的让位，加剧了李隆基和太平公主的矛盾，双方都在积蓄力量，准备除掉对方。已经当上皇帝的李隆基，在 713 年，果断下手，亲自率领近卫军，除掉了太平公主和她的亲信几十人，随后，将朝廷内外忠于太平公主的官员，全部罢官免职。

至此，因武则天时代结束而引起的宫廷动荡，终于结束了。李隆基 29 岁开始亲政，真正掌握了皇帝权力。12 月 1 日，大赦天下，改元“开元”。这时他励精图治，开创大唐中兴的雄心已经表现出来了。

后世给这个年号后面加上了“盛世”二字，于是就变成了“开元盛世”。夺取盛世皇帝宝座的李隆基，很少被后世称作唐玄宗，而是被尊为“唐明皇”。自唐太宗开始，社会环境宽松，给文学的发展创造了有利的条件，大唐王朝以及以后的文人骚客就围绕着这个唐明皇做出了无数的文章。而种种的说法中，大多数都与杨玉环相关，甚至他给后世带来的灾难因此也都带有市井味道。

3. 开元盛世，再创辉煌

玄宗亲政后面临的形势非常严峻。频繁的宫廷政变，严重地削弱了中央集权统治，吏治腐败。玄宗决定整顿朝政，任人唯贤。姚崇是唐玄宗时期最著名的贤相，他办事干练。曾向玄宗提出十大建议，玄宗全部采纳，成为开元施政的方针。

当时，许多富户常常用出家当和尚的办法逃避赋役，姚崇禁止百官和僧尼道士交往，打击寺院地主势力。薛王李业的舅父王仙童鱼肉百姓，姚崇请玄宗批准，惩办王仙童。

开元初年，黄河南北经常发生蝗灾，蝗虫所落之处苗草尽毁，造成赤地千里的惨景，物价飞涨，唐朝的统治受到严重的威胁。姚崇非常关心蝗灾，组织郡县大力捕杀，由国家奖励治蝗。蝗灾终于被控制住了，虽然蝗灾仍然频繁，但灾区内不再出现大饥荒了。

宋璟继任宰相后，也是大力选用贤才，使吏治进一步澄清。一次吏部选拔官员，其叔父宋元超一味地讨好吏部，宋璟知道后，就下令不准给宋元超官职。

张九龄是广东官员，当时广东是荒僻的地方，升官比较困难。由于张九龄很有才能，玄宗就任张九龄为宰相。张九龄执政时，已是开元后期，他提倡慎重选贤。看到玄宗有了过失，他都大力劝阻。

玄宗任用贤相，重视整顿吏治，采取了很多措施。他裁减、淘汰大批冗员，精简官僚队伍。玄宗裁掉员外官、试官、检校官几千人，精简政府机构，大大提高行政效率，减少巨额开支。

武则天执政时，取消了谏官和史官参加议事的制度，而玄宗予以恢复。

唐玄宗时期，他允许谏官和史官参与国家大事。玄宗很重视县令的选拔。他认为县是国家的基础，玄宗经常会对县官亲自考核，了解县官是否能够治理好地方。考试成绩合格者被任用，不合格者革职。玄宗制定了严格的考核制度，检查地方官的政绩，作为奖惩的依据。他规定每年的十月，各道按察使到各地考察得失，把地方官的政绩上报吏部，狠狠地打击了贪赃枉法的地方官。

玄宗的各项改革措施主要依赖地方官去执行，这是能够出现“开元之治”的主要原因。玄宗即位时，西域的碎叶、庭州、北方的云州以及辽西12州，都被突厥、契丹吞并，陇右及河北人民常遭到烧杀抢掠。

玄宗执政后，为维护统一，推行了一系列军事改革。为了提高唐军的作战能力，玄宗改进府兵制。

在府兵制的制度下，农民既要种田，还要参加军事训练。许多农民饥寒难忍，就不断逃亡。结果，国家兵源缺乏，尚武风气丧失。到玄宗时士兵逃亡现象尤为严重，军队的兵力严重不足。

开元十一年（723年），宰相张说主张募兵。玄宗准许，从关内招募12万人，代替了府兵轮番宿卫制度。经过十多年的实践，于开元二十五年（737年）向全国推广。雇佣兵制吸收了大批失业人口，极大地缓和了社会的矛盾。雇佣兵长期进行操练，军队的战斗力提高了。

玄宗还颁布了《练兵诏》，命令西北的军队招募兵马，挑选精壮之人，加强操练，不准役使士兵。玄宗经常派人到各军检查诏令的执行情况，并亲自处理了大批事宜。

玄宗即位时，战马只有 24 万匹。玄宗命太仆卿王毛仲专门做战马工作，到开元十三年（725 年），战马增到 43 万匹，牛羊也猛增。唐玄宗下令扩大屯田区，于是增设了许多屯田区。经过长期的战争准备，开元五年（717 年），唐军把营州等 13 州收复。长城以北的拔也古、同罗、回纥等部落纷纷向唐朝称臣，唐玄宗重设安北都护府，长城以北的局势稳定了。

开元二十七年，突厥被唐北庭伊西节度使盖嘉运击败。唐军攻打碎叶城，突厥可汗被俘虏，唐军收复碎叶镇。唐玄宗还派军打败了吐蕃，俘虏小勃律王，并押送回长安。

唐玄宗对发展经济也很重视，他推行了许多措施，出现了繁荣的社会景象。玄宗即位以前，由于官府的百般勒索和土地兼并，出现了天下农民逃亡过半的严重的社会危机。玄宗即位后，与豪强大族进行了不懈的斗争，从豪强大族手中夺回很多土地和劳动力。

开元初年，玄宗严惩大批豪强大族，可是打击的范围太小，仍有大量土地和劳动力被豪强地主霸占。他们把逃户变为“私属”，不向国家纳税，严重地威胁了国家的统治。

玄宗在开元九年（721 年）到开元十三年（725 年）间开展全国范围内发动检田括户运动。宇文融担任劝农使，派人到各地检查黑地和豪强地主的佃户。把大批非法土地没收分给农民。对于附籍的客户，一律就地入籍。结果，国家增户十分之一，财政收入增长几倍。

武则天执政后，佛教势力抬头。全国各地都设有大云寺，寺院大量兼并土地，但是却不纳税；滥造寺庙；僧众多达几十万，使国家的负担加重。到玄宗开元二年，逼迫 12000 多人还俗。玄宗严禁造佛寺，禁铸佛像，禁抄佛经，狠狠地打击了佛教势力。玄宗即位初期，裁汰宫女，以节俭自励，在玄宗的治理下，出现了“开元盛世”的繁荣景象。

4. 宰相忠诚，精通音乐

在清除太平公主之后，唐玄宗虽然彻底巩固了皇权，但形势在当时还不容乐观：兵变大大消耗了朝廷元气，吏治的混乱、腐败亟待治理。所以，唐玄宗表示要量才任官，主张提拔贤能人士做宰相。在这方面唐玄宗还是很有远见的。如著名的宰相姚崇、宋璟、张九龄都是唐玄宗时期的宰相，著名大臣。

他深知安定升平的政局来之不易，所以即位以后，擢同州刺史姚崇为相。开元四年（716）姚崇罢相以后，玄宗又重用宰相宋璟。在姚、宋执政时期，赋役宽平，刑罚清省，天下富庶。此后玄宗所用诸相张嘉贞、张说、韩休及张九龄等都堪称贤良，各有所长。玄宗在开元初年提倡节俭、毁乘舆服玩，淘汰僧尼，禁民间铸佛像写经，选有才识者为地方都督、刺史；后来又在行政、财政、军事诸方面进行了一系列改革，促进经济的发展和社会繁荣。

宋璟为人刚直方正，不事权贵。王毛仲很得唐玄宗的宠幸，朝廷上下，巴结他的文武官员很多。一次，王毛仲的女儿要出嫁，唐玄宗问他还缺什么东西。王毛仲说什么也不缺，只是有一位客人请不到。唐玄宗知道那一定是宋璟，于是玄宗去替他请了。第二天，唐玄宗对宋璟说："你是宰相，我的奴才王毛仲为女儿办喜事，你应该与朝廷各位同仁一道去贺喜才是。"王毛仲家的喜宴直等到正午时分，所有的来宾还不敢动筷子，只等宋璟一人。过了很长时间，宋璟才到，他先端起酒杯向西行礼拜谢君命，可是，他未等喝完一杯酒，就中途退席回家，谎称是肚子疼痛难忍。

张九龄字子寿，韶州曲江人。唐中宗景龙初中进士，玄宗朝应“道侔伊吕科”，为左拾遗。在吏部参与选拔官吏时，他一直主张要公正选才，量才使用。同时，有时即使是玄宗的过错，他也及时地指出，并加以劝谏，也不因为玄宗对自己有知遇之恩就不如实相告。

除了姚崇、宋璟、张九龄之外，开元时还有卢怀慎等一大批名臣。在开元时期，这些人都有很大的成就，而且自身都比较廉洁方正。卢怀慎临终时，还向皇帝推荐官吏，而且提醒宋璟等人：“皇帝开始倦于政事，奸佞之臣势必就出来，他们会乘机把皇帝连同国家引上腐败的道路。”让他们时刻保持清醒的头脑，努力辅佐皇上，防止奸佞出现。这是很有政治远见的提醒，以后的历史验证了卢怀慎的预言。卢怀慎为人节俭，不营家产，衣服器物无金玉文绮装饰，虽然贵为宰相，但妻子却常常饥寒，所得俸禄和赏赐，都接济了亲戚朋友。一次他赴东都洛阳主持选举官员事宜，随身所带的东西，仅带了一个布包。卢怀慎死后没有财产留下，家中只有一位老仆人，还请求将自己卖掉，用换来的钱为卢怀慎办丧事。

唐玄宗在开元之初，因为有了这样一支积极向上的官吏队伍，才得以进行了一系列的拨乱反正。开元二年（公元 714 年），经历了武则天之后的十年政治混乱，社会腐败日益严重。为了遏制腐败的发展和蔓延，唐玄宗下令，在全国展开反腐败运动。反腐败首先从皇室成员开始，而且颇有“从我做起”的风范。他把皇宫里的金银器物收集在一起，由有关部门熔化，以支付国家财政和国防开支的需要；珠宝玉器、锦绣织物，都在殿前焚毁；宫中自后妃以下，一律不得使用珠玉锦绣制成物品。紧接着，对于各级官员使用的物品，也要做出明确的规定，并明确规定了如何严格处罚贪赃枉法的腐败分子。

开元十八年（730 年），宦官得到了唐玄宗的宠信，他们可以做上三品将军，因此，各地官员也就开始巴结奉承宦官了，于是贿赂成风。

京城郊区的田园三分之一都到了宦官的手里。自从高力士取代了唐玄宗贴身侍卫王毛仲的宠信地位，宦官的势力就越来越大。唐玄宗曾经说："高力士值班，我睡觉才安心。"可见宦官被宠信的程度，已经到了无以复加的地步。这时，吏部侍郎李林甫，也开始投其所好，进入唐玄宗的视线，并很快得到唐玄宗的重用。自从李林甫当上了宰相这一职位，与高力士等宦官勾结，在唐玄宗的宠信下，开始排斥打击张九龄等一批正直之士。后来唐玄宗倦于处理政事，越来越荒淫腐败了，走上了风流天子的下坡路。

司马光对唐玄宗初期的作为，表示了赞许，对他晚年由腐败而使国家陷于混乱和衰落，给予了否定。他在《资治通鉴·唐纪二十七》上说："唐明皇即位之初，励精图治，勤政节俭，严格要求自己，可是到了晚年，仍然由于腐败导致国家衰落，可见腐败对人的腐蚀太厉害了！"他引用《诗经·大雅·荡》上的两句诗："靡不有初，鲜克有终"，为李隆基做了精辟的总结。

从唐玄宗的身上我们可以看出，一个统治者，长期在最高的权位上，不论他开始是怎样的奋发向上，励精图治，久而久之，政治上的懈怠，都会使他走向衰亡。这种现象在封建社会经常发生，封建时代把一个王朝的兴亡，寄托在一个人的身上，一人兴，则王朝兴；一人亡，则王朝亡。

李隆基对音乐还非常精通，那个年代的中国音乐，得到了迅速的发展，产生了许多天才的音乐家和优秀的音乐作品。从小在宫廷中受到了良好音乐训练的李隆基，6岁时就在祖母武则天的面前表演舞蹈《长命女》。唐代延续了西周已开始的针对国子、世子的宫廷音乐教育制度，李隆基的表演就说明他自幼已经受过严格的音乐教育。

作为一位九五之尊的帝王，对待音乐的态度在很大程度上直接影响着整个社会音乐发展的方向。唐太宗李世民时期就倡导音乐，当时杜淹曾向太宗进言，历代国家的兴亡都是因为音乐，如陈朝将亡时创作了《玉树后庭花》，北齐将亡时也出现了《伴侣曲》，人们听了这些亡国之音无不哀哭，所以朝代就灭亡了。太宗对此进行了批驳，说决定人们哀伤的不是音乐本身，之所以听了《玉树后庭花》等曲感到悲哀，是因为国家将亡之时，人们内心悲伤，而不是说这些音乐本身是悲哀之音、亡国之音。这些言论在当时算是真知灼见。继承先祖遗风的李隆基，更是竭力倡导音乐，在宫廷创建教坊、梨园等音乐机构，并亲自作曲、演奏、指挥，开创了一代音乐之风。

唐玄宗设立的宫廷音乐机构称为梨园，这个名字的由来是因为地点在禁苑梨园中。李隆基既知音律，又酷爱法曲，于是就从坐部伎（唐宫廷乐舞中两大类别之一，另一为立部伎）选中了三百艺人，在梨园以教习法曲为主。闲暇之余，他还经常到梨园去指挥乐人的排练，因为他音乐造诣极高，可以及时指出演奏者的错误。《旧唐书·音乐志》也载："玄宗又于听政之暇，教太常乐工子弟三百人为丝竹之戏，音响齐发，有一声误，玄宗必觉而正之。"数百人的乐队一齐演奏，只要有一个人出错便能听出来，即使在今天对于受过专业训练的音乐家也不是简单的事情，而李隆基竟然可以做到，可见他的音乐才华确实不是一般人所能比的，称他为音乐指挥家也当之无愧了。由于李隆基亲自在梨园教授演奏法曲，这些乐人被称为"皇帝梨园弟子"。这样称呼戏曲艺人，一直沿袭到现在。

5. 祸国乱政，贵妃殒命

开元二十八年（740 年），安禄山升为平卢兵马使。安禄山是一个善于献媚的人，朝廷每次派人到平卢，安禄山都送给他们很多礼物。这些人回朝后，就在玄宗面前赞美安禄山。

开元二十九年八月，安禄山升任营州都督。天宝元年正月，安禄山升任平卢节度使、顺化州刺史。天宝二年正月，安禄山入朝，玄宗多次接见他。

天宝六年正月，安禄山兼任御史大夫。安禄山还善于装傻，私下派部将刘骆谷常驻长安，侦察朝廷机密。安禄山每年都向玄宗献上大批杂畜、奇禽、异兽、珍玩等东西，博得玄宗和杨玉环的欢心。安禄山还别出心裁地当上了杨玉环的养子。

到天宝十年，安禄山兼领平卢、范阳、河东三镇节度使。他利用欺骗、献媚和贿赂等手段取得了玄宗的信任。并且积极扩充势力，任用汉人严庆、高尚为谋士，安抚投降或俘虏的敌军士兵，使其为自己效力。

天宝十三年（754 年），安禄山提拔奚、契丹、九姓、同罗等族升将军者 500 人，中郎将 2000 多人。第二年，安禄山使“胡”将 32 人代替汉将，最终安禄山的军队将领大多是“胡”人。他还广积粮草，饲养战马几万匹。其军队的数量远远超过京城的守备。

天宝十四年（755 年）十一月九日，安禄山以奉密旨讨杨国忠为名，率 15 万大军扑向长安。安禄山乘坐铁车，步骑精锐杀声震天动地。中原地区的军民坐享 120 多年的太平日子，没经历过战争，惊慌失措。叛军经过的州县，大多不战而降，太守、县令有的开城出迎，有的弃城而逃，有的被逮住杀掉。

唐朝的精兵猛将都远在东北、西北各藩镇。安禄山军长驱直入，中原各郡县被打得措手不及，纷纷败退。十二月初二，叛军自灵昌渡过黄河。

安禄山造反的消息传到长安，唐玄宗居然还不相信。后来证实确是安禄山作乱，慌得六神无主。杨国忠坚持说叛军一定会生内乱，不超过10天，安禄山就会被部下杀害。玄宗也没有办法，只好等待。安西节度使封常清正在京城，玄宗命他回到洛阳，招兵买马。可是玄宗在长安招募的兵马，加上禁军，仅仅5万人，于是命高仙芝率领，在陕州布防。玄宗又派使者到朔方、河西、陇右各镇调兵。

战争对朝廷十分不利，封常清和高仙芝本是英勇善战，但所统领的是一群刚拼凑起来的乌合之众，根本不是叛军的对手。不久，封常清只好逃出洛阳，退守陕州，高仙芝退守潼关，以防止叛军入关。玄宗杀了封常清和高仙芝，长安的将领中只剩下哥舒翰英勇善战了。玄宗派他去守潼关。

哥舒翰的确有勇有谋，在潼关有效地阻挡了叛军。西北各镇的军队也陆续赶到潼关，前线出现了僵局。

安禄山所到之处可谓烧杀抢掳，无恶不作。他的部下有许多番将番兵，由于长期积累的民族矛盾，这些番将番兵仇恨汉人，对汉人任意残虐。

安禄山的叛军不论打着什么旗号，在百姓的眼中，安禄山终是叛臣逆子。许多地方官员忠于国家的信念没有改变。当安禄山的主力到达潼关时，中原广大军民，进行了艰苦而英勇的抗击，致使安禄山的处境日益艰难。

常山太守颜杲卿和堂弟平原太守颜真卿联络河北17郡，切断了叛军与平卢、范阳、河东的通道。至德元年（756年）正月，安禄山在洛阳称帝，叛军在河北只剩6个郡，在河南只剩潼关以东一片土地。叛将史思明占领常山，杀了颜杲卿。不久，朔方军将领郭子仪、李光弼率军收复常山，大败史思明。

河南南阳太守鲁炅、睢阳太守许远、真源令张巡等，率兵攻打叛军，切断了叛军南下之路，安禄山被包围了。形势对朝廷有利，但唐玄宗却破坏了局面。潼关属于天险，易守难攻。唐军在关外挖了三道大沟，均有两丈宽、一丈深。叛将崔干柘在陕州驻扎半年，终究无法入关。哥舒翰率唐军坚守潼关，郭子仪、李光弼主张用朔方兵攻打范阳，瓦解叛军。从当时的形势上看，那是可以做到的。唐玄宗却听了杨国忠的话，认为哥舒翰软弱无能，经常逼哥舒翰出战。

公元756年六月，哥舒翰率军攻打叛军，惨败。哥舒翰平时对士兵们百般虐待，致使士兵们吃不饱、穿不暖，他们就趁机捉住哥舒翰，投降叛军。

潼关失守以后，河东、华阴、冯翊、上洛防御使都放弃郡城逃跑了，守兵们也都纷纷弃城逃走。唐玄宗同杨贵妃姐妹、皇子皇孙、宫中近侍及朝中大臣，在千名禁军的护卫下，偷偷向西南逃去，准备到四川避难。玄宗一行人过了长安便桥后，杨国忠派人烧桥。玄宗说："长安地区的军民也要避贼求生，怎能断了他们的生路呀！"玄宗命令高力士留下灭火，然后再追上来。一行人来到马嵬驿时，将士们发生兵谏，要求杀死祸国殃民的杨国忠及其亲族，并恳请玄宗赐死杨贵妃。万般无奈之下，玄宗点头答应。高力士把杨贵妃领到佛堂前面的梨树下，命两名身强力壮的宦官用罗巾把她缢死。正是："六军不发无奈何，宛转蛾眉马前死。花钿委地无人收，翠翘金雀玉搔头。君王掩面救不得，回看血泪相和流！"

杨贵妃刚死，岭南进贡的荔枝送来了。玄宗从噩梦中惊醒，说："快去祭！"祭完，将士们仍在骚乱。高力士命人把杨贵妃的尸体放到驿站的庭院中，叫发动兵谏的陈玄礼等将领前来验尸。

听说杨贵妃被缢死，士卒们都不闹了，将领们扔掉佩剑、脱掉铠甲，趴在地上向玄宗跪拜请罪。玄宗叫他们去安抚士卒，士兵均高呼"万岁"。

其实太子李亨是兵变的主谋，他在天宝五年遭李林甫的打击，没有了羽翼，孤立无援。杨国忠上台后，就处处排挤李亨。安禄山叛乱时，玄宗要传位给李亨，可是遭到杨国忠的反对；潼关之战，玄宗听信杨国忠的话，逼哥舒翰出战，致使潼关失守；杨国忠还逼着太子李亨一起西逃。若真到了蜀中，李亨在杨国忠的控制下将永无出头之日。

李亨与父亲玄宗的矛盾随之加深了。当时，天下人都痛恨杨国忠，想杀他的人太多了，将领王思礼、陈玄礼早在长安时，也想诛杀杨国忠，后因故没有下手。参与兵变的还有李亨的两个儿子广平王李椒、建宁王李校，兄弟二人都拥有亲兵，但实力不如禁军。李亨必须争取到陈玄礼所统禁军的支持。陈玄礼是玄宗的心腹，决不会出卖玄宗。

但是，陈玄礼痛恨杨国忠。当禁军杀死杨国忠、逼死杨贵妃后，陈玄礼马上向玄宗“请罪”。事后，玄宗命陈玄礼继续率领禁军，护驾入蜀。

老百姓请求玄宗留下，于是玄宗命太子李亨留下安抚百姓，自己却逃走了。百姓们说：“我们愿意跟随殿下去收复长安。若殿下和皇上都走了，谁做中原的主人呢？”很快，百姓们聚集了几万人。李亨派李椒骑马去报告玄宗。玄宗只说了一句：“命也！”分两千兵马给李亨，其实这些兵马已经投靠李亨了。玄宗派高力士把李亨的爱妃张良娣送回去跟随李亨。

李亨于是在灵武私自称帝，即肃宗。当时玄宗西逃，在国家分崩离析的逆境下，李亨担负起抗击叛军、光复两京的领导重任，起到了号令全国、激励斗志的莫大作用。李亨以太子身份继承皇位，也是名正言顺。李亨即位不久，就得到全国各方面的支持和拥护。

6. 风流天子，忧郁而亡

天宝十五年（756年）七月，太子李亨率军北上，来到灵武（今宁夏灵武西南）时，在手下将士的力劝下即位，改元“至德”，这就是唐肃宗。称玄宗为太上皇。玄宗听到消息后，心中高兴，便对内侍高力士说：“我儿顺应天意民心，改元‘至德’，没有辜负我的教导！”

至德二年（757年），唐军收复长安和洛阳后，肃宗于当年的十二月将李隆基接回长安，将其安置在兴庆宫，高力士、陈玄礼等人依然在身边担任侍卫。肃宗为了显示自己的孝道，经常派梨园子弟到兴庆宫奏乐跳舞，供玄宗消遣。玄宗过上了悠闲的太上皇生活。在闲暇之余，他还到靠近宫外大道的长庆楼上饮酒，百姓在此经过，见到玄宗都非常激动，不停地欢呼“万岁”。

有一次，剑南道的奏事吏从楼下经过，拜见玄宗，于是玄宗设宴款待他。在随后的一段时间里，玄宗又先后召见了将军王铣等人，还赏给众人一些礼物，玄宗这么做，无非是找人消磨时光。而肃宗听说后，却很担心，怕玄宗重新复位，此后他提高了警惕。玄宗虽然年迈，但他对朝中的形势变化有所了解——肃宗非常宠信宦官李辅国，而李辅国又暗中勾结皇后张良娣，因此权力日益增大，还开始干预政事。

李辅国原本是地位低微的小太监，由于劝李亨即位有功，受到肃宗的宠信，一跃成为朝中的显贵，并开始骄横跋扈、为所欲为。但他却经常被玄宗身边的人轻视，李辅国因此怀恨在心，就想方设法离间玄宗与肃宗的关系。他发现肃宗猜忌玄宗后，就进谗言道：“太上皇经常与外面的大臣联系，高力士、陈玄礼等人也有不利于皇上的举动。现在朝中人心浮动，我曾出面劝告，但无济于事，请求万岁早作打算。”肃宗听后，疑虑更重，可他软弱无能，只能流着眼泪说：“父皇慈善仁爱，不会发生这种事情的。”李辅国却继续蛊惑道：“虽然太上皇没有这种意思，但是，他手下人为了高官厚禄，硬将黄袍披在太上皇身上，他怎么能推辞呢？陛下应为江山社稷考虑，为了防止威胁到皇权，可将太上皇迁往偏僻的宫殿去。”肃宗没有答应，却默许李辅国将兴庆宫的300匹马牵走290匹。玄宗知道后，无可奈何，只能对服侍自己多年的高力士说："我儿受李辅国蒙惑，不能再尽孝了啊。"

上元元年（760年）八月，肃宗染病在床，李辅国派人通知玄宗，玄宗急忙带人进宫看望。可是，当他来到睿武门时，突然被李辅国率领的500名骑兵挡住去路，李辅国并没有下马叩拜，反而坐在马上趾高气扬地对玄宗说："当今圣上特派我迎太上皇到大内居住。"玄宗在惊慌之余，差点从马上摔下来。高力士上前训斥李辅国，说他藐视皇族，但李辅国根本不在意，反而亲手杀死高力士身边的一名侍卫，并辱骂高力士。玄宗无奈，只好在众人的簇拥下，迁居到了太极宫甘露殿。但李辅国在临走时，把大部分年轻侍卫也带走了，只留下几十个老弱病残的士兵保护玄宗。没过多久，又将高力士、陈玄礼调走，玄宗只好独自在甘露殿居住，整日无所事事、郁郁寡欢，心情更加郁闷。没过两年，就忧郁成疾，宝应元年四月，玄宗重病身亡，终年78岁，在位44年，死后葬于泰陵，庙号玄宗，谥号为明皇。

第十章

永不消失的英雄——赵匡胤

他曾是个嗜赌如命的赌徒，他把大山做赌注，三盘棋输掉了一座华山。他是个很有心机的皇帝，拥兵自重却低调不张扬，一觉醒来就稀里糊涂地当上了皇帝。有人说他虚伪，有人说他聪慧，其实只有他自己心里明白……

1. 乱世成名，心存大志

“城头变幻大王旗”，这就是赵匡胤生活的时代背景。后唐天成二年（927 年）二月十六日，赵匡胤出生于洛阳夹马营，他的曾祖父、祖父都在唐朝做过官，到了父亲赵弘殷这一代，赵氏已从文宦之家变成了武将之门。赵弘殷在后唐禁军中担任正捷指挥史，他原本是庄宗李存勖的宠将，但是李嗣源杀死李存勖篡位成功之后，将赵弘殷看作庄宗的人。这使得赵弘殷官运不佳，在两度更换朝代的十几年里，他的官职没有得到丝毫的提升。在这期间，赵家人丁兴旺，相继添了二男二女，使得他的家境日益艰难，只能勉强维持生活。

后晋取代后唐后，赵家搬迁至汴梁，可是不久契丹军又攻入了汴梁，赵家先遇叛将抢掠，继遭契丹军洗劫，光义和光美也相继出生，全家生活陷入了更为窘困的境地。

过了几年，赵弘殷经过深思熟虑，正式给儿子起名叫赵匡胤。匡胤特别喜欢读书，精通历史典故。不但如此，他还同父亲一样，对习武有着很大的兴趣，除了读书，就是缠着父亲教他习武，几年的工夫，他就学会了马上步下的各种武功，在当地可称得上是很有名气的骑手。

少年时的赵匡胤相貌端正，气度非凡，特别喜欢骑马射箭。“容貌雄伟，气度豁如，识者知其非常人”。伙伴们曾牵来一匹烈马，没有人能够驯服。赵匡胤来到马前，一点也不惧怕，跨步而上。这匹马根本不听调教，向着城外一路狂奔。过城门洞时，赵匡胤的头突然撞到门檐上，一下子就从马上掉下来。后面跟着的伙伴都大吃一惊，认为这一下肯定把赵匡胤撞得头破血流。不料，赵匡胤在地上打了个滚，挺身而起，向着马跑的方向紧追不舍。大家正在惊叹之余，赵匡胤已经骑着马轻松地回来了，浑身上下毫发无损。从此，赵匡胤的名声逐渐传开，成为少年伙伴中的英雄。

后汉初，20岁的赵匡胤为了寻求发展，忍痛离别结婚3年的妻子，离家出走，从汴梁沿黄河溯源西去，到过河南、陕西、甘肃，可是没有任何收获。转而往东折向汉水，到湖北投靠复州防御使王彦超，王彦超见其落魄，没有收留。于是他又投奔随州刺史董宗本，董宗本碍于曾与赵弘殷同朝为臣的面子，收留了他，但董之子董遵诲嫉妒赵匡胤，仗势欺人，百般刁难。赵匡胤生性耿直，他不愿意过寄人篱下、忍气吞声的日子，于是便一走了之。

到了后汉乾祐元年（948年），年仅21岁的赵匡胤奔波了数月之后，身上的钱花完了，仍然没有找到投身之处。经过长途跋涉，来到汉水重镇襄阳，投宿于僧舍，寺中老僧说他善于术数，指点赵匡胤说："你若往北走定有知遇，我周济你一些盘缠吧。"第二天赵匡胤告辞，老和尚送出门外说："由此向北即可。"并赠白银十两，口占一偈道："遇郭乃安，历周始显。两日重光，囊木应谶。"赵匡胤按照老和尚说的方向，一路向北，后来真的遇到了后汉大将郭威，被收在军中。这就是偈子中的第一句话"遇郭乃安"。果不其然，此时后汉大将郭威留守邺都，招兵买马，扩充实力，赵匡胤前往应募，终于在郭威帐下，当了一名普通士兵。二三年的闯荡经历，开阔了赵匡胤的眼界，磨炼了他的意志性格，终于找到了施展才能和抱负的立足点，从而站到了人生新的起跑线上。

从此，赵匡胤踏上了实现理想的征途，老和尚的十六字偈语也逐步得到应验。10年后，一代帝王横空出世。

再说此时的郭威，正处于个人事业的巅峰。在以枢密使身份统率大军平定李守贞叛乱之后，后汉隐帝对他恩宠甚加，加官晋爵，郭威成为实权人物，其地位在后汉朝中独一无二，还以宰相身份兼领河北诸州一切军政事务的节度使，抵御契丹。他与养子柴荣主政邺地，颇有政绩，声名大振。然而，功高必然震主。郭威的所作所为最终却被汉隐帝猜疑，并且开始防范他，派出使者杀郭威，并把郭威留在京城的妻小全部诛杀。盛怒之下，郭威举旗反叛，亲率大军直取京城，最终代汉而立，改国号周，是为周太祖。继梁、唐、晋、汉之后，中原大地再度易主。

2. 君弱臣强，陈桥兵变

公元948年，赵匡胤来到河北邺都，在后汉枢密使郭威的帐下当了一名士兵。公元951年，郭威率兵发动叛乱，大军很快灭亡了后汉，郭威称帝，建立了后周。而赵匡胤在郭威起兵攻打后汉的战争中，奋勇拼杀，立下赫赫战功，并因此而受到郭威赏识，将他从一名士兵提拔为东西班行首（禁军军官）。

两年之后，赵匡胤又升任为滑州（今属河南）副指挥使。这时的皇太子柴荣被封为晋王，担任开封府尹。柴荣与赵匡胤曾经在军中并肩杀敌，所以他很了解赵匡胤的勇猛与才能，就请求太祖将赵匡胤留在自己帐下。于是，赵匡胤以开封府马直军使的身份，成了柴荣身边的亲信。没过多久，郭威因病逝世，柴荣登上皇位，称周世宗。赵匡胤跟随在柴荣的身边，到中央禁军任职。

晋王柴荣称帝的消息传到北汉后，北汉主刘崇觉得这是一个好机会，决定趁着新君立足未稳之机出兵攻打，扩大自己的势力。但他怕自己的兵力不够，就派使者到契丹，许下好处，乞求契丹国出兵协助。

这时的契丹已改国号为辽，新任国王（也称皇帝）是辽穆宗耶律璟，武将出身，能征惯战。他也早就有入主中原的野心，并将北汉视为自己夺取中原的一块跳板，所以在接到北汉的求援时，也就非常痛快地答应下来，并当即派武定军节度使政事令杨衮率领一万多兵马到晋阳与刘崇的军队会合，共同攻打后周。

显德元年（954）二月，刘崇的实力得到增强，当即率兵浩浩荡荡地向潞州（今山西长治北）进发。潞州的昭义节度使李筠听到北汉来犯，就派遣部将穆令均领兵迎敌，而他自己率领的大军在南下的要道太平驿驻守。穆令均带领的人马来到战场后，立即摆开了阵式。由于北汉军早有埋伏，穆令均中计战死，失去主帅的周军大败。李筠见大将战死，北兵来势汹汹，便下令坚守城池，同时派人向朝廷告急。世宗柴荣接到边关告急的文书后非常生气，就决定御驾亲征，一举消灭北汉大军。但大臣们却认为皇上刚刚登基，朝政未稳。离京亲征不合时宜，只派大将领兵前往即可。可柴荣却认为这是自己立威的大好时机，下定决心亲自领兵出征。并在当天下旨，调动大军讨伐北汉。

第三天，世宗率领赵匡胤与殿前都指挥使张永德，带大队人马浩浩荡荡地出发了。当世宗等人到达高平（今山西晋城东北）时，两国的军队相遇。汉主刘崇令张元徽率领一千多精锐向周营冲去，两军展开激烈的搏斗。但汉军人多，并利用地形不断地向周军放箭，周军士兵死伤很大，开始节节后退，整个阵形开始溃乱。眼看形势危急，世宗柴荣冒着箭雨催马上前督战。由于士兵不断后退，世宗被暴露在阵地的最前面，汉军迅速将其围起来。

赵匡胤虽然心急，但头脑冷静，他知道这该是自己大显身手的时候了，便奋不顾身地站在队伍前，怒目圆睁大喝道：“主上危急之时，正是我等拼死报效之日，众位将士，杀上前去！”说完，向旁边的张永德道：“敌兵士气正旺，只要挫去他们的锐气，我军必能获胜！驸马可带领弓箭手，到左边高处，射伤敌军。我领兵从右翼出击，定要将敌军击败。”于是，张永德率军抢占制高点，向敌营射去雨点般的飞箭。赵匡胤率领着两千人马和郑恩、石守信、高怀德三人，冲向汉阵，将世宗救出了重围。大将马仁瑀也把手中的大刀一挥：“主上有难，快快随我救驾！”率领部下，冲入敌军阵中，周军人人奋勇杀敌，北军抵挡不住，纷纷向后溃退。周军趁机在敌人阵中左杀右砍，汉军士兵的士气一散，阵脚就稳不住了。混战中，刘崇受伤，带头向北方逃去，主帅都跑了，士兵们也都不抵抗了，四散逃命，周军扩大战线，杀死敌军无数，除了数百骑兵保护着刘崇逃走之外，其余敌军都归顺投降。赵匡胤在高平之战中表现英勇，得到了周世宗的赏识。

大军班师回朝后，赵匡胤被周世宗破格提拔为殿前都虞侯，还将整顿禁军的重任交给了他。

赵匡胤掌握了一定的兵权后，就开始培植自己的实力，他先辞退禁军中的老弱病残者，从其他军队中抽调大批身强力壮的勇士补充进来，在此基础上他又重新组建了一支殿前司诸军。为了控制禁军，赵匡胤利用整顿禁军的机会，将自己的好友罗彦环、郭廷斌、田重进、潘美、米信、张琼、王彦升等人都安排在殿前司诸军中任领军。同时，利用自己的显赫身份，主动结交其他的中高级将领，并和石守信、王审琦、韩重斌、李继勋、刘庆义、刘守忠、刘廷让、王政忠、杨光义结拜为异姓兄弟。这样一来，以赵匡胤为核心的势力逐渐形成，最后军中上下，没有人敢与之对抗。虽然如此，赵匡胤却不是禁军的最高统帅，他的殿前都虞侯的职务上面还有殿前都点检、副都点检和四五位正副都指挥使。但禁军中有一大批年轻的中级以下的将领都听从他的指挥，这样他在禁军中的活动余地很大，指挥禁军作战，他比上司们更得心应手。

显德二年（955 年），周世宗决定派兵攻打后蜀，并派大将王景、向训率领罗彦环、潘美等人率领军队前往，由于后蜀军队顽强抵抗，两军僵持不下，这使战争拖了很久，虽然周军的将士和补给消耗都很大，但是，却没有看到一点儿胜利的迹象。赵匡胤心里很着急，但也认为这是自己立功的机会，于是便积极向世宗请战。最初，周世宗考虑到他官职较低，怕派他统兵无法服众，后来的局势越来越危急，才改派他前往观察战局，并相机行事。赵匡胤星夜不停地赶到前线，经过仔细侦察，对敌我双方的情况有了详细的了解，于是重新调整军队的布置，采取逐个击破的方针，集中自己的主力向敌军发起猛攻，结果接连取得胜利，一举占领了后蜀的秦、凤、成、阶（今甘肃成县、武都等地）四个州的大部分领土，赵匡胤又一次次赢得周世宗及朝廷上下的赞扬。

在对南唐发动的三次进攻中，赵匡胤身先士卒、勇猛善战，利用自己的智谋率领部下获取了一个个胜利，最终迫使南唐将江北 14 个州的土地割让给后周。战争结束后，周世宗论功行赏，将赵匡胤提升为忠武军节度使兼殿前都指挥使。这时，赵匡胤逐渐集权力和地位于一身，在朝野中有了很高的威望。

赵匡胤在早年流浪时，曾经在河南占了一卦，卦上说他将来能成为天子。在当时，他根本并未将此事放在心上。但是，如今随着地位的提高和权力的增大，他越发相信那一卦是真的，早晚能够成为现实。从此，他在为人处世上有了很大的转变。之前，他只注重结交军队中的武将，现在对文人也十分重视。并相继将赵普、王仁瞻、楚昭辅等人团结在自己麾下。除此之外，他对经、史也产生了兴趣，改掉了从前那种莽撞的武夫作风。在攻打南唐时，他曾经收集了数千卷史书，令专人随身携带，以方便自己阅读。周世宗发觉赵匡胤有了这么大的变化后颇感惊讶，便问他原因，赵匡胤回答说："皇上如此信任我，使我常常有种力不从心的感觉，所以我多学多闻，增长学识，唯恐辜负了皇帝的重托。"世宗听他说了这番话后，非但没有起疑心，反而对他大加赞赏。赵匡胤除了极力拉拢外界的朋友外，还通过他们结交了资历较深的将领、节度使和当朝宰相等。与此同时，赵匡胤开始注意打击异己势力，为前进的道路扫除障碍。

显德六年（959年）六月，周世宗病逝，他7岁的儿子柴宗训即位，为恭帝。这时，赵匡胤已经当了6年的殿前都点检，并且树立了极高的威望，基本上做到了“一声令下，余者皆从”的程度。当时，后周出现的这种“主少国疑”的局面，成为赵匡胤取代后周统治的客观条件。但赵匡胤没有马上采取行动，因为世宗死得比较突然，他在许多环节上还没有部署好。

显德七年（960年）正月初三，士兵们在众位将领的带领下，弓上弦、刀出鞘，威风凛凛地站立在赵匡胤的帅帐四周，并且同时高喊，愿立点检做天子，这声音响彻天地。赵匡胤装作刚刚睡醒，非常吃惊的样子，披着衣服来到大帐外，当即就有一个将领，将象征皇权的黄袍披在了赵匡胤的身上。这时，所有将士同时跪了下来，口中高呼：“万岁，万岁！”就这样，赵匡胤便按事先想好的步骤，行使皇帝的权力——严禁任何人掠夺他人财物，不许杀害后周君臣和黎民百姓；派亲信潘美去向执掌朝政的宰相范质等人通报情况，一切都按计划安排妥当后，赵匡胤便率军返回京城开封。这时，石守信已经控制了京城的大部分禁军，见赵匡胤的军队回来，赶紧打开城门，欢迎新皇上的到来，大队人马整齐地列队入城，城中百姓照常欢天喜地地庆祝节日，根本没有因改朝换代而出现混乱局面。

原本忠于后周的朝臣们见大势已去，只好匆匆草拟禅位诏书：“天生烝民，树之司牧，二帝推公而禅位，三王乘时而革命，其揆一也。惟予小子，遭家不造，人心已去，天命有归。咨尔归德军节度使、殿前都点检兼检校大尉赵匡胤，禀天纵之姿，有神武之略，佐我高祖，格于皇天，逮事世宗，功存纳麓，东征北讨，厥绩隆焉。天地鬼神，享于有德，讴歌讼狱，归于至仁。应天顺人，法尧禅舜，如释重负，予其作宾。”迫使恭帝将皇位让给了赵匡胤。赵匡胤正式坐上龙椅，宣布国号为“宋”，改元“建隆”，即为宋太祖。

3. 任人唯贤，兴国安邦

赵匡胤在开宝元年（968 年）征求张永德的意见，他想攻打北汉。张永德认为北汉虽小，但兵力强悍，战斗力很强，再加上它又是契丹辽朝的保护国，随时可以得到辽朝的支援，不是轻易能打败的。张永德建议可以经常派出小股部队，在北汉边境地区骚扰，使北汉军难以在边境地区立足。同时派间谍打入辽朝，使用离间计，破坏辽朝与北汉之间的关系，断绝辽朝对北汉的支援，然后才能考虑出兵征伐北汉。

对张永德的这一见解，赵匡胤非常赞同，他把这些意见贯穿在了此后征伐北汉的战略中。虽然北汉被灭亡是赵匡胤去世三年以后的事，但赵匡胤在世时，对北汉一直实施如同张永德所提出的经济封锁和外交困扰政策。北汉在连续多年的打击下，衰弱不堪，最终在太平兴国四年（979 年）被北宋一举灭亡，这其中很大的原因应该归功于赵匡胤身上。正是由于赵匡胤善于听取别人的意见，集思广益，纳谏如流，采取符合实际情况的战略战术，进行了必要的军备和策略积蓄，为后来宋军再次北伐奠定了基础，三年后宋军才一举攻克太原，彻底征服了北汉。

一次，赵匡胤与宰相赵普在宫中议事，由于在一些问题上看法不一致，赵匡胤感慨地说了一句话：“怎么样才能让当宰相的人像桑维翰那样富有谋略呢？”

至于桑维翰是怎样一个人呢？这个人在历史上可谓臭名昭著。他最早是后唐河东节度使石敬瑭的谋士。石敬瑭与后唐作对，想篡夺后唐江山。他派桑维翰出使契丹辽朝，以割让燕云十六州、每年向辽朝进献绢帛三十万匹、认辽朝皇帝耶律德光为父皇帝的代价，取得了辽朝的支持，推翻了后唐，石敬瑭如愿以偿当上了后晋皇帝。石敬瑭与辽朝做的这笔交易是很肮脏的，给中原王朝留下了长期治不好的后遗症，中原王朝从此一直处于被动挨打的地位。石敬瑭称呼比自己小9岁的耶律德光为父亲，甘当“儿皇帝”，也成为千秋笑柄。这笔肮脏的交易就是由桑维翰经手做成的。

桑维翰在石敬瑭割地求荣的过程中起到了推波助澜的作用，极力促成，虽然留下了千古骂名，但他却成了有功之臣，在后晋王朝一直受到重用，集宰相、枢密使等重要职务于一身，权倾朝野。他又很贪财，虽然有权有势，但不少人出巨资贿赂他，他都是来者不拒，照单全收。

后晋第二代皇帝石重贵即位后，想与契丹辽朝断绝关系。当时在外担任节度使的桑维翰极力劝说石重贵结好契丹，并大言不惭地表示：“制契丹而安天下，非用维翰不可。”由于这些原因，桑维翰因此被视作可以为君王谋大事的能人，因而时常被人提及。赵匡胤提到桑维翰，不是肯定桑维翰卖国求荣的行径，他是希望大臣具有负山戴岳的能力，能为君主分担责任。

听到赵匡胤提到桑维翰，赵普很不以为然。他说：“就算桑维翰活着，陛下也不会用他。”赵匡胤问为什么。赵普回答：“因为桑维翰太爱钱了。”赵匡胤说：“苟用其长，亦当护其短。”就是说如果要用一个人的长处，那么连他的短处也应当一并接纳。赵匡胤认为，钱本身不是坏东西，不能因为谁爱钱就说谁不好。就算他有点贪财的毛病，也要体谅人家。谁不爱钱呢？用一个人，不光是用他的长处，也要包容他的短处。比方说读书人，他们大都很贫寒，他们也想有钱，希望日子过得好一点。可如果因此就不用读书人，岂不是太糊涂了吗？

这件事体现了赵匡胤的驭人之道。赵匡胤毕竟是个封建帝王，我们不能用当今社会的价值标准去要求他。宋王朝建国伊始，国家急需各方面的人才，作为一国之君的赵匡胤更是求贤若渴，希望把各种人才网罗到自己身边，为国家服务。

4. 免除后患，清洗功臣

赵匡胤登上帝位后，首要的任务就是稳定京城局势，因此他极力笼络后周旧臣，使他们不致有大的异动。因为在军阀混战、势力角逐的年代里，怀有帝王野心者大有人在，而周世宗去世后的“主少国疑”局面，又刺激了这种野心。为此，宋太祖下令：后周旧臣的官位依旧、不裁撤官员。在一些重大的决策上也主动征询旧臣们的意见，使他们紧张、不安的心情得到缓解，很快就采取积极的态度拥护新王朝。为了更好地笼络和收买后周旧臣，宋太祖还毫不留情地处理那些恃势欺凌旧臣的新贵们。当时，京城巡检王彦升在兵变时是入城的先锋，他自恃拥立新皇帝有功，便骄横狂妄起来。

有一天深夜，王彦升无故去敲宰相王溥的府门，王溥全家惊慌失措，以为大难临头。没想到王彦升却让王溥为他准备夜宵，还趁机敲诈王溥的银子。第二天，王溥将此事禀告了宋太祖，王彦升因此被贬为唐州刺史。但是，宋太祖的这些做法，并没能笼络住所有的后周旧臣，那些握有一定兵权而又具有帝王野心的大藩镇节度使，纷纷起兵反叛。

建隆元年（960年）四月，昭义军节度使李筠兴兵反宋。李筠在潞州驻守8年，控制着河东、河北两个富庶地区，在当时的地方藩镇中势力最为强大。一个月后，驻守扬州的马步军都指挥使李重进也起兵反宋。两股势力，一南一北相互声援，气焰非常嚣张，但宋太祖却分析他们没有多少支持者，于是，宋太祖立即决定率领大军先去攻打李筠的叛军。

五月中旬，宋太祖亲自领兵北上，在长平一战中消灭了李筠的主力部队，大军乘胜追击，没多久就攻占了泽州，走投无路的李筠只好自杀身亡。宋军经过短暂的休整，又开始南下，一举消灭了扬州的李重进叛军。宋初的“二李之乱”就这样被平息了，宋太祖在恩威并施之下基本解决了与后周旧臣之间的矛盾。

当宋太祖以为可以高枕无忧、享受胜利果实的时候，他与那些新贵们之间的矛盾又逐渐显露出来。宋太祖经历了后周太祖郭威称帝和自己称帝的全过程。现在，他结盟的十兄弟及与他一同冲锋陷阵的兄弟们，都拥有重兵，而且威望也很高，这对宋太祖是一种潜在的威胁，因为他们一旦反叛，将造成严重的后果。于是，宋太祖决定将兵权逐渐地收回到自己手中。但是，颇重情谊的宋太祖却不忍心将与自己同生共死、情同手足的兄弟们赶下台或者置于死地。

有一天，赵普对宋太祖说：“我不忧虑他们会背叛您，因为他们都没有您统御天下的才能。但是，万一他们的手下人将黄袍加在他们身上，那还由得了他们吗？”在赵普的劝解下，宋太祖才下定了决心。

建隆二年（961年）七月，宋太祖将石守信、王审琦等高级将领召进宫中，设宴款待他们。正当大家兴致很高时，太祖突然挥退左右侍从，长叹了一口气，忧虑地说：“没有众位兄弟的拥戴，我不可能有今天，你们的功德，我永远也不会忘记。可是，做皇帝也真是太难了，我真的很思念做节度使的日子，现在我整夜都睡不安稳啊。”石守信忙问：“陛下，是什么难事，让您无法安睡呢？”宋太祖说：“这还不是明摆着，我这个皇帝的位子谁不想坐呀？”

石守信等人一听，都惊慌不已，慌忙站起来说：“天命已定，谁还敢再有半点异心？”宋太祖道：“哎！我知道你们没有异心，但是如果你们的手下人贪图富贵，硬将黄袍披在你们身上，你们就是不想当皇帝恐怕也不行了。”

石守信等人知道受到了宋太祖的猜忌，稍有不慎，就会人头落地，于是赶紧跪地叩头，请求宋太祖给他们指一条出路。

宋太祖说道：“人生一世，就像白驹过隙般转眼即逝。人们追求大富大贵，只不过是为了多积些金钱，好让子孙们能过上好日子。你们何不放弃兵权，到地方上去，多置些田地与歌伎舞女，日日饮酒作乐，岂不快活？我与你们再结成儿女亲家，这样一来，我们君臣亲上加亲，上下相安，两无猜忌，岂不是更好吗？”众将领知道已经没有回旋的余地，只得叩头谢恩回府。

第二天，石守信等许多将领纷纷上书，称自己有病请求辞官回乡。宋太祖心下高兴，当即免去了石守信、高怀德、张令铎、罗彦环等人的职务，不过没有让他们回乡，而是让他们到各地去当徒有虚名的节度使。以后，宋太祖根据自己的承诺，将几个女儿下嫁给了几位大臣的儿子。

宋太祖解除了禁军将领的军权之后，开始提拔那些威望低、容易被控制的年轻官员担任禁军将领。取消殿前都点检、侍卫马步军都指挥使的职位，由殿前都指挥使司、侍卫马军都指挥使司、侍卫步军都指挥使司三衙分别统领禁军，军队的调动、招募、廪给、训练、屯戍、拣选、迁补等军政由枢密院掌管，三衙没有发兵权，枢密院却不能统率军队，两者相互牵制，皆听命于皇帝。

除此之外，宋太祖将全国兵力的一半调到开封附近，另一半在外驻扎并且实行更戍法，定期调换军队的将领，那些武将们无法形成根深蒂固的势力。为了防止“君弱臣强”的局面出现，他还削弱宰相的权力，在宰相下面设置枢密使，分管宰相的军政大权。设置三司使，分管宰相的财政大权。随后又采纳赵普“稍夺其权，制其钱谷，收其精兵”的建议，取消节度使兼管附近数州（支郡）的制度，逐步将节度使调到开封担任没有实权的闲官，各地的知州、知府等官吏都由中央派遣文臣担任，而且三年一任，在各州（府）设置通判，起到监督、牵制州（府）官员的作用。各地的赋税除了必要开支外，其余全部上缴中央政府，并从各地军营中抽调身强力壮、能征善战者到中央充当禁军。这一系列措施的实施，使大宋王朝的统治得到了巩固。

5. 烛影斧声，千古留谜

生老病死，是生命过程的自然规律，本不值得过分书写，然而，特殊历史人物的生老病死往往会引起时人乃至后世的强烈关注，任时间流逝、岁月变迁，也丝毫改变不了人们猎奇、揭秘的心理。陈桥兵变、烛影斧声、金匮之盟，是与赵匡胤有关的宋初三大历史疑案，前已述陈桥兵变之事，现在说说烛影斧声。

关于赵匡胤的死，作为官方正史的《宋史·太祖本纪》，只有“帝崩于万岁殿，年五十”寥寥数语，而野史笔记则对此大加渲染，遂有“烛影斧声”的传说。

赵匡胤死于开宝九年（976 年）十月二十日。起初，赵匡胤曾问一个“忽隐忽现”的混沌道士，道士算了命后说：“只要今年十月二十日夜晴，则可延长寿命十二年，如若不然，则应当赶快准备后事。”匡胤将此言牢记在心。二十日夜间，他早早地登上太清阁观察天气。起初，星光灿烂，天空晴朗，匡胤心中大喜。可是，好景不长，忽然阴霾四起，天气骤变，顷刻间雪雹骤降，匡胤内心一沉，匆匆走下楼阁，退归寝宫，并传旨开启宫门，召晋王，开封府尹皇弟赵光义入宫。赵光义一到，赵匡胤便屏退宦官宫妾，兄弟两人斟酒对饮。结果，宫人们远远望去，只见红烛摇曳，影下光义不时起身离席，似有谦让退避的样子。饮罢，漏鼓三更，殿外积雪数寸。赵匡胤走出寝宫，手持柱斧戳入雪地，大声对光义说："好做！好做！"说罢就宽衣解带就寝，鼾声如雷。当天夜里，赵光义没有出宫，留宿禁中。将近五更天时，周围值班禁卫寂无所闻，赵匡胤猝死。

赵匡胤死时天已四更，一直守在身边的皇后派内侍都知王继恩召匡胤四子赵德芳。王继恩自以为赵匡胤向来打算传位给光义，竟然不宣德芳，而是径直跑到开封府找赵光义。只见长于医术的左押衙程德玄坐在府门口，便问其缘故。德玄说："二更时分，有人叫门说召晋王，开门却不见人影。如此情况，先后三次。我担心晋王有病，所以赶来。"王继恩感到怪异，便告以宫中大事，赵光义听后非常惊讶，犹豫不决，声称要与家人商议，继恩催促道："时间一长，天下将为别人所有了。"于是三人便踏着大雪，步行入宫。行至宫门，继恩欲让赵光义在外面稍候等待，自己好先去通报。德玄说："直接进去，何待之有？"三人俱至寝殿。宋皇后听到继恩的声音，忙问："德芳来了吗？"继恩答道："晋王到了。"宋皇后见到光义，不禁愕然失色，马上改口喊官家，叫道："我们母子的性命都交给官家了。"光义边落泪边回答："共保富贵，别怕别怕。"第二天，光义就即了皇帝位。

与"烛影斧声"紧密相关的则是所谓"金匮之盟"：建隆二年（961年），杜太后病危之际，召赵普入宫，当时赵匡胤在侧。太后问赵匡胤何以得天下，答以祖宗和太后积德，太后说："不对！正因为周世宗让幼儿主天下之故；倘若后周有长君，天下岂你所有？你百年后应传位给你的兄弟。能立长君，才是社稷之福啊！"见赵匡胤叩头应允，太后对赵普说："你记下我的话，不可违背。"于是赵普在榻前亲写约誓，一式两份，均签上自己的名衔。事后，一份随葬入杜太后的墓棺，一份由匡胤手封收藏于金匮。

上述两事，传闻异辞，实难定一，遂成千古之谜，但是非曲直，不外乎皇室内部争夺皇位的阴谋和斗争。

第十一章

一代天骄——成吉思汗

他不仅弯弓能射大雕，还懂得驯服大雕。草莽出身的他，自幼丧父，于逆境中越折越坚，创建了横跨欧亚大陆的游牧帝国，称雄于世。他的成就堪称中国历史上最壮观的奇迹，他的一生震撼了整个世界。他是军事天才，也是政治天才。他不是武夫，他是卓越领袖。

1. 少年丧父，历经磨难

12 世纪的蒙古大草原上，分布着大约一百多个大小不等的部落。他们之间为了争夺场地和牲畜，获得蒙古草原的霸主地位，相互之间展开了长期的血腥屠杀。

在众多的部落中，其中有一个叫孛儿只斤部，部落中有两个强大的氏族——乞颜氏族和泰赤乌氏族。成吉思汗就是乞颜氏族首领也速该的儿子。

1162 年，也速该再次领兵攻打塔塔儿部，这次出征大获全胜，将塔塔儿部的首领铁木真俘获。大军胜利班师时，也速该的月伦夫人恰好生下了一个男婴，也速该听说孩子出生时，手里握着一块血块。感到非常惊奇，在给儿子起名时，为了纪念这次的胜利，企盼儿子将来能威武有力，便用了塔塔儿首领的名字，也管他叫作铁木真（意为铁匠）。

铁木真 9 岁时，按照当地部落习俗，也速该便带上铁木真到他娘舅所在部落去求婚，在半路上与弘吉剌部的贵族德薛禅相遇。德薛禅听说他为儿子求婚，便说："弘吉剌向来就有美貌的女子，你到我家去看看吧，我有一个女儿！"德薛禅的女儿叫孛儿帖，当时 10 岁。也速该见她面色红润、眼睛明亮，非常满意，于是按照礼节，正式替儿子求婚。按照当时婚俗，铁木真从此入赘做了德薛禅的未婚女婿。

办完这一切后，也速该独自一人返回，在回家的途中遇见一群塔塔儿人在开宴会。有几个塔塔儿人知道也速该杀死过自己的首领，就假装热情地邀请也速该一同吃饭，但是却悄悄地在也速该喝的酒里下了毒。也速该知道自己中毒后，勉强回到家中，并叫蒙力克将铁木真找回来，但是铁木真还没有回来，也速该就毒发身亡了。铁木真回到家中，扑在父亲身上放声痛哭，他当即发誓一定要为父亲报仇雪恨。也速该死后，铁木真母子几人的生活陷入窘境。

泰赤乌贵族率先向乞颜部发难，由于月伦夫人在同族人祭祖时来迟了，泰赤乌部首领俺巴孩汗的两个夫人就公然欺负她，还把应当属于她的那份祭肉拿走了。到了第二天，泰赤乌人迁移，乞颜贵族纷纷跟随前往，只抛下了月伦母子几人。这时，曾经被也速该救过的晃豁坛人察刺会老人拦在那些人前面，苦苦劝阻，希望他们不要抛下月伦母子，但泰赤乌人首领脱朵延吉儿帖却认为乞颜氏从此再也不可能振兴起来，非但没有听从劝阻，反而在老人背上刺了一枪。就连也速该的贴身侍卫也都走了，铁木真为此伤心不已。当月伦夫人亲自拿着大旗去追赶时，也只截回了很少的部众。至此，强大的蒙古贵族联盟宣告破裂了。

铁木真兄弟7人在月伦夫人的带领下搬到了斡难河上游居住，他们的全部财产就是手中的9匹马，从这时开始，他们自食其力，过上了贫困的生活。几个孩子们在艰苦的环境里磨炼着自己的意志，也逐渐形成了野蛮的气质，由此引发了一场意外的家庭悲剧：有一天，铁木真与兄弟合撒儿到河里钓鱼，花费了很长时间才钓到一条银光闪闪的鱼，同父异母的弟弟别克帖儿和别勒古台看见后，就冲过来将鱼抢了过去。铁木真兄弟二人马上回家将此事告诉了母亲月伦夫人，他母亲听后说："现在，我们除了影子，没有任何朋友；除了尾巴，没有鞭子。你们是同一个父亲的儿子，要是相互之间都不能和睦相处，还怎能去向泰赤乌人报仇呢？"

当时年幼的铁木真与合撒儿没有听母亲的话，反而又说自己昨天射到的云雀也被他们抢去了，随后，兄弟二人将门一摔，就报仇去了。这时，别克帖儿正站在山岗上看守家中的9匹马。铁木真与合撒儿每人都拿着弓箭悄悄向他靠近。当别克帖儿发现时，已经跑不掉了。别克帖儿一再求情，试图改变铁木真与合撒儿的心意，但他二人没有听从劝告，先后抽出箭来。别克帖儿知道必死无疑，只好请求他们在杀死自己后，不要去伤害自己的弟弟别勒古台。铁木真与合撒儿同意后，当即用箭射死了他。他们回家，月伦夫人知道了真相，她流着眼泪怒斥兄弟二人，并且讲述古代的故事，要他们记住这血的教训。铁木真与合撒儿认识到自己犯了极大的错误，从此都遵从母亲的教诲，兄弟同心协力共创大业。

时间很快过去，铁木真逐渐长大，泰赤乌人为此非常担忧，害怕铁木真长大后向自己报仇。有一天，抛弃月伦母子的泰赤乌首领塔儿忽台率领着许多护卫向月伦家里赶来，月伦母子发现后，惊慌失措，急忙躲到了树林里，而塔儿忽台寻找的目标是铁木真，当他们发现铁木真逃到了密林深处时，塔儿忽台命令手下人包围了山林。铁木真在树林里躲藏了九天九夜。第十天，他实在找不到吃的东西，便打算悄悄逃出树林，他刚一出树林，就被泰赤乌人捉住了。塔儿忽台命人用木枷把铁木真锁起来，然后押着他到处巡行。

几天之后，他们来到了一个地方，大人都休息去了，只有一个幼弱的小孩看守铁木真。铁木真趁那小孩不备，用枷头将其打昏，跑到斡难河边的水沟里，藏在水下。泰赤乌人发现铁木真逃跑后，立即出动大批人马在斡难河附近搜索。多亏了速勒都思部一个叫锁儿罕失剌的人，他发现在水沟里仰卧的铁木真后，不但没有告发，还几次分散众人的注意力来掩护他，使铁木真最终逃过了一劫。泰赤乌人离开后，铁木真偷偷地来到了锁儿罕失剌的家中。

铁木真突然出现在锁儿罕失剌的面前，使他又惊又怒，便训斥铁木真来到自己家中，但他的儿子却很热情地将铁木真接到屋中，还把铁木真的木枷拆下来烧掉，并让他到屋子后面装羊毛的大车里躲藏。泰赤乌人四处搜寻都没有找到铁木真，就怀疑是自己人将铁木真藏了起来。他们挨家搜查，然后来到了锁儿罕失剌的家里，并开始检查装羊毛的大车，眼看铁木真在劫难逃，一旁的锁儿罕失剌急中生智，说道："这么热的天，活人藏在羊毛里岂不捂死了？不信你们就把羊毛拽下来仔细搜查！"泰赤乌人相信了锁儿罕失剌的话，转身走了。心有余悸的锁儿罕失剌急忙给了铁木真一匹母马、一张弓和两支箭，让他赶快离开这里。铁木真骑上马快速往家奔去，当他找到了自己的母亲和弟弟们后，就将家迁到了古连勒古山中，开始依靠捕杀土拨鼠和野鼠为生。

他们刚刚搬到新的住地，就发生了一件很不幸的事。由于草原上的盗贼很多，他们家的几匹白色骟马被盗走了。由于当时别勒古台骑着那匹母马打猎去了，铁木真只好徒步追赶了一阵，但是他又怎能赶得上马呢？所以他只得眼睁睁地看着马匹在自己的视线内消失。铁木真知道丢失这些马匹对自己的家庭意味着什么，而他身为长子有义务追回丢失的马匹。于是，别勒古台回来后，他就骑上母马，循着马群的踪迹独自去追赶了。一连赶了四天，铁木真来到一家帐房前，他见有个伶俐的少年在挤马奶，就下马上前询问。那少年说，他在今天早晨看见有人赶着8匹白色的马从这里经过，并表示愿意和铁木真结成朋友，共同去寻回失马。这少年是富有的纳忽伯颜的独生子，名叫博尔术。他很佩服逃出泰赤乌人魔掌的铁木真，因此心甘情愿帮助他。

博尔术让铁木真骑上自己家的黑脊白马，他自己骑上一匹黄马，就立即出发了。他们又连续追赶了三天，当他们来到一个营地旁时，发现那八匹白色的骟马正在吃草。两人偷偷靠近马群，将马赶了出来。盗贼发现后急忙追赶，当时天色已晚，铁木真和博尔术在夜色的掩护下甩掉了盗贼。两人一同赶着马，回到了博尔术的家。铁木真被博尔术的情谊感动了。他对博尔术说："如果没有你的帮助，我很难找回这些马。"并提出以马匹来酬谢他。博尔术却说："我之所以帮助你，是出于朋友的友谊，如果我要了你的马，那怎能算是朋友呢？"父亲纳忽伯颜见二人非常友好，也认可了他们的友谊。博尔术也就成为铁木真的第一个那可儿（伴当）。

2. 建立帝国，制定政策

铁木真坐上汗位后，在1204年整顿军马、建立千户制的基础上，将全蒙古百姓划分为95千户。

蒙古国的最高统治集团是成吉思汗的“黄金家族”，全蒙古百姓都是他们的臣民，也属于私人的财产。按照分配家产的比例，成吉思汗将百姓分配给诸子、诸弟。千户制度是成吉思汗防止旧贵族复辟的重要措施。任何千户长，不管地位多么尊崇，都是皇室的臣仆。千户长构成的那颜阶层是成吉思汗“黄金家族”统治人民的支柱。

为确保至高无上的汗权，成吉思汗建立了一支更强大的由大汗直接控制的常备武装。他将护卫军扩充至一万名，由一千名宿卫、一千名箭筒士和八千名散班组成。其主要责任是保护大汗的金帐和分管汗廷的各种事务，同时也是大汗亲自统领的作战部队。

成吉思汗掌握着这样一支最强悍的亲信军队，足以制约任何一个在外的诸王和那颜。各级那颜的子弟都被征为护卫军，等于“质子”。这有助于成吉思汗更牢固的联系和控制分布在各地的那颜，使他们效忠于自己。护卫军成为成吉思汗巩固新生的统一国家、防止旧贵族复活和对外进行掠夺和扩张的有力工具。

成吉思汗建国以前，蒙古人没有文字。成吉思汗俘获畏兀儿人塔塔统阿后，因他精通本国文字，于是让他教子弟学习。其后又有不少畏兀儿人被用为蒙古贵族子弟的教师，他们对蒙古文的创制做出了贡献。

畏兀儿蒙古文创制出来以后，成吉思汗就用它发布命令、登记户口、编集成文法（大札撒）、记录所办案件等，成为加强统治的重要辅助手段。

1206年，成吉思汗任命其养子失吉忽秃忽为大断事官。由大断事官专门负责掌管民户的分配。成吉思汗又命失吉忽秃忽审断刑狱词讼，负责惩治盗贼，察明诈伪，施以刑法。大断事官实际上是蒙古国的最高行政官，相当于汉族官制中的丞相。大断事官之下还有若干断事官作为僚属。此外诸王、贵戚、功臣有分地者，也各置断事官治其本部百姓。

在蒙古民族长期形成的种种社会习惯和行为规范的基础上，成吉思汗重新确定了训言、札撒和古来的制例，制定了蒙古法律"大札撒"。札撒主要由习惯法和训令构成。它是当时人民必须遵奉的法律。"札撒"的制定，对统治被征服的民众，使人民各安其位，整顿社会秩序，加强蒙古政权等起到了积极作用。成吉思汗统一蒙古的业绩以及他加强集权统治的措施，构建了蒙古帝国的基本框架，为他在更大范围内进行扩张战争奠定了基础。

3. 铁血时代，复仇大业

势单力孤的铁木真为了报仇，开始想办法壮大自己的力量。当他到了结婚的年龄时，就去寻找孛儿帖，德薛禅便将女儿嫁给了铁木真。德薛禅的妻子还将一件非常珍贵的黑貂鼠皮袄送给月伦夫人作为女儿的陪嫁。

铁木真生活的时代，存在着血亲复仇制度，铁木真便以血亲复仇的名义开始了自己的事业。刚结婚不久，他就请博尔术前来帮助自己。博尔术当即动身赶到了铁木真家，当时还有世袭奴隶兀良合部送来的哲勒篾，他成为铁木真最忠诚的奴仆。他知道要想迅速壮大自己的力量，必须借助各部落的强大势力。

铁木真心中最好的人选就是克烈部的首领脱里汗。他们有着共同的利益。首先，他们的敌人都是塔塔儿部落；其次，也速该在世时曾经帮助过脱里汗，两个人还结为安答（结义兄弟）。脱里汗当时已经实力强大，已成为蒙古高原的一方霸主。铁木真的地位太低，为了与脱里汗结盟，他以谦恭的态度前去拜见脱里汗，并将孛儿帖的陪嫁黑貂鼠皮袄当作见面礼献给脱里汗，并且恭敬地说："您是我父亲的安答，就和我亲生父亲一样。"脱里汗受到如此的尊重，非常高兴，答应帮助铁木真复仇，脱里汗便成为铁木真的义父。

在铁木真得到脱里汗的帮助之前，月伦夫人以前的夫家蔑儿乞人就来复仇了，他们突然袭击了铁木真一家。慌乱中，铁木真一家人逃往不儿罕山，而孛儿帖没有马骑，当时家中的女仆豁阿黑臣就将孛儿帖藏到牛车里，然后驾车急忙逃走，在路上遇到了蔑儿乞人，豁阿黑臣谎称车里装的是羊毛。但篾儿乞人打开车门，发现里面有一位年轻漂亮的女子，知道是铁木真的妻子，认为宿仇已报，就不再寻找铁木真，而是将孛儿帖带回去送给也客赤列都的兄弟为妻。妻子被抢，铁木真发誓要报仇雪恨，他立即赶往克烈部，向脱里汗求援。因为蔑儿乞人也是脱里汗的仇敌，所以脱里汗就答应了铁木真的请求。为了能够一次性成功，脱里汗希望与另一个蒙古人首领札木合合作。这时的札木合势力很大，他虽然是蔑儿乞人的仇人，但他是铁木真少年时代的朋友，他们还曾经结为安答。脱里汗希望札木合能够出兵两万从左翼进攻，并且制定了会师的日期，铁木真告别脱里汗，于是前往札木合处求援。在铁木真诉说完自己的遭遇后，札木合当即同意出兵。

按约定，两股强大的力量会合了，他们共同攻打蔑儿乞人。两军交战没多久，蔑儿乞人的首领就逃跑了，其他的蔑儿乞部众见头领跑了，也都四散逃窜。这场战争以铁木真找到孛儿帖为终止。

这次战争结束后，铁木真依附于札木合，逐渐壮大了自己的势力。但是，在群雄争霸草原的时代，他们之间的友谊注定不会长久。铁木真在札木合处生活了将近一年多的时间，有一天，札木合找到铁木真，对他说："牧马的人如果依山居住，就可以得到帐房居住；放羊的人如果依水居住，就可以得到饮食。"铁木真理解了这句话的含义，知道札木合不希望自己在此居住，于是，他当天晚上就带领着兄弟们离开了札木合。

4. 对内征讨，伐夏灭金

统一蒙古后，成吉思汗的主要目的就是征服邻国。当时，他的兵力总数已超过 10 万。在征服诸国的过程中，蒙古国的兵力又不断得到扩充。

第一个征服目标是党项贵族建立的西夏政权。成吉思汗早已谋划着进攻金国，但他担心西夏与金国合力从西面牵制蒙古。为免除西夏可能构成的侧面威胁，他采取了先攻西夏扫清外围的战略。1205 年三月，成吉思汗灭乃蛮部后率军第一次侵入西夏，攻破边境城堡力吉里寨，毁其墙垒。但此次主要的目的就是掠夺财富。1207 年秋，成吉思汗以西夏不肯纳贡称臣为由，又第二次侵入西夏，攻破斡罗孩城，四出掳掠。西夏汇集右厢诸路军抵抗，蒙古军不敢深入，于次年春天退回。

1209 年，成吉思汗率领大军向河西进发，第三次征西夏。夏襄宗急忙派太子承祯统率数十万大军前来迎战，两国将士展开了殊死搏斗。夏国军队抵挡不住骁勇善战的蒙古将士，最终还是铁木真获得大胜，将夏国的副帅高逸令公和太傅西壁讹答俘获。从此，蒙古大军长驱直入，在克夷门又一次打败夏国军队，俘获将领嵬名令公。当蒙古军逼近西夏中兴府时，铁木真决定用黄河水淹中兴府，但是外堤决口，大水向蒙古军方向汹涌而至，铁木真不得不向后撤军。

随后，蒙古释放西夏太傅西壁讹答到中兴府与夏国进行谈判，夏襄宗无奈，只好将女儿送给铁木真求和，西夏从此成了蒙古的附属国。这样就解除了铁木真的后顾之忧，为攻打金国做好了准备。

在很久以前，成吉思汗的曾祖父曾经率领蒙古部攻打金，并把金朝的使臣杀了。成吉思汗的曾祖父死后，由堂弟俺巴孩继位。可是仇视蒙古部的塔塔儿人却将俺巴孩捉去，献给了金朝，结果俺巴孩被金朝皇帝残害。后来，在攻打塔塔儿部时，成吉思汗虽然接受了金朝封号，可是他的内心并没有臣服。

嘉定二年，金章宗病死，完颜永济继位，在完颜永济还没有登基以前，成吉思汗就和他有冲突，对他的为人也很不屑，所以完颜永济做了皇帝，成吉思汗便索性与金朝彻底决裂，并加快了伐金的准备工作。

1211年三月，他做好了伐金的一切准备。在为祖先复仇的口号下，成吉思汗对金朝展开了全面攻势。金军的30万大军守野狐岭（今河北万全膳房堡北），成吉思汗挥师攻之，金军大败，死者蔽野塞川。金将完颜承裕一众慌忙觅路逃跑，蒙古军追到浍河堡（今河北怀安东），将金军大部分消灭。蒙古军前锋突入居庸关，攻中都（今北京）不克，退出关外。

接着，成吉思汗兵分四路，攻取了山西、河北、山东和东北的许多地方。金王永济柔弱无能，见蒙古军来势凶猛，未战就先乞和。1213年，金权臣胡沙虎以怠忽职守受责，竟发兵入都，杀永济，另立完颜珣，自称太师、尚书令。元帅右监军术虎高琪因兵败惧罪，又下手杀掉了胡沙虎。金朝陷入一片混乱。

金朝因国力衰竭，已无力守住中都（今北京），为躲避蒙古的压迫，准备迁都河南汴京。就在此时，发生了金国阻止蒙古派往南宋的和平使节的事件。成吉思汗对此非常气恼，认为缔结和约就要迁都，这是破坏条约准备再战。他再次下令策马南进。蒙古军逼近中都并将其包围，中都附近州县守将和官员纷纷投降，前来救援的金军被击溃，留守中都的金军主帅抹捻尽忠弃城而逃。1215年五月，蒙古军进占中都，驻在桓州的成吉思汗派失吉忽秃忽将中都府藏尽数运走，并派兵驻守中都。

1221年，金宣宗无奈派仲端向蒙古求和，成吉思汗却说："原来，停战的条件是你们献出河北等地，金主为河南脱里。现在木华黎已经攻取了这些地方，你们才来求和，太晚了。"在仲端的苦苦哀求下，成吉思汗才答应撤兵，但条件是割让关西数城，金主为河南脱里。可是这样的条件太苛刻，金宣宗无法接受，最终导致和议失败。

早在1217年，成吉思汗在漠北图拉河畔，论功行赏从军多年的将士，同时改编部队，深得成吉思汗信任的木华黎被封为国王。1219年，成吉思汗扬鞭策马踏上西征之路。

议和失败，木华黎只好率军继续攻打关西地区。直到1223年，木华黎身染重病时，关西各地也没有完全攻克。木华黎临死前对弟弟说，在自己领命出征的40年里，东征西讨，所向披靡，但汴京还没有攻克，只有靠弟弟努力了。木华黎死后，其子孛鲁领兵攻金，虽然攻占了大片的领地，可是他死得太早，所以灭亡金国的任务也并没有完成，直到成吉思汗死后的1234年，窝阔台汗才灭了金国。

5. 领土扩张，扬威西域

在1217年成吉思汗将关西交给木黎华管理后，就把目光投向中亚，他曾在1218年组织蒙古商队出使中亚地区，当商队到达花剌子模国边境讹答剌城时，被该城的长官亦难出诬陷这些人为间谍，在国王摩诃末的许可下，杀死了全部的商人，所带货物一律没收。

成吉思汗知道后，悲愤交加，要求花剌子模交出亦难出，他的要求不但遭到了拒绝，并且派去的蒙古使臣也被杀死。这成为蒙古国的奇耻大辱，于是，成吉思汗就将花剌子模国当作自己首要的仇敌。

1219年秋，蒙古军队基本扫除了进军花拉子模道路上的障碍，于是，成吉思汗亲率15万大军远征花剌子模。成吉思汗的大军被分成四路进攻。经过艰苦的攻防战，讹答剌城被蒙古军攻破，亦难出被擒，为了给被害的商人报仇，蒙古兵用熔化的银子灌进亦难出的耳朵和眼睛里。与此同时，在撒麻耳干驻守的摩诃末率领军队后撤至阿姆河南岸。蒙古军攻占了撒麻耳干后，摩诃末不顾众将的反对，领兵向西逃窜。当他得知哲别等人率领的蒙古军进入了呼罗珊境内时，他只得继续西逃，当年12月病死在逃跑途中。此后，成吉思汗与其子札兰丁继续交战，最终花剌子模国被打败。成吉思汗马不停蹄，又相继征服了中亚的大部分地区和波斯的部分地区。随后，大军回国休整。

1221年初，成吉思汗进抵巴里黑城（巴尔赫），被吓坏的百姓出城请降并宣誓效忠，但成吉思汗认为后方留下人口众多的城市对自己不利，遂以调查人口为名将无辜百姓斩尽杀绝，并把巴里黑城烧成灰烬。接着继续围攻塔里寒城（今阿富汗木尔加布河上游北），7个月后城破，该城居民又尽数被屠杀，城市被毁。然后又攻陷范延城（巴米安），由于成吉思汗宠爱的孙子察合台之子木阿秃干在此战中死亡，铁木真竟下令“不赦一人，不取一物，概夷灭之”。范延城址由此而被称为“可诅咒的城市”。破城后下令不得掠夺任何财物俘虏，将所有人畜杀光，此城被毁成荒漠。浩劫过后的范延堡得名“卵危八里”，意为“歹城”，数十年内此地毫无生气，据说连动物也不敢接近。另外，在攻克塞忒耳迷（今俄罗斯捷尔梅兹）后，由于攻城时受到城中军民顽强的抵抗，恼羞成怒的成吉思汗竟然下令杀尽所有百姓。1222 年 6 月，在 6 个月的围攻后，也里（赫拉特）被成吉思汗攻破。入城后，蒙古人竟用了一周的时间进行屠杀，全城居民全部被杀光。

为了最终灭亡西夏，成吉思汗于 1225 年秋天再次亲率大军出征。大队人马出发后，成吉思汗的坐骑因受惊而将他抛到了地上，因此他受了重伤，并因感染而发起高烧。他仍然没有撤军，而是忍着病痛指挥军队继续攻打西夏。1227 年在六盘山下清水县（今属甘肃），由于天气酷热，成吉思汗受伤的身体再度染病。他感到自己快要不久于人世，就将儿子们叫到跟前，交代了几件事。主要是将汗位传给窝阔台，教导他们要利用宋金世仇，从宋境经过，联宋灭金。还一再嘱咐他们在自己死后不要发丧举哀，封锁自己逝世的消息。安排完军国大事，这位“一代天骄”结束了他辉煌的一生，终年 66 岁。

成吉思汗西征的同时也打开了东西方交通的道路。从这时候起，中国各族人民不断进入中亚、波斯等地，中亚、波斯、钦察、阿拉伯以至欧洲的人民，也不断来到中国，这样的往来增加了东方人和西方人的联系。为了巩固统治，成吉思汗把占领地区作为“兀鲁思”（汗国封建领地），分封给他的三个儿子。成吉思汗将钦察、花剌子模及康里国故地封给长子术赤，今咸海以西、里海以北之地皆属之。术赤比成吉思汗早死，这一封地归于其子拔都。将西辽及畏兀儿故地封给次子察合台，畏兀儿东起阿尔泰山、西至阿姆河，包括新疆天山南北路等地，后来称为察合台汗国。依照蒙古惯例，在成吉思汗死后，幼子拖雷获得其父的直接领地，即斡难河及克鲁伦河流域一带蒙古本部地方。

公元1234年，蒙古军队与南宋军队围攻金，金末代皇帝完颜守绪自杀，金国灭亡。公元1235年，窝阔台在和林召开忽里勒台（大会议），决议远征欧洲。当时成吉思汗除了在经济上掠夺，还希望通过西征来缓和内部权力之争的矛盾。第二次西征的统帅是成吉思汗的孙子、术赤之子拔都。

在公元1236年至公元1241年间，拔都统率蒙古军渡过札牙黑河（乌拉尔河），在亦的勒河（伏尔加河）中游击溃不里阿耳部（保加利亚）。然后蒙古军队继续西进，占领了钦察以及从宽田吉思海、亚速海直到斡罗思东南的广大领土，又分兵进入孛烈儿（波兰）和马扎儿（匈牙利）等地。在今捷克一带遇到顽强的抵抗，西进的道路受阻。

公元1242年4月，窝阔台汗去世，蒙古大军便乘机回师。拔都带领其他人留在钦察草原，建立了钦察汗国。《俄罗斯编年史》称钦察汗国为金帐汗国，这个名称在文献里一直沿用下来。

公元1246年春，窝阔台之子贵由继汗位。拔都与贵由不合，另立拖雷之子蒙哥为大汗。贵由在远征拔都途中病死，蒙哥即位。蒙哥决定由四弟忽必烈总管漠南，另外又派遣其六弟旭烈兀向西方进军。从公元1252年至公元1259年间的第三次西征，其目的是征服波斯（伊朗）。公元1256年，旭烈兀灭亡了木剌夷国，接着，又攻下阿拔斯哈里发的报达国（巴格达）。公元1259年，旭烈兀进军苫国（叙利亚）京城大马司（大马士革），算端（今译苏丹）纳昔儿弃城逃走。但在密昔儿（埃及）援军的反攻下，蒙古军又退出苫国境。旭烈兀留居帖必力思，建立了伊利汗国。由成吉思汗一手建立起的蒙古国家，经过成吉思汗及其后人的三次西征，在兀鲁思的基础上，形成了钦察汗国、察合台汗国、窝阔台汗国和伊利汗国。所谓的汗就是中央分封出去的四个最高军政首领，与中央保持藩属关系，直接向大汗负责。

成吉思汗去世以后，蒙古各统治集团为争夺大汗权位，彼此间矛盾激化，加上各汗国间缺乏必要和有力的经济联系，从而大蒙古国这个复杂的政治混合体日趋瓦解。其中，钦察汗国和伊利汗国走上各自独立发展的道路，而窝阔台汗国由于窝阔台（太宗）和他儿子贵由（定宗）相继被选为大汗，其领地一直归中央管辖，实际上没有形成单独的汗国。

元世祖至元三年（1266 年），成吉思汗被追谥为圣武皇帝，武宗至大二年（1309 年）加谥法天启运圣武皇帝，庙号太祖。

第十二章

让整个世界都震颤——忽必烈

作为成吉思汗的嫡孙，世界有史以来疆域最辽阔帝国的缔造者，忽必烈不但继承了成吉思汗的雄才大略，更完成了祖父号令天下的目标。他半生戎马，率领蒙古军骑长驱直入，踏破了南宋江山，征服了中国的剩余地区，还扬威海外，两次入侵日本……

1. 开明统治，蒙汉相融

中国历史上成功的统治者们都有一个很重要的美德，就是广纳贤才，但若论吸纳人才范围之广，民族、种族、宗教之繁，忽必烈统治时期不仅史无前例，后来的明清两朝也难以企及。

从 29 岁立下大志起，忽必烈招揽的人才除藩府旧臣外就是所谓“四方文学之士”，总数甚多，史上有记载的，就有 60 余人。其中又分为：邢台派，如元大都的设计者刘秉忠等，多出自故金属地邢州；苏门派，又称华北儒学集团，如劝说忽必烈和平占领大理的姚枢；封龙山派，又称金朝遗士集团，其中就有“问世间情为何物”的元好问、关键时刻上《班师议》的郝经等；华北地方实力派，等等。

此外还有西域人集团，主要是畏兀尔人、大食人（今阿拉伯）、回回人等。这些西域人中，有战功彪炳的战将，有理财专家，还有科学家。尤其是畏兀尔人廉希宪，他精通儒学，与中原学者不分伯仲，人称“廉孟子”。

在众多学者中有一个叫赵复的，但是他并非顺民。一次，忽必烈询问他如何征服南宋。他的回答是：“宋，吾父母国也，未有引他人以伐吾父母者。”

公元 1259 年，蒙哥去世，此时的忽必烈已经和多个诸侯国联合，即位后建立的帝国更是将此规模扩大数倍。

蒙古人不仅统一了所有说不同汉语方言的地区，而且还将毗连的西藏、满洲、畏兀儿及许多小王国、部落民族与汉地合为一体。忽必烈的庞大帝国是原来所有汉人居住地的 5 倍，新形成的中国主流文化不单是蒙古族的，同样也不全是汉族的。多民族文化的融合，论广度其影响是世界性的。

忽必烈的统治方式充分体现了“治大国如烹小鲜”的精髓，“配菜”时就格外讲究。他将汉人和外族人混合起来共同主持朝政，发挥各人所长，又使其相互制约。官员所属种族众多，包括西藏人、亚美尼亚人、契丹人、阿拉伯人、塔吉克人、畏兀儿人、唐兀惕人（西夏党项人）、突厥人、波斯人和欧洲人等。蒙古人还在每个部门中规定了种族的名额，保证每位官员的周围都有不同文化或信仰的同事。

为此，蒙古朝廷供养着通晓各类语言的抄写员，不仅有懂蒙古语的，还有懂阿拉伯、波斯、畏兀儿、唐兀惕、女真、藏族、汉族语言的，有的抄写员还精通一些很生僻的语言。不过，难题还是一再出现，很多名词都令人头疼，用一种语言来表述中国的城镇、俄罗斯的王公、波斯的山脉、印度的圣人、越南的将军、穆斯林的传教士和匈牙利的河流等，都非常耗神。

在政务处理方式上，蒙古人沿袭了草原上的“原始民主”制。管理地方的官吏没有固定的阶级区别，用模仿草原小型忽里台会议的政务模式取代了官僚机构。天天召开地方政务会议，任何新措施必须至少有两名官员的同意盖印才能通过。所有决议都要由集体决定，不是单一决定制。

1271 年，忽必烈改国号为大元，正式即位为皇帝，并计划开始南下攻打南宋。他的军队用了 6 年时间才攻陷重镇襄阳，后来的征程就相当顺利。1279 年，在崖山海战中，陆秀夫背着 8 岁的小皇帝跳海自杀。至此，南宋亡，忽必烈统治了全中国。

忽必烈确立中央集权政治，恢复正常的统治秩序，采取了一些有利于手工业生产的措施，从此社会经济逐步恢复和发展起来。边疆地区也得到了有效的开发。全国的统一，初步奠定了国家疆域的规模，发展了国内各民族的经济，促进了文化的交流。他还采取汉法，改革落后旧制的工作被终止。

2. 革新保守，嗜利黩武

1264年八月，忽必烈发布“改元大赦天下诏”，是“布惟新之令”。忽必烈的建国思想，从一开始就表现为革新与保守的矛盾统一。换言之，忽必烈本身具有矛盾的性格。

我们知道，忽必烈首先是作为蒙古贵族的政治代表登上历史舞台的。他与弟弟阿里不哥争夺汗位，然后当上大蒙帝国的第五代大汗，主要代表一部分蒙古贵族的利益。嬗变为元王朝以后，他又成为蒙汉各族上层分子的政治总代表。作为蒙古贵族出身的忽必烈，始终站在维护蒙古贵族特权的一面。

他在进行改革的时候，有意识地保留了一些蒙古旧制，诸如食邑制度、达鲁花赤（镇守官）的设置、蓄奴制度、斡脱制度（官商制度）、科差制度、军事长官的世袭制以及撒花制度（无事向百姓白要的钱，叫撒花钱），等等。不仅如此，由于忽必烈的改革只适应被征服地区的经济情况，结果只能随着征服时间的先后，在不同时期征服的地区推行不同的制度。蒙古征服金朝在先，对金的统治时间较长；忽必烈征服南宋在后，占领南方的时间较短，于是北方多循金制，南方多承宋制，就这样呈现出南北异制的局面，如税粮制度、军人待遇、刑法制度，等等。全国的典章制度不能整齐划一，也表明忽必烈的改革的不足之处。另一方面，坚持民族压迫，防止蒙古族被同化，防止大权旁落。忽必烈按民族和地区，把国人划分为四个等级，即蒙古人为第一等，色目人（西域各部、各国人）为第二等，汉人（北方的汉人、契丹、高丽、女真等）为第三等，南人（南宋辖区的江南人民）为第四等，不论是政治上还是法律上的待遇，都极不平等。

忽必烈身上所表现出来的革新与保守的矛盾，在不同时期，还区分为哪种形式占主导地位。一般地讲，在灭南宋统一全国之前，革新是忽必烈的主导方面；在统一全国之后，忽必烈的保守思想则逐步增长，嗜利、黩武的天性也进一步膨胀。忽必烈在位共35年，从66岁到他80岁病死15年间，忽必烈主要做了两件大事：

一是嗜利敛财。忽必烈在镇压阿里不哥叛乱、李璮叛乱，南下灭宋以及镇压各地人民的反抗斗争中，他迫切需要钱财补充军饷；又因为是建国不久，百废待兴，也需要钱财；再加上受蒙古贵族掠夺财富的本性支配，忽必烈特别重视善于理财的人。忽必烈重视的第一个人是回族人阿合马。早在1262年，阿合马任诸路都转运使时，曾在钧州（今河南禹州市）、徐州兴办冶铁业，每年产铁103.7万斤，铸造农器20万件，换成官粮4万石。同时他又增加太原地方的赋税，弥补了因太原私盐盛行而造成的盐课收入大减的损失。由于善于理财，阿合马深得忽必烈的宠信。

1264年，阿合马被任命为中书平章政事。此后兼制国用使，改尚书省平章政事。他除兴办冶铁、铸造农器官卖、增盐课等办法外，还采取括户口、推行钞法、籍括药材等措施，来增加元王朝的财政收入，逐渐忽必烈对他深信不疑。然而阿合马利用忽必烈对他的宠信，有恃无恐，日益骄横。首先他排斥中书右丞相安童、左丞相史天泽，安插他的子侄与亲信，并利用手中的理财大权派人经商，聚敛大量财富。他还结党营私，诬陷、打击异己，贪赃枉法，引起了太子真金和许多大臣的不满和人民的普遍愤恨。

至元十九年（1282年）三月，益都千户王著和高和尚，趁忽必烈与真金去上都的机会，假称真金回宫，召阿合马至，用铜锤击杀阿合马及其党羽郝祯。王著、高和尚后来被捕处死。王著临刑大呼："王著为天下除害，今死矣，异日必有为我书其事者。"王著击杀阿合马的事，连枢密副使张易也受到株连，最后被杀。可是当处理此案的孛罗向忽必烈报告了阿合马的种种罪行时，忽必烈才说："王著杀之诚是也。"还进一步揪出阿合马党羽，并下令剖棺戮尸，后来阿合马的党羽和忽辛等四子都被杀。

阿合马死后，忽必烈认可桑哥的推荐，任命卢世荣为中书右丞，理财裕国。卢世荣上任后，选用阿合马用过的一些理财官员，整顿钞法，制定市舶条例，裁抑权势，没收豪权强占的铁矿，由官府立炉鼓铸农器，获利买粟以充常平仓，由官府买羊马，令蒙古人放牧等措施。他所做的种种举措受到忽必烈的信任，但却得罪了权豪。他们纷纷上奏弹劾卢世荣，不久卢世荣被捕下狱，至元二十二年（1285 年）十一月被杀。

至元二十四年（1287 年）闰二月，忽必烈起用桑哥理财，任命为平章政事，企图扭转财政入不敷出的局面。桑哥也采用阿合马的一些措施，至元二十四年（1287 年）三月更定钞法，颁行至元新钞，缓解了朝廷的财政危机，同样受到忽必烈的宠信，升任尚书右相兼总制院使。接着，桑哥又理算江淮、江西、福建、四川、甘肃、安西等六省财赋，增加江南赋税及盐酒醋税，这样大大加重了各地人民的负担，民不聊生。忽必烈本身支持一些阿谀逢迎的人，于是为桑哥立德政碑。桑哥也渐渐专权横暴，引起了一些蒙汉官僚的不满，他们纷纷进言忽必烈，说桑哥奸贪误国。

至元二十八年（1291 年）年初，忽必烈才下令逮捕桑哥。二月间，又下诏抄没桑哥家产，他的家产竟占宫廷财宝的一半。接着便下令处死桑哥及其党羽。忽必烈为了补救朝廷入不敷出的局面，先后任用阿合马、卢世荣、桑哥理财，又一一杀掉，这说明了忽必烈在财政管理方面的漏洞，以及统治集团内部矛盾的激烈。

二是穷兵黩武。这也是忽必烈守旧的一面，表现在他灭南宋之后，仍把对外侵略视作大汗神圣的事业，先后对毗邻国家：日本、安南、缅甸、占城、爪哇等发动了频繁的战争。这些侵略战争，不仅给被侵略诸国人民带来了深重的灾难，而且也为元朝统治下的各族人民带来了深深的痛苦。最终激起了被侵略诸国人民的强烈反抗，而国内人民的起义也此起彼伏。仅至元二十年（1283 年）江南各地人民起义，有 200 余起；至元二十六年（1289 年）江南各地人民起义有 400 余起。而忽必烈发动的对外侵略战争，都以惨败而告终，这是历史对忽必烈穷兵黩武天性的惩罚。

3. 宗教并存，三教和解

有元一代，宗教在社会各阶层的精神生活中占有头等重要的地位。多种宗教并存，各种庙宇林立，多种多样的宗教活动连年不绝，声势之盛为前代所未有，成为这一时代的一大景观。对僧人的保护也见诸法律，元律规定“殴西番僧者截其手，骂之者断其舌”，这是极为少见的。

每当基督教主要节日如复活节、圣诞节，忽必烈就下令将《圣经》用香熏几次，然后很虔诚地对它行一个吻礼，并命令所有在场的贵族行同样的礼节。基督徒倒也不会深感荣幸，因为伊斯兰教、犹太教、佛教的节日，他也举行同样的仪式。

对此大汗这样回答：“人类各阶层敬仰并崇拜四大先知。基督徒视耶稣为他们的神，萨拉森人视穆罕默德为他们的神，犹太人视摩西为他们的神，偶像崇拜者视释迦牟尼为他们的神。我对于四者，都表示敬仰，恳求他们中间真正的，在天上的一位尊者给予我帮助。”

信奉基督教的突厥王公与忽必烈家族渊源甚深。汪古部首领阿剌兀思剔吉忽里曾经在关键时刻，坚定地站在成吉思汗一边，并以生命表达了他的忠诚。他的次子孛要合娶了成吉思汗的女儿阿剌海别吉。孛要合的三个儿子都娶了成吉思汗家族的公主们为妻，次子爱不花的妻子就是忽必烈之女月烈公主。

忽必烈的母亲信奉景教，即基督教的聂斯脱里派。忽必烈的兄弟“屠夫”旭烈兀甚至为此在西征时放过了所有基督徒。他的叔父乃颜受过洗礼，虽然没有公开信仰基督教，但叛乱时为了多一层保险，在旗帜上加了十字架。他的失败对基督徒也是个不幸，十字旗被踩翻在地，大批的基督徒战死，活着的基督徒成了被辱骂、嘲笑的对象。忽必烈制止了这种现象。他说，基督的十字架如果没有证明有利于乃颜，那么他的真理性和正义是一致的。因为乃颜是叛主的逆贼，十字架不能给予这样的恶人以保佑。所以无论谁都不能冤枉基督徒的神，神自己是极其善良与公正的。

公元1289年，忽必烈甚至建立专门机构，即崇福司，管领全国的基督教事务，并特别颁布谕旨，使基督教牧师如同佛教徒、道教道士和伊斯兰教教士们一样，享受免税权和其他种种特权。

忽必烈既然这样偏爱基督徒，维护十字架的荣耀，为什么不考虑信奉基督教呢？他的回答非常狡猾：“这个国家的基督徒都是些没有知识、没有能力的人，他们没有表现出任何神奇的能力。同时你们看到那些偶像崇拜者却可以随心所欲地施展各种法术。我如果改信基督，成为一个基督教徒，则朝廷中的贵族和其他不信奉基督教的人将会问我有什么充分的理由要接受洗礼，改奉基督教。他们将会问，基督教的传教士表现了什么非常的力量，显示了什么奇迹呢？你们回到教皇那里，以我的名义，要求他派一百名擅长你们的法术的人前来。遇到偶像崇拜者时，这些人应有力量制服他们，并表示自己也有同样的法术，不过这些法术都是来自恶魔的邪术，所以一般不愿使用，强迫他们当场放弃使用这些法术。我如果看到这种情况，就会禁止他们的宗教活动，并接受洗礼。我的所有贵族都将按我的榜样接受洗礼，人民也会起而效仿。如果这样，这里的基督徒的数量将会超过你们自己国中的数量。”

忽必烈家族与基督教千丝万缕的联系，他母亲对他的影响，等等，使这一时期基督教的地位之高绝对是中国历史上的史无前例，后无来者。但基督徒仅维持佛教徒、道教道士、伊斯兰教教士相等的待遇，这很大程度上仍是统治的需要。

各宗教中，忽必烈的确有所偏爱。他曾形容各派宗教犹如一只手上的五指，可是他又说：“譬如五指，皆从掌；佛门如掌，余皆如指。”

忽必烈与佛教的关系先要从海云和尚说起。海云俗名宋印简，金末为佛教禅宗领袖，金宣宗曾赐号为“通玄广惠大师”。后被蒙古军队俘虏，成吉思汗下令木华黎要优礼相待，并赐号为“寂照英悟大师”，居于燕京大庆寿寺。蒙哥即位后，曾令海云掌天下释教。

公元 1242 年，忽必烈向海云询问佛法大要，海云认为要善于总结历史经验，尊贤使能、尊主庇民是佛法之要。建议忽必烈将用人的重点转向“天下大贤硕儒”，向他们询问“古今治乱兴亡”之道。这才有了忽必烈的潜邸招士。海云的弟子，当时的子聪和尚，后来的刘秉忠，就是元政权制度和元大都的设计者。刘秉忠生前官拜光禄大夫，位太保，参领中书省参事，死后追赠太傅，封赵国公，谥文贞。成宗时，赠太师，谥文正。仁宗时，又进封常山王。有元一代，汉人获此尊贵荣誉的，仅刘秉忠一人。海云和刘秉忠的才学给忽必烈提供了很多借鉴。中国禅宗“万物皆空”式的深奥与超脱，并不适合一个国家的统治。相较而言，藏传佛教适用得多。这其中，忽必烈的妻子察必起了很重要的作用。她是一位虔诚的佛教徒，尤其热衷于吐蕃佛教。

让佛教位极尊崇的是吐蕃喇嘛八思巴，他是著名梵学家萨迦班智达的侄子和继承人。公元1252年，忽必烈南征大理，为了顺利通过吐蕃地区，他派人到凉州召请时年17岁的八思巴到六盘山军营会见，并尊其为上师。八思巴遂为忽必烈夫妇举行密宗金刚灌顶仪式，并收纳王妃等人为俗家弟子。忽必烈的皈依大幅提升了八思巴在佛教徒中的地位。

公元1260年，忽必烈即位后，为巩固蒙元帝国对吐蕃的统治，将萨迦五祖八思巴封为国师、总领天下释教。公元1264年，忽必烈建立总制院统领天下释教和吐蕃事务，八思巴成为总制院的第一位行政长官。

公元1266年，在新落成的大金顶殿，八思巴召集吐蕃各派僧俗首领大会。红教、白教、噶当派以及黑教等都派人出席。八思巴把忽必烈等与佛教的智慧佛文殊菩萨并提，宣布：依赖佛祖释迦牟尼的恩德和圣祖成吉思汗的威力，吐蕃正式成为忽必烈大汗治下不可分割的一部分。吐蕃实行政教合一的行政体制，国师兼任萨迦派法王，乃吐蕃地区的最高政教首长。多了这一层身份，忽必烈在佛教徒中的地位无比尊崇，政教合一使得他在佛教地区的统治极为牢固。

忽必烈自是投桃报李，给予佛教徒各种特权。他在位时，佛教僧侣多年享有免税，朝廷为建设新的寺庙和修复佛道之争中损坏的寺庙提供资金，政府还为寺院拥有的工艺品作坊和土地提供工匠和奴隶。政府的支持、赐赉和豁免使寺庙成为繁荣的经济中心。

元朝别具一格的帝师制度就从八思巴起，此后的帝师也出自萨迦派高僧。帝师负责主持皇家重大佛事活动，为历代皇帝和后妃举行受戒灌顶仪式。同时也是全国佛教最高领袖，兼任宣政院使，负责管理全国佛教和吐蕃事务，并可自行任免下属官吏。其地位与中书省等相当。比起佛教、基督教，道教也许就是忽必烈的小指了。这要先从著名的宗教大辩论说起。

道教的极盛时期是在元初。道教的法术颇有神奇之处，相传成吉思汗在位时，北京地区曾大旱，全真派掌门丘处机主持祈雨仪式，大获成功，北京地区连下三天雨。有如此神迹显现，成吉思汗对他倍加尊崇，尊为“神仙”，封为“大宗师”，总领道教，并下令把北京的太极宫加以扩修，根据丘处机的道号“长春子”改名为长春宫，就是如今的白云观。

从成吉思汗开始，道教就地位尊崇，荣耀非常。可惜道教得势太盛，在燕京、河北及晋北地区势力迅速膨胀，欺压佛教徒，甚至将四百余佛寺改为道观。后来的掌教李志常是丘处机的爱徒，道号真常子，他大量印西晋时人写的《老子化胡经》，说当年老子西游，教化当地胡人，释迦牟尼就是他的化身，这自然引起佛门弟子的强烈不满。

公元 1257 年秋，蒙哥南下，佛教那摩国师与蒙哥一起来到六盘山为蒙哥出师祈祷，趁机提出道教欺辱佛教的情况，求大汗主持公道。当即决定，召集天下佛教首领，及天下道士，于次年初，由忽必烈主持开平府的大安阁举行佛道大辩论。

佛教方面以那摩国师为首，另有萨迦派教主八思巴、西蕃国师、教教主、大理国师、少林寺长老等三百余人。当时李志常已经去世，道教方面参加的有全真派掌门人张真人、道录樊志应、通判魏志阳等两百人。忽必烈手下谋士姚枢、窦默等两百余人作为裁判及见证人。辩论如下：双方各派十七人参加辩论，如果道教胜利，十七名佛教徒要蓄发为道；如果佛教胜利，十七名道士则要剃发为僧。结果道家失败，如约行罚，道士樊志应等十七人被带到龙光寺削发为僧，焚毁道教伪经四十多部，道教强占的两百多间佛寺被勒令归还。

虽然道家惨败，忽必烈却仅给予温和的处罚，只是杀杀道教嚣张的气焰罢了。朝廷依然资助道观的建设，道教徒的特权并不比佛教少。

他还毫不吝惜地给予王重阳和全真子们很华丽的封号，如王重阳封为“重阳全真开化真君”，全真子们都被封为“真人”，马钰被封为“抱一无为真人”等。沮丧愤懑的道教在忽必烈伸过来的橄榄枝头又看到希望，极其合作，主动寻求儒、佛、道三家的和解，并且为忽必烈一朝举行相关的祭祀和典礼，尤其是重要的皇家祭礼——祭泰山。事实证明这种柔顺的态度对道教徒的地位很有好处，他们在忽必烈的继任者那里得到更多荣耀。到了元武宗时，他们的封号又进了一步，王重阳被加封为“重阳全真开化辅极帝君”，全真子们也被加封为“真君”。

4. 跨海降伏，使其朝贡

在长达四个世纪的历史时期内，日本岛国的大部分地区在很大程度上处于与中国完全隔绝的状态。忽必烈向高丽人提出的或许是最苛烦的要求，是协助他与日本建立联系。9 世纪中叶的时候，佛教在中国遭受迫害，日本与中国逐渐疏离，到最后几乎完全切断与中国的贸易和文化联系。然而对于忽必烈来说，如果能与日本重建朝贡关系，就能在汉人心目中树立自己的高大形象，这将是其他任何方法都无法比拟的。正是这种急于博取汉人赞赏的心态，促使他决定一定要与这个国家建立联系。但是，蒙古将领还从未参加过海战。而此时忽必烈做出了一个重大的决定，要跨海降伏这个岛国。虽然他并没有打算发起一场海战，但是他降伏日本的计划为他悲惨的结局埋下了伏笔。

高丽人不喜欢日本人，但是他们并不热衷在忽必烈控制日本的计划中担当中间的角色。自从 1223 年以来，高丽沿海地区就一直遭受着被称为“倭寇”的日本海盗的袭击和抢掠。可恶的日本海盗利用高丽遭受蒙古入侵而疏于防范的时候，大肆侵扰高丽的沿海地区，直至1263年。但是高丽王室认识到，日本海盗的行为并不是由日本政府或者日本军事政权支持或认可的，因而没有对日本宣战。高丽国仅仅派遣使者抗议日本海盗的袭击。日本海盗获悉蒙古人已经征服了高丽，而朝鲜半岛停止了战事，他们也停止了袭击。因此，高丽人并无特别的兴趣帮助蒙古人与日本建立联系。

但是，忽必烈另有想法。在1266年的秋天，他派遣使节向日本人通报了新朝在中国建立的消息，并要求他们向新皇帝进贡。而高丽人负责帮助使团横渡海峡。负责接待的高丽人竭力劝阻他们，并警告他们说，日本列岛附近的海面风急浪高，气候恶劣，异常危险。事实上，高丽人根本不想被卷入蒙古和日本的关系之中。高丽人的恐吓起到了作用，蒙古使者对充满危险的赴日旅程感到气馁，于是匆匆返回中国。他们报告忽必烈，他非常生气。忽必烈也认为高丽人不值得信赖。在1267年的夏天，他给高丽王廷写了一封措辞严厉的信，指责他的“属民”不仅不协助他的使节，反而阻挠他们前往日本。他决心排除高丽人的干扰，再重新打算。

1268年，他再次派遣使团前往日本，这一次高丽人比较合作。特使中包括一位礼部官员和一位兵部官员。忽必烈让他们告诉日本人他已经登基的消息，并向他们表明，日本应该向他称臣纳贡。

可是日本人并不欢迎蒙古使团，他们的态度正好激怒了一意孤行的忽必烈，成为忽必烈进攻日本的借口。其实位于京都的日本皇室实际上非常软弱无力，真正的权力掌握在镰仓幕府手中。幕府里，幕府执权的北条时宗是最终的决策者，他并不打算顺服蒙古。因为他自恃拥有骁勇善战的武士阶层，又偏居大洋、易守难攻，于是他和他的前任执权北条政村一样，断然拒绝了蒙古使者的建议。忽必烈在信函中曾说日本天皇只是一个“小国国君”。在初步讨论了应该如何回复忽必烈这封信之后，幕府决定干脆直接把蒙古使者遣送回国，回复函里一个字也不写。虽然朝廷官员已经起草了一封和解信并抄寄了一份给幕府请求批准，但幕府执权没有批准，所以也没有寄出公函。

日本政府的反应并没有让忽必烈放弃，在1271年初再次派遣使团带着同样的信赴日。负责护送蒙古使节的高丽人秘密地警告日本人，他们将面临蒙古人的军事威胁。可是日本人再次拒绝蒙古使节进入王廷。在返国途中，蒙古使节抓住了两个日本渔民，把他们带回中国。忽必烈热情款待了日本渔民，命令他们请求他们的统治者对中国皇帝和蒙古大汗表示适当的尊敬，尽快派遣使者前来进贡。然后他派人护送他们经高丽回到日本。令人气愤的是，日本方面对忽必烈释放被扣留的日本渔民没有任何反应。

此时，忽必烈确实已被日本人的“傲慢”弄得心烦意乱。他决不允许他们一直这样公然蔑视他，反抗他。他作为蒙古大汗和中国皇帝，不能容忍被一个小国如此羞辱。蒙古风俗要求适当招待外国使节，而中国传统则要求所有国家接受中国皇帝为天下共主。忽必烈不能继续容忍日本对他的使节的轻视。

但是，在决定动武之前，他还是又派遣使节到达日本。这次选派的特使赵良弼（1216 ~ 1286）于1272年春出发，并于同年的10月在九州岛东岸的今津町登陆。当他觐见日本天皇的要求被粗鲁地拒绝后，他发出了最后通牒：日本天皇只有两个月的时间对忽必烈的信函做出反应。这次日本天皇愿意对蒙古做出一个平和的模棱两可的回答，但幕府还是继续拒绝任何妥协。镰仓的武士把中国特使驱逐出境。幕府的粗暴无礼被描述为“等同于宣战”。

赵良弼于1273年6月返回中国，向忽必烈报告了日本的风土民情，可能还包括军务情况。赵良弼向忽必烈描述了他在日本受到的羞辱，这下忽必烈被激怒了。他不能再容忍，因为容忍只会使日本人更加肆无忌惮。在赵良弼返回前几个月，蒙古人刚刚在襄阳取得了征宋战役的重大胜利，因此忽必烈抽调一小部分军队前去征讨日本。同时，他的对日战役也作为他征宋战役的一个组成部分，因此有它的必要性。日本人方面一直积极地与忽必烈的宿敌南宋开展贸易活动。而击败日本人，势必就是切断两个劲敌之间的联系，从而削弱南宋。

忽必烈的征日准备工作已经进行了相当长的一段时间。他命令高丽人为他制造船只，并且运送军队横跨日本海，从日本列岛的最南端发起攻击。1274 年 11 月，他派遣了一支由蒙古人、汉人、女真人组成的一万五千人的军队和 6000 ~ 8000 名满心不悦的高丽士兵（他们并不想参加这场战役），由大约 7000 名高丽水手引导，从合浦（在现在的韩国釜山附近）出发开往日本。蒙古军分乘 300 艘大船和 400 ~ 500 艘小船，首先在对马岛和壹岐岛登陆，轻易地就消灭了驻守在那里的日军。但是，忽必烈派往日本的军队无论规模上还是实力上都不足以彻底扫平日本列岛。他确实低估了日本人的抵抗能力。

最关键的战斗将是在九州进行。虽然日本人知道蒙古大军正在开过来，但是他们的准备工作做得不充分。以他们的经济状况无法在九州维持一支规模可观的军队，他们也没有一个中央集权的政府去组织一支强大的军队投入战斗。他们根本没有对付蒙古人的远程武器，包括十字弓和各种各样的弹射器的方法。他们的指挥官也缺乏实战经验，与身经百战的蒙古统帅无法相比。日本军队擅长肉搏，但是蒙古军队习惯于以组织严密的小组为单位集体作战，这是日本人所不熟悉的战术。所以，当蒙古军于 11 月 19 日在九州东岸的博多登陆时，日本军队处于绝对的劣势。蒙古军在进军之前鼓乐齐鸣，其阵式和攻击方法使日本人毫无招架之力。第一晚的战斗就使日本军队遭受了人员和装备的重大损失。

但是天有不测风云，就在同一天晚上，海面突然起了风暴。高丽水手马上对蒙古将领说，你们必须回到船上，把船开往海上，直到风暴消退。否则，船只就会与岸边的岩石相撞而沉没，那样，你们将失去唯一的撤退工具。蒙古人勉强同意了，并开始从博多撤退。日本人开始追击并杀死了一些正在撤退的蒙古兵。然而，那天晚上蒙古兵遭受的大多数伤亡都发生在海上。狂风、巨浪和礁石把几百艘船只击成了碎片。根据一些史料的记载，蒙古军大概有一万三千人因此丧生。日本人因这场风暴而大难不死。蒙古人的远征以彻底的失败而告终，残余的蒙古军回去，向忽必烈报告了这次惨状。

此时，忽必烈正把全部精力投入到征服南宋的战役中，他没有办法立即向日本人复仇。相反，1275 年忽必烈又向日本派遣了一个使团，由杜世忠和何文著带领，要求日本称臣，以免再度兴师入侵日本。日本当局正因为最近的军事胜利而趾高气扬，他们相信一定是神拯救了他们，于是把派来的使节处死，进一步加深了与元朝的仇恨。对蒙古人来说，再没有什么比这种行径更可恨的了。忽必烈决不会姑息他们肆意妄为。但是，直到好几年后他才有精力来再次兴兵讨伐日本。

13 世纪 70 年代中叶，忽必烈平定了高丽，甚至把他们变成了征日战役中的帮手，虽然高丽人并不情愿这样做。可忽必烈无法以同样的方法降伏日本人。他有更需要关注的问题，特别是对他的帝国领土完整的威胁的问题。中亚已经向他的政治权威提出了更加严重的挑战。他面临的是先解决中亚的问题，然后再回过头来对付日本人。

1279 年，当宋朝最后一位皇帝蹈海淹死以后，忽必烈终于腾出手来，把他的注意力放在征服日本上。而高丽人作为征日战争的重要依靠力量，也需要从 1274 年的那次远征中恢复元气。那次战争严重破坏了高丽经济。蒙古人不仅强征了大批粮食，消耗了大量的当地居民的物资，而且征召了大批成年高丽男性为这次远征服役，只留下很少壮劳力耕田。因而，造成了粮食短缺现象，以至于忽必烈需要定期向高丽供应食物来纾困。即使到了 13 世纪 80 年代末，他仍在向高丽提供救济粮。尽管存在这些问题，忽必烈仍决心要进攻日本，而这次行动是失败的，其后果是灾难性的。

1280 年，忽必烈已经做好了再次发动侵日战争的准备。他开始征兵，调集粮草。1279 年，他最后一次派遣使节去劝说日本人改变态度。然而，北条时宗声称这批使者是由间谍组成的，因此把他们全部砍头。为了报复，忽必烈发动了一场大规模的远征。在 1280 年早春以前，入侵方案已经全部布置就绪。远征军的统帅构成也仔细地进行了平衡，包括一个蒙古人、一个汉人和一个高丽人。高丽人洪茶丘担任这次战役的海军统帅，因为高丽国王坚持要由高丽人指挥海军中的本国水手。忽必烈选择不久前刚刚投降蒙古的南宋将领范文虎担任远征军汉军指挥，忻都为蒙古军指挥。在当年年底之前，忽必烈已经指定了十万大军由范文虎和忻都指挥。他向他们发放了军饷，提供了盔甲。高丽国王组织了一支一万人的军队，并提供了 1 万 5 千名水手，900 艘船只以及粮食供应等。出于对高丽积极协助的感激，忽必烈特别指示他的军队，在穿越高丽国土开往海岸的途中，不得扰民。第二年，忽必烈又向他的军队补充了大量给养，包括军饷、盔甲和弓箭等。不过，福建安抚沿海都置制使蒲寿庚提供了唯一一条不协调的记录。他说，蒙古人要求他和他的百姓修造两 200 艘船。而实际上，他们只建造了 50 只船。他声称，200 只船的建造任务远远超过了他们的承受能力。他对蒙古人不合理索求船只的含蓄批评，只不过是众多抱怨征日行动中的一个声音罢了。

元军统帅部组织了对日本海岛两翼夹击的突袭。四万名士兵从中国北部乘高丽船只开往壹岐岛，与从福建泉州开往那里的十万蒙古大军会合。他们计划从那里出发，联合攻击日本其他地区。根据中国方面的报告，这次远征一开始就有不祥之兆。这些预兆包括在海上看见了蛇，并闻到海水中发出的硫黄气味。而事实也正是这样，这次远征计划从一开始就出现了偏差。各个方面的将领显然在互相争论不休。从南部乘坐中国船只出发的部队延误了战机，因为他们庞大的队伍要求进行更复杂的后勤准备工作。从北方先期到达的军队，在高丽统帅的指挥下，等待了一段时期，终于"对中国舰队主力部队的到来"绝望了，于是，他们于6月10日攻占了壹歧岛。两个星期之后，他们向九州本岛进发。他们在宗像附近登陆，此处在日本人辛辛苦苦修建的主要防御工事的北边不远处。同时，南部的元朝军队终于完成了他们的准备工作，并且在得知他们的盟军已经登陆以后，决定在九州与他们会师。他们在九州南部登陆，打算向北进攻，与其他元军会合。凭借如此强大的军事机器，成功应该完全是唾手可得的。

然而这次远征竟以悲惨的失败而告终。在八月整整一个月期间，日本军人成功阻止了由南、北两路而来的蒙古军队，使他们无法突破日本人用墙垣构成的防线。元军自身的缺陷也使得日本人的顽强抵抗更加有效。蒙古统帅和汉人统帅之间的紧张关系削弱了远征军的力量。占远征军绝大多数的汉人军队士气低落，根本不愿投入到这场艰苦的战斗中去。而且，他们在九州登陆以后，便发现自己处于危险境地，在受到敌人或自然灾害的袭击时无法有效保护自身免受伤害。他们驻扎在开阔地带，没有城堡、要塞或城镇作为屏障。这些屏障一方面可以提供适当的保护，另一方面也可由此向敌人发动突袭。因而，他们很少主动进攻日本人。这两支军队打了差不多两个月，但双方不分胜负。

突如其来的自然灾害使得蒙古人取胜的希望彻底化为泡影。8月15日和16日，发生在东亚的典型仲夏台风袭击了九州沿岸。高丽水手觉察到风暴即将来临，于是试图把船开往公海躲避危险，但他们的努力失败了。四万名北方战士中三分之一被狂风消灭了，而十万名南方部队在试图逃脱时更有一大半葬身大海。被困在九州岛的战士或被屠杀，或被俘虏，或在企图借助留在岸边的小船逃跑时被淹死。

对日本人来说，这次台风绝不是一次意外事件。这是从神那里刮来的保护日本的神风，因为他们的土地是受神保护的。而对于蒙古人和忽必烈汗来说，这次失败则是毁灭性的。忽必烈一生中还从未遭受过如此惨重的损失。

5. 晚年岁月，孤独痛苦

由忽必烈发动的一连串代价高昂的军事远征，损失惨重。这使得忽必烈焦躁不安，尤其在他的晚年，他的个人生活也遭遇了一连串的挫折和不幸。

1281年，他最钟爱的妻子察必去世了，这使忽必烈陷入了极度的孤独和痛苦之中。在他在位的30年中，察必始终勤俭自律，事事用心。据传在察必所居王宫丹墀前，她亲手栽种了一株从成吉思汗兴业故地带回的青草，名为“誓俭草”，用以告诫皇宫子孙保持崇俭风尚。然而她的可贵之处还不尽于此，她身为人妻，无论丈夫如何待她，她都绝无半点怨言，并在生活中以丈夫的事业为重，这一点，是许多女人做不到的。

察必是一位不可或缺的助手。也许是纯粹的巧合，但是不可否认，在她死后，忽必烈个人乃至整个中国都遭受了一系列的激烈变故。察必或许不能防止这些灾难的发生，但是她也许能够发挥自己的影响力，遏制忽必烈当时做出的一些稀奇古怪的决定。

察必去世后，南必成为忽必烈的正妻。这也是察必生前安排好的。南必是察必的一个远房亲戚，察必在得知自己的健康状况恶化后，亲自选定她做自己的继任者。据说，在忽必烈日渐衰老的时候，南必曾独自做出重要的政治决定。可能因为对察必和其他亲属去世感到忧伤和失望，忽必烈晚年很少见人，他的朝臣不得不通过南必向他呈送报告，而她则把忽必烈的决定和命令转告给他们。汉文史料显示，忽必烈在病重时，曾允许她以他的名义发布诏令，但他们并没有指出哪些具体决定是由南必做出的。和当时其他许多蒙古皇后和贵族一样，她个人是非常自信的，在政治上是很有影响力的。

察必无疑是忽必烈最钟爱的妻子，她的去世和皇太子真金在1285年的英年早逝，不仅令忽必烈心碎，而且破坏了他的皇位继承计划。察必的突出地位可以由下列事实证实：在忽必烈所有妻子中，只有她的画像留存了下来，这幅画像是由汉人和蒙古画家联合绘制的。这无疑部分解释了为什么忽必烈晚年在决策方面会反复无常，那是因为察必的去世对他打击很大。

真金是忽必烈亲自选定的继承人，他曾精心培养他，以便将来承担大汗和中国皇帝的重任。真金的老师由当时一些最著名的人物担任，他所学习的科目从中国历史到佛教，无所不包，这一切使他完全有能力承担统治帝国的重任。然而他刚过40岁便去世了，这场变故使忽必烈心灰意懒，并使整个朝廷充满阴郁的气氛。

个人的不幸加上国内外决策的失败，使忽必烈感到沉重的压力，也使他越来越转向穷奢极欲，寻求安慰和满足。宫廷宴会变得越来越奢华。宴会菜肴是以肉食为主的蒙古菜。为了使忽必烈感到舒心，日常饭食也是精心制作且相当奢侈。煮羊肉和烤全羊是两道必上的菜，再加上其他肥腻食物作为肉食的补充。一顿典型的膳食可能包括烤羊羔肉、鸡蛋、藏红花拌生菜、烤薄饼、糖茶、马奶酒以及一种用小米做成的啤酒等。蒙古可汗历来都酗酒，而此时忽必烈也养成了这种恶习。他暴饮马奶酒和葡萄酒，使他更无法解决面对的政治危机。

他的饮食习惯也造成了健康问题。在他最后十年的生活中，他一直被肥胖病和由此带来的其他疾病所困扰。1280 年刘贯道为他画的像已经显露出他的肥胖体态，但在 13 世纪 80 年代末，他的饮食习惯真正使他陷入了麻烦。他胖得不成样子，并开始遭受痛风和其他疾病的折磨。他的酗酒习惯更加重了他的身体疾病。马可·波罗是曾亲眼看见蒙古宫廷无节制宴饮场面的人之一。忽必烈和其他许多蒙古人一样，无法节制他的酗酒习惯，特别是当他被悲痛和衰老控制的时候，更是如此。他用了各种各样的方法治疗他的病症，从东南亚的药物和医生到高丽巫师，什么都用过了，但是都没有解决问题，而他暴食暴饮的习惯依然如故。

衰老、倦怠、失望和酗酒无度终于敲响了他的丧钟。资料显示，早在 1294 年以前，他就极为沮丧消沉。他甚至拒绝接见那些按惯例来向大汗拜年的人们。他的军中老友伯颜到宫中拜访他，希望使他振作起来，但是没有成功。忽必烈的健康状况迅速恶化，在他 80 岁那年的 2 月 18 日，他死在他宫中的紫檀殿。亲王和高官纷纷来到大都表示哀悼，向忽必烈的孙子和继承人铁穆耳即后来的成宗问安。元朝廷接着召开了忽里台选举继承人，但它实际上只不过认可了忽必烈的选择而已。忽里台开始逐渐被中国式的选立皇位继承人的方法所取代，再次显示出忽必烈逐渐适应汉族习惯的努力已经成功。

忽必烈驾崩几天之后，一辆肃穆庄严的带篷大车开始向肯特山进发，忽必烈将葬在那里。他的确切埋葬地点未见记录，而且至今仍未发现。资料也未详细说明他的墓地的情况。这位亚洲乃至世界历史上最伟大的人物之一甚至没有留下一座宏伟庄严的陵墓。在当年的 4 月，他的孙子曾要求有关官员为忽必烈确定一个适当的庙号，选择适当的地点设置祭坛。他们为已故皇帝在大都以南七里的地方修造了一个祭坛，并为他上庙号“世祖”（王朝创建者）。

忽必烈走了，犹如蒙古草原上的阵阵秋风，但他取得的许许多多的成就却是值得后世赞许的。他殚精竭虑地治理世界历史上空前庞大、人口众多的帝国，而不是简单地盘剥他的帝国。虽然他是一位背负深厚游牧传统的帝王，但他却又有着独特的眼光，他努力保护帝国境内各种不同民族臣民的幸福安宁，并提升他们的利益，而这样周全的考虑在那个时代是非常罕见的。通过他所制定的一系列政治和经济政策，通过对文化和贸易活动的支持和赞助，以及对不同宗教的宽容，他试图把亚洲版图统一在蒙古的霸权之下。然而，和许多伟大的君王一样，他的帝国在他死后并没有存在很久。甚至在他还在世的时候，帝国内部的弱点便已经呈现。忽必烈对外远征的惨败、他的无节制的财政需索，以及他个人健康状况的衰退破坏了他远大的计划。他的蒙古先辈们，包括他的祖父成吉思汗，都没有过他那种统治整个已知世界的梦想，他的后继者中再也没有人曾有过这样的眼光。

第十三章

草根皇帝——朱元璋

他是父母双亡的孤儿，是苟且偷生的乞丐；他起初的一切人生理想，仅仅为了在乱世中活下去。然而，无情的现实驱使他不得不去参加起义军，却最终因祸得福地成为开国之君。他应该算是历史上故事最多的皇帝之一：自学成才、贵人相助、血洗朝廷、特务政治、无情肃贪……是英明神武的领袖奇才，还是嗜血如命的杀人狂魔？

1. 出身清贫，真龙再现

公元 1328 年，朱元璋出生在安徽凤阳的一个平民家中。据说，朱元璋的母亲陈氏怀孕时，曾经梦见有个神仙给了她一粒仙药，她拿在手中闪闪发光，于是便吃了下去。等陈氏醒来后，仍感觉满口余香。朱元璋出生时，正值夜晚，当时满屋红光，附近的邻居都以为着火了，慌忙赶来救火，当来到门口时才知道是虚惊一场。朱元璋出生后，在兄弟中排行第八，所以小名叫重八。

朱元璋的祖上世代耕田种地，他的祖父朱初一死后，家中一贫如洗，由于无法维持生计，朱元璋的父亲朱世珍（原名朱五四）只好四处漂泊，50 岁时，才定居在了濠州钟离县（今安徽凤阳）的东乡。朱元璋就是在那里出生的。朱元璋出生后，家庭依然非常穷困，由于营养跟不上，朱元璋小时候体弱多病，瘦得皮包骨头，家人都以为他会夭折。但朱元璋的父母非常迷信，认为观音菩萨能救儿子一命，于是，幼小的朱元璋就被送到了附近的皇觉寺中，并在寺里拜老和尚高彬为师。

朱元璋 10 岁时，他的父亲朱世珍因无法负担沉重的赋役，只好再次搬家，来到了太平乡的孤庄，为地主刘德种地，朱元璋便为刘德家放牛。在放牛的过程中，朱元璋与徐达、汤和、周德兴等人结识，并成为非常要好的朋友。朱元璋的长相比较特别——大鼻子、粗黑的眉毛、滚圆的眼睛，高高的脑门骨，下巴比常人长出一寸多，黑黑的脸颊透出一种威严。附近的许多孩子都听他的话。

朱元璋聪明伶俐，但很顽皮，因为曾经读过书，所以在这些伙伴中他鬼点子最多。他们在一起经常玩的游戏就是扮演皇帝和大臣。朱元璋穿破烂的衣衫，将棕树叶撕成一条条的，当作胡子粘在嘴上，没有平天冠，他就用一块木板放在头上顶着代替，然后坐在土堆上，就算是皇帝了，他的那些伙伴，每人双手捧着一木块，对他三跪九叩，还得高呼万岁。放牛娃的日子非常难，经常吃不饱，而且还要遭到主人的打骂，有时一整天都吃不到饭，饿着肚子还得放牛。

有一天，他们在放牛时，都感觉肚子饿，这时，朱元璋想出了一个自认为很好的点子，他将一只小牛犊杀掉，让大家烤着吃。很快，一只小牛就只剩下了牛皮、骨头和一条较完整的牛尾巴。肉是吃完了，但是回去之后怎么交代呢？大家犯起愁来，于是便开始相互埋怨。这时朱元璋又想到了办法，他让大家把牛骨和牛皮全部埋起来，并将地上的血迹掩盖好，然后拿着牛尾巴插到山上的岩缝里，对外就说小牛钻进了山洞，大家都拉不出来。小伙伴们都称赞这是个好主意。可想而知，如此天真的想法怎能瞒过地主刘德，朱元璋因此遭到了一顿毒打，然后被赶回了家，而他杀死小牛的债务又落到了自己的父亲身上。这件事情过后，由于朱元璋敢做敢当，而深得伙伴们的信任。

朱元璋生活在元朝末年，当时的政治腐败，官员大肆贪污，各项赋役沉重，再加上经常出现的灾荒，百姓挣扎在死亡边上。1343 年，濠州地区因为长时间没有下雨而出现了旱灾，第二年春天当地又发生了严重的蝗灾，地里的庄稼被蝗虫吃得一干二净。接下来，瘟疫又发生了，并且大肆蔓延，导致家家户户都有人死去。最多时，一个村子一天就会死掉几十人。

没多久，朱元璋的父母和大哥也因染病而在半个月内相继去世。朱元璋和二哥见亲人死去后家里不但没有钱买棺材，就连埋葬亲人的土地都没有。不禁放声痛哭，他的邻居刘继祖得知后，便给了他们一块坟地。兄弟二人又费了很大劲才找到了几件破衣服，将尸体包裹好，安葬在了刘家的土地上。

此后，每当朱元璋想起此事，仍然难以抑制心中的悲痛之情，以至于三十多年之后，他在《皇陵碑》中写道："殡无棺椁，被体恶裳，浮掩三尺，奠何肴浆！"家破人亡的惨痛，深深地震撼着朱元璋，他仿佛一下子跌进了万丈深渊。此时，他们全家人为了活命，只好分开各自逃生。

朱元璋独自一人在外流浪，在走投无路的情况下，他想起了幼时许愿舍身的皇觉寺，于是就投奔了高彬和尚。来到寺里，他剃度为僧，当了一名小行童。每日里负责打扫寺内卫生、上香、击鼓打钟、洗衣烧饭，这些活使他忙得团团转，即便如此，他还是会受到老和尚的斥责，为了活下去，朱元璋一再忍让。时间一长，朱元璋就憋了一肚子气。有一天，他在扫地时，差点被伽蓝神座绊倒，于是用扫帚顺手打了伽蓝神几下。没过多久，老鼠咬坏了大殿上的蜡烛，老和尚发现后，就当众训斥朱元璋。朱元璋心中暗想，伽蓝神管不住自己面前的东西，还怎能管理殿宇？自己因它挨了一顿骂，心中越想越气。于是，朱元璋找了支笔，偷偷在伽蓝神的背后写了"发配三千里"几个字。朱元璋到皇觉寺没多久，寺里的粮食就逐渐消耗光了，因为得不到施舍，住持高彬法师只好打发寺里的和尚们出外云游化缘。这样一来，年仅 17 岁，刚刚做了 50 天行童的朱元璋还没有学会念经、做佛事，就被安排出外化缘，开始四处流浪了。

朱元璋在外边以乞讨为生，他听人说哪里收成好就往哪里走，就这样到达了合肥，然后又折向西，进入河南，相继到达固始、信阳、汝州、陈州等地。1347 年，流浪了 3 年的朱元璋又回到了皇觉寺。在这段时间里，他走遍了淮西的大部分土地，在和当地百姓的接触中，了解了各地的风土人情，既开阔了眼界，又积累了丰富的社会经验。同时铸就了他坚毅、果敢的性格，但他残忍、猜忌的心性也是在这段时间形成的。朱元璋在外云游时，看到了百姓生活恶化的现状，再加上社会中流传“明王出世，普度众生”的说法，使他感觉到天下很快就会大乱。

于是，朱元璋开始广泛结交文人侠士，准备干一番轰轰烈烈的事业。1351年，以韩山童、刘福通为首的白莲教在颍州（今安徽阜阳）起义，当年八月，彭莹玉、徐寿辉率军在蕲水（今湖北浠水）起义。各路起义军全部用红巾裹头，所以又称为红巾军。

1352年初，郭子兴和孙德崖又在濠州兴兵起义。各地起义的消息不断传到朱元璋的耳朵里，于是他在心中暗想，在寺院里待着，很可能被元朝官军抓走，到时就会性命难保，于是便产生了投奔“红巾军”的念头，只是因为自己不了解红巾军的内部的状况，再加上元军大肆围剿，朱元璋怕他们成不了气候，因此一直犹豫不决，持观望态度。说来也巧，就在这时，朱元璋的儿时伙伴汤和给他来了一封信，声称自己在郭子兴的军队里当上了小头目，并邀请他参加义军。朱元璋在举棋不定时，他的师兄悄悄告诉了他一个消息——有人知道汤和来信邀他参军，所以已经偷偷地报了官。朱元璋分析着当前的危险形势，随后下定决心，参加了义军。

2. 招募儒士，南征北伐

朱元璋明白读书的好处，可是自己读书不多，许多事说不出道理，因此，他很尊敬有学问的读书人。也明白读书人能讲道理，出谋划策；谁对他们客气，给面子，养得好，吃得饱，就替谁出力做事。这种形式叫作“养士”，养什么似乎不大好听，不过只要养之，被养的也就不大在乎了。养士是件好事，而且，你不养，跑到敌人那儿或者被别人养去了，就会坏事。为此，他禁止部下将官和儒士交结，不许别人养士，却自己来包办，养所有肯被养的士。并且，还有一个大好处，士多半在地方上有名气，老百姓怕他也服他；养了士，老百姓也就大部分跟过来了。费用不多，好处很大。所以，每逢新占领一个地方，他必定访求这地方的读书人，不管用什么方法，也要网罗在幕府里做秘书，做顾问，做参谋。徽州的老儒朱升，告诉朱元璋“高筑墙，广积粮，缓称王”对元璋后来的事业极有影响。

朱元璋曾经屯田。龙凤四年（至正十八年，1358 年，韩宋政权年号）二月以康茂才为都水营田使，专门负责修筑河堤，兴建水利工程，恢复农田生产，供给军需；又分派诸将在各处开荒垦地，并立下规矩，以生产量的多少来决定赏罚。且耕且战，几年工夫就成绩显著，仓库都满了，军粮也够了，才明令禁止征收寨粮，人民负担减轻，足食足兵，两方面全顾到。这年十一月又立管领民兵万户府，抽壮丁，编制成民兵，农时则耕，闲时练习战斗，作为维持地方安宁的力量；而正规军专门进攻作战。这样，把作战力量和生产力量合二为一，不但加强了战斗力，也同样加强了生产力。朱元璋的这一番作为，注定了在群雄逐鹿的时代，他能成功。

外围的威胁解除后，内部的生产也有了办法，朱元璋的目标转移到浙东、浙西的谷仓。首先取得皖南诸县，巩固后方基础，再由徽州进取建德路，改为严州府，先头部队东达浦江，构成侧面包围婺州的形势。婺州是两百多年来的理学中心，号为小邹鲁，经过多年战乱，学校关门，儒生四散，兵荒马乱没有人再顾及这些。朱元璋一进城，立刻聘请当地著名学者十三人替他分别讲解经书历史，建立郡学，请学者当五经师和学正训导，其中最著名的是宋濂。受宋濂的影响，他开始接触儒学。这固然是笼络人心——尤其是对读书人是最好的方法。一个红巾军头目，宣传明王出世的明教徒，也开始请人讲孔孟的经典，在思想上是重大的转变。虽然做的是小明王的官，喊的却是复宋的口号。

婺州攻克以后，再分兵取浙东诸地。朱元璋采取各个击破的战略。浙东虽已大部平定，但是地方上有名望的几家豪族，尤其是刘基、叶琛、章溢这几个名士，原先在元将石抹宜孙幕府里的，他们都产业大，学问好，计谋多，能号召人，地方上什么事都得听这些人的话。朱元璋在这个区域建立了新政权，但是不符合他们的心意，所以都躲避不见。朱元璋千方百计逼他们出来，利用豪绅巨贾的合作，孔孟儒术的理论粉饰，从而建立自己的基业。从此以后，他受了这批儒生的影响，思想作风和儒家日益接近。

3. 平江战役，开国称帝

元至正十七年（1357 年）在攻占徽州之后，朱元璋曾亲自来到了石门山拜访老儒朱升，讨教治国平天下之策。朱升高瞻远瞩送了他三句话：“高筑墙，广积粮，缓称王。”就是说，要扩充兵力，巩固后方；发展生产，储备粮食；不图虚名，暂不称王，以减小受攻击目标。朱元璋听后连连点头。朱升的话虽不多，但是他的几个字却成了指导朱元璋夺取天下，建立大明王朝的行动纲领。

为了避免树大招风，自己被较早地暴露，在力量脆弱时被吃掉，朱元璋在形式上一直对小明王保持臣属关系，用韩宋政权的龙凤年号，打红巾军的红色战旗，就是斗争的口号也与宋政权一致不二。

朱元璋经过数年积蓄力量，开拓疆土，巩固的根据地终于建立起来，在人们不知不觉中崛起为一支足以与元末其他义军和元军匹敌的强大的义军队伍。

战争的形势瞬息万变。当朱元璋占据应天府周围地区的时候，雄踞东方的张士诚占据了以平江（今苏州）为中心的太湖流域和长江三角洲的广大富庶地区。独霸西部的徐寿辉以武昌为中心，控制了湖广、江西的大片肥田沃土。昔日还是左右逢源的朱元璋此时却处于两面夹击之中，局势相当严峻。同时，随着朱元璋军事势力的日益增强，他与各个义军割据政权的矛盾也日益尖锐起来。至此群雄逐鹿，决战天下的时刻来到了。

元至正二十年（1360 年）闰五月，徐寿辉的部将陈友谅以派人祝贺胜利的名义，在江州（今九江）杀死徐寿辉，并宣布即皇帝位，定国号为汉。陈友谅立国称帝后，马上就同张士诚合谋共同举兵，进攻应天，企图顺江而下一举消灭朱元璋的队伍。

随后，陈友谅与张士诚协商东西夹击应天，平分朱元璋的领地，消息传来，应天守军大惊。朱元璋赶紧召集众将商量应对之策，众将只是议论没有意见，只有谋士刘基在旁边默不作声，朱元璋知道他有主张，就向他征求意见，于是刘基就讲出了自己的想法：实力最强的敌人是陈友谅，所以必须集中力量彻底消灭他，因为他杀君自立，众将难以同心，而且他的士兵长时间征战也已疲惫，只要等他们深入，再以伏兵全力出击，定能取胜。

朱元璋采纳了刘基的主意，开始设计诱敌深入，为自己制造战机。朱元璋的部将康茂才与陈友谅是老相识，利用这一点，康茂才派人带上自己的书信到陈友谅的大营，信中说自己愿意在江东桥做内应，约陈前来攻击应天。陈友谅相信了康茂才，他在六月二十三日早晨，率主力舰队来到了应天郊外的江东桥，当他发现江东桥是石桥时，才知道受骗中计。再想撤退已经晚了。此时，朱元璋的伏兵群起猛攻，陈友谅损失惨重，大败而回。朱元璋乘胜收复太平，占领信州、安庆。从此陈友谅节节败退，只好逃到九江。

第二年八月，朱元璋率军向陈友谅的老巢江州进发，随即攻克江西和湖北东南部，陈友谅只好仓皇逃往武昌。正在此时，中原红巾军的内部分裂，力量大减。

至正二十三年（1363 年）二月，张士诚乘人之危，出兵进攻安丰，刘福通派人向朱元璋求救。当朱元璋率军赶到安丰时，刘福通已经战死，朱元璋救出小明王韩林儿，将他安置在滁州。正当朱元璋的主力去营救小明王时，陈友谅认为反攻时刻到了，当即率兵攻打洪都（今江西南昌）。朱元璋的侄子朱文正率领将士坚守城池 85 天，当朱元璋率兵 20 万向洪都进发时，陈友谅立即撤出军队，在鄱阳湖与朱元璋展开决战。大战持续了 36 天，朱元璋充分发挥自己船小灵活的长处，对陈军发动火攻，烧毁了陈友谅的大批战舰，陈友谅也在突围时被乱箭射死。

1364 年初，朱元璋称吴王，建立百官司属，但仍以龙凤纪年，以“皇帝圣旨，吴王令旨”的名义向外发布命令。由于张士诚在 1363 年就自立为吴王，所以历史上称张士诚为东吴，朱元璋为西吴。朱元璋称王之后，再次领兵攻打武昌，陈友谅次子陈理迫于无奈，出城投降。至此，朱元璋彻底消灭了陈友谅的势力。

此后，张士诚成为朱元璋的下一个目标。至正二十六年（1366 年）五月，朱元璋发表檄文声讨张士诚，随即出动大军展开猛烈攻势，同年十一月，杭州、湖州先后投降了朱元璋，只剩下平江这座孤城了。于是朱元璋以重兵将平江团团包围，发动了平江战役。朱元璋在城外建造了三层高的木塔楼，塔顶高过城墙，命令士兵以弓弩、火铳等不停地向城内射击，最后还以襄阳炮日夜轰城。城内惊慌失措，张士诚多次突围都没能成功。张士诚的弟弟张士信在城头督战时，还要坐在银椅上饮酒，正当他拿过桃子想要吃时，一炮打来，将他炸死。朱元璋曾多次劝降，但张士诚每次都拒绝，还下令死守平江，没有粮草时，就以老鼠、枯草为食，没有了箭，就以屋瓦为弹。

至正二十七年（1367 年）九月初八，平江城被攻破，但张士诚还在顽强抵抗，又与朱元璋的军队展开巷战。张士诚被俘后，朱元璋问话，他一句话不说，李善长问他，他就破口谩骂。朱元璋一怒之下，命卫士们将他乱棍打死，又将他的尸体烧成灰烬。至此东吴灭亡，当时张士诚47岁。朱元璋在围城的同时，派廖永忠去接小明王韩林儿到应天来，在他们渡江时，有人悄悄将船底凿漏，小明王死于江中。于是朱元璋正式宣布 1367 年为吴元年。

朱元璋在攻打东吴张士诚时，还派参政朱亮祖领兵进攻方国珍，然后又命汤和为征南将军，从宁波进攻方国珍，在平江战役快结束时，方国珍也于至正二十七年（1367 年）十二月投降。这时，朱元璋认为统一天下的时机已经成熟。

当时南方的形势为陈友定占据福建、明玉珍控制四川，广东和广西仍在元朝统治中。朱元璋与众将领细细商定北伐计划，并制定了先取山东，再占河南，回攻潼关，然后再进攻大都的计划。于是，朱元璋派徐达为征虏大将军，统率全军；常遇春为副将军，右丞薛显、参将冯胜、参将傅友德各率一支人马，全力北伐。大军出发前，朱元璋一再申明军纪，告诫众位将士，此次北伐不是为了占领地，而是为了平定中原、推翻元朝统治、将人民从痛苦中解救出来。而且他还发布了宋濂起草的告北方官吏和人民的檄文，文中提出“驱逐胡虏，恢复中华，立纲陈纪，救济斯民”的口号，这对广大汉族人民具有很强的号召力，檄文还表示，如果蒙古人和色目人愿意当新皇朝的臣民，将与中原人民一样看待。北伐军队接连获胜，很快攻占了山东诸郡及开封、河南、潼关。

至正二十八年（1368 年）八月，元朝首都大都被攻克，元顺帝慌忙带着后妃太子们出城逃向了漠北，至此统治中原 99 年的元朝灭亡了。

至正二十八（1368 年）年正月，朱元璋在应天南郊登基称帝，建国号大明，改元洪武，当时他40岁。朱元璋经过16年的艰苦征战，终于实现了自己的梦想，从一个放牛娃、小行僧，一跃成为明朝的开国皇帝。

1371年，明军收复四川。1381年，朱元璋再次出兵攻打云南，于第二年攻占大理，至此，大明基本统一了南方。1387年，朱元璋派冯胜、傅友德、蓝玉率军进攻辽东的元朝残将纳哈出，纳哈出在接连战败的情况下，投降了大明，辽东也划到了明朝的版图。至此，除了漠北草原和新疆等地，朱元璋基本上已经统一全国。

4. 反贪皇帝，治国有方

《大明律》规定“谋反”“谋大逆”者，不管主、从犯，一律凌迟，祖父、子、孙、兄弟及同居的人，只要年满16岁的都要处斩。对官吏贪污，处罚也特别重。犯有贪赃罪的官吏，一经查清，一律发配到北方荒漠中充军。官员若贪污赃银60两以上，将被处枭首示众、剥皮实草之刑。命在各府州县衙门左侧设皮场庙，就是剥皮的刑场，贪官被押到这里，砍下头颅，挂到竿子上示众，再剥下人皮，塞上稻草，摆到衙门公堂旁边，用以警告继任的官员。

朱元璋对自己制定的法律，带头实行，而且执法是相当严厉，这在中国古代封建皇帝中是少有的。他的女婿、驸马都尉欧阳伦，凭着自己是马皇后亲生女儿安庆公主的丈夫，不顾朝廷的禁令，向陕西贩运私茶，河桥巡检司的一位小吏向朱元璋告发了此事，朱元璋立即下令赐死欧阳伦，同时他还发了通敕令，表扬那位小吏不畏权贵的斗争精神。

朱元璋唯一的亲侄，开国功臣朱文正违法乱纪，他毫不留情废了他的官职。开国功臣汤和的姑夫，自以为有硬邦邦的靠山亲戚，就隐瞒常州的土地，不纳税粮，朱元璋也将他依法处死。

朱元璋当皇帝的30年中，还公开镇压了几起大贪污案，其中最大的是郭桓案。郭桓案发时为户部侍郎。洪武十八年（1385年），御史余敏等告发北京承宣布政使司、提刑按察使司的官吏李彧、赵全德等人，伙同郭桓等人贪污舞弊，吞盗官粮。朱元璋抓住线索，命令司法部门依法严加追查。这个案子后来又牵连到礼部尚书赵瑁、刑部尚书王惠迪、兵部侍郎王杰、工部侍郎麦至德等高级官员和许多布政使司的官员。贪污盗窃的钱折成粮食达2400多万石。案件查清后，朱元璋下令将赵瑁、王惠迪等人弃尸街头；郭桓等六部侍郎及各地方布政使司以下的官员有上万人被处死；有牵连的官吏几万人被逮捕入狱，严加治罪。各地官员卷入这个案件的下级官吏、富豪，被抄家处死的不计其数。

朱元璋极为重视设立与推行各种基础制度。突出的人才是难以复制的。比如像常遇春那样的，永远只有一个。但制度不同，其核心的基本精神和环节完全可以一环一环地复制到另一个区域，在更为广大的区域取得成绩。所有的军队，都有同样严明的纪律和构成，也就有了相似的战斗力。

朱元璋在战斗年代与大臣总结出来的制度框架，随着势力的扩张，施行范围也逐渐也扩展，保证了国家的稳固。可以肯定，他的这种领导形式非常成功。朱家军新收编的军队，同样效忠于朱元璋，新攻下版图的百姓，个个都对朱元璋称臣，他的号令自南京出，而势力所到之处，没有不遵从。正是如此，他才能从一个十夫长，逐步地使影响力、控制力不断增加、膨胀，直到建立明帝国。

简单地说，重视制度的创设才是朱元璋成功的基础所在，也是明朝得以立国几百年的关键。早在他刚攻占南京不久，他与察罕通好，察罕派张昶等为使臣南下，等使臣们到达南京（那时还叫应天），事情已经起了大变化，察罕已经被刺身亡。朱元璋发怒，将另一个使臣杀了，只留下张昶，因为张昶非常熟悉典章制度，对于元朝制度方面的事例了如指掌，朱元璋把他当成座上宾，委以重用，他对于明朝在元制基础上建制起到了重要作用。

后来，在谋士的协助下，朱元璋在其势力范围之内设立几项关键制度，如官吏、治安、收税。战乱时候，税收往往忽略，但“巧妇难为无米之炊”，战争之中，要想打赢，除了要有安稳的后方，要有良将猛士之外，后方的补给很重要。当时的红巾军之所以被称为贼，与其中不少打仗与杀掠常常捆绑在一起都有关系。攻城之后的杀掠，朱元璋一向反对，他深知，光靠打家劫舍这样的土匪行径是不会长久的。在平定浙东之前，朱元璋就曾告诫诸将千万不可滥杀，他说：“克城以武，戡乱以仁。吾入集庆，秋毫无犯，故一举而定。”

朱元璋在李善长的协助下，建立了有效而不会过于扰民的生财之道，收两淮盐税，立茶法，按元朝旧例进行改革，除去元朝的重税，这样规范了收税制度，保证了府库充盈，有了钱，打起仗来军饷无忧，心中不慌，占领新城池之后，也就可以禁止纵兵抢掠，使老百姓对于朱家军还是能接受的。相反，时不时地免去一些地方特别是新攻下城池、受灾之处的租税，也能收揽民心。

在治理百姓的法律制度方面，开始，朱元璋以为乱世当用重典，后来认为原来的法律“连坐三条”太过严苛，于是李善长、刘基制定法律条文，向统治区域内外宣布，起到了非常好的效果。

朱元璋的体制改革是首先从地方机构开始的。元朝地方设置的行中书省，是从中央的中书省分设出来的。职官的设置同中央中书省一样，掌管着一个省的军政、民政、财政和司法等大权。实际上一个行中书省，就是一个小独立王国。想当年，朱元璋也做了韩宋王朝几年行中书省的丞相，所以他对元代设置行中书省的弊端看得最深切。

朱元璋于洪武九年（1376 年），下令废除了地方上的行中书省，改设承宣布政使司，简称布政司。布政司设左、右布政使各一人。其权力范围也只限于民政和财政，按照皇上的意志管理地方政事。当时全国共设 13 个布政司。同时，地方上还设置了管理军事的都指挥使司和管理司法的提刑按察使司。3 个机构彼此既各自独立，又相互牵制，同时直接听命于朝廷的指挥。

实现了对地方行政机构的改革之后，朱元璋又开始集中精力改革中央政府机构。首先是对总揽天下政事的中书省实行改革。本来中书省在中央的各个权力机构当中，位置最高。其行政长官左、右丞相，又负有统率百官之责。这样君权与相权，皇帝与丞相的矛盾最易激化。明初的第一任左、右丞相分别是李善长和徐达。李善长为人处世，向来以小心谨慎；徐达则较多时间是带兵征战在外。他们都没有与朱元璋形成大的矛盾冲突，但相位传给胡惟庸后，事情就发生了变化。

胡惟庸是开国第一号功臣李善长的女婿。他倚仗着李善长这个后台当上了左丞相，在朝中大权独揽，独断专行。官员升降、生杀大事，都自作主张，不向朱元璋请示；朝野内外的报告，凡对自己不利的俱不上报；想做官、升官的人，失意的功臣、武将，都投奔他的门下；收受金银、绢帛、名马、玩物不计其数。他四处网罗自己的党羽，培植自己的亲信，组织自己的小集团，打击异己力量，称霸天下。

胡惟庸如此胡作非为，不仅危及明王朝的安定，而且和权力欲极强的朱元璋，也必然会发生尖锐的冲突。朱元璋下决心寻找机会要除掉这个心腹大患，以巩固皇权。一天，胡惟庸的儿子乘马车在南京城里招摇过市，不小心从车上跌下摔死了，胡惟庸让车夫偿命。朱元璋知道后，十分气愤，他非要胡惟庸偿命不可，胡惟庸请求向车夫家人赔偿金帛以了此事。朱元璋坚决不准。胡惟庸听了十分紧张，就有了政变的决心。

洪武十三年（1380年）正月，胡惟庸入奏，诡称其住宅中井出醴泉，请朱元璋去观看。朱元璋好大喜功，信以为真，也就匆匆驾车出西华门。他正行进中，突然内使云奇冲上跸道，拦住车马，慌忙中一时说不出话来。朱元璋以为不敬，即令左右侍卫棍棒乱下。顿时，云奇右臂被砸断，生命垂危。但他仍用左手直指胡惟庸的宅第摇晃。朱元璋猛悟，急忙返驾登城，远远望见胡惟庸宅第中藏有伏兵，以此定胡惟庸谋逆，立即发御林军逮捕胡惟庸，将其抄家灭族。同时宣布撤销中书省，罢除丞相，提高吏、户、礼、兵、刑、工等六部的地位。由六部分理朝政，直接对皇上负责。并且规定，后代皇帝不得再立丞相，大臣中如果有奏请再立者，将处以重刑。

胡惟庸被诛后，朱元璋顺藤摸瓜，借题发挥，将那些行为跋扈的、心怀不满的、危及皇家统治的，统统罗织为胡党罪犯，处死抄家。胡惟庸案株连蔓引，先后持续了数年，前后共杀掉了官员3万多人，连位居“第一勋臣”，已经年迈在家养老，77岁的李善长及全家70多口人也一齐被杀。

5. 血腥杀戮，巩固皇权

为了巩固皇权，朱元璋大肆杀害有功之臣，使皇太子朱标非常反感他曾进谏说：“陛下诛戮过滥，恐伤和气。”朱元璋听后，当时没有说话。第二天，太子前来拜见时，朱元璋故意在地上放了一枝长满刺的荆棘，并命太子将其捡起。朱标怕刺手，没有马上去捡，朱元璋便说:

"你怕刺手不敢去捡，等我把这些刺都去掉，再交给你，这难道不好吗？我杀的这些人，都将会对国家造成危险，现在除去他们，你才能坐稳江山。"他没想到，朱标却说："有什么样的皇上，就有什么样的臣民。"朱元璋一听大怒，站起来，拿起椅子就扔向朱标，朱标赶紧逃走了。

为了更好地控制文武大臣，朱元璋设置了专门的机构，并于1382年将负责管辖皇帝禁卫军的亲军都尉府改为锦衣卫，由皇帝直接指挥，锦衣卫具有侦察、缉捕、审判、处罚罪犯等权力，它设有自己的法庭和监狱，俗称"诏狱"，诏狱里有各种酷刑：剥皮、抽肠、刺心等。朱元璋还曾经让锦衣卫在朝廷上执行过廷杖，许多大臣都惨死杖下，工部尚书薛禄就是被活活打死的。

除此之外，朱元璋派出了大量名为"检校"的人员，遍布朝野上下。在一次早朝上，朱元璋问大学士宋濂昨天是否在家喝酒，请了哪些客人，宋濂都如实回答。朱元璋听后很满意地说："你果然诚实，没有欺骗朕。"著名儒士钱宰被征到朝中负责参编《孟子节文》，有一天，他在回家途中，随口吟道："四鼓冬冬起着衣，午门朝见尚嫌迟。何日得遂田园乐，睡到人间饭熟时。"结果在第二天的早朝上，朱元璋就问钱宰："你昨天的诗很不错，不过朕可没有'嫌'迟，改作'忧'字如何？"钱宰一听，吓得浑身直抖，急忙跪倒在地磕头请罪。

朱元璋继废中书、罢丞相之后，又对中央监察、审判机关进行了一系列的改革和调整。原先，中央的监察机关称御史台。洪武十四年（1381年），朱元璋改为都察院，下设13道，110名监察御史。其职权是纠劾百官，辨明冤枉。凡是大臣奸邪，小人构党，擅作威福，扰乱朝政的；或是贪污舞弊，心术不正，变乱祖制的都要检举弹劾。这些监察御史本来只是七品官，但在朝可监察一切官僚机构，出使到地方则是代表皇帝，小事立断，大事可直接报告皇上裁决。

经过这样一番改革整顿，朱元璋确实是强化了皇权。但皇帝的政务也随着繁重起来了。过去政务有丞相协助，现在朱元璋一人独揽大权。事无巨细，从清早至深夜，他绝大部分时间都用在处理政务和批阅文件上，就连吃饭他也在想着政务，每想到一事，就顺手写在纸上，别在衣服上。有时事情记得多了，挂得满身都是纸，待上朝时就一一处理。

政务的纷繁使朱元璋喘不过气来，长此下去，一旦朱元璋的身体支撑不住，军国大事就要被延误。为此朱元璋于洪武十五年（1382 年），设置了华盖殿、文华殿、武英殿、文渊殿、东阁等殿阁大学士，由品级比较低的编修、检讨、讲读等官来充任，以帮助朱元璋阅读奏章，处理起草文书，以备顾问。这样，昔日的忙乱现象逐渐改观。

朱元璋发迹于红巾军，称帝后自然特别重视加强对军队的控制管理。原统领全国军队的是大都督府，朱元璋任命自己的亲侄儿朱文正为大都督，为全国最高的军事长官。后来朱元璋觉得大都督府权力太大，便于洪武十三年（1380 年），在废中书省的时候，把大都督府也一分为五。设立了左、右、中、前、后五军都督府，分统全国军队。各都督府只管军籍、军政，没有指挥和统率军队的权力。只有兵部有颁发军令、铨选军官之权，但是也不能直接指挥和统率军队。发生战事需要指挥调动军队时，由皇帝亲自任命军事统帅，兵部颁布调兵命令。战事结束后，军归卫所，主帅还印。

经过这样一番改革，避免了悍将跋扈、骄兵叛乱的弊端，更重要的是军权集中到了自己的手中。不过朱元璋对将领们还是不放心。后来他又采取分封藩王的制度，把他的儿子分别封到各重要藩镇去做亲王，用以监视控制各地的军事将领。这些分封的藩王按规定都配有护卫兵，少者有 3000 多人，多的可达 1.9 万多人。他们还有指挥当地卫所守镇兵的大权。遇有突发事件，封地里的卫所守镇兵，在接到盖有皇帝御宝文书的同时，还必须有藩王的令旨，才能调动将领。

在1370年，朱元璋下令设科取士，并规定将八股文作为取士的标准，以“四书”“五经”为题，作答时必须依照古人的思想，不允许将个人的见解掺杂在其中。考试的目的就是培植为专制君主服务的奴才，这就极大地限制了人们的思想。对于不肯合作的知识分子，朱元璋就想方设法加以镇压。由于他出身农家，又做过和尚，所以非常忌讳“光”“秃”等字眼，连“曾”和与“僧”读音差不多的字也不喜欢听，为此有许多人因犯了忌讳而送命。在《谢增俸表》中，有一句话叫“作则帝宪”，杭州府学徐一夔解释为“光天之下，天生圣人，为世作则”等语，朱元璋得知后硬说文中的“光”是指光头，“生”是僧，是骂他曾经做过和尚，“则”是骂他做“贼”，因此而严惩了徐一夔。

据说，在一年的灯会上，朱元璋发现一则灯谜：上面画了一个坐在马背上的女子，怀里抱着一个大西瓜，而马蹄画得特别大。为此，朱元璋非常生气，认为这是有人故意在暗讽马皇后是个大脚，于是命人追查此事，最后将作灯谜的人杖责至死。这段长达13年的文字狱，造成了人人自危、不敢提笔的局面，致使文官们纷纷上书请求设计出一种标准的文牍措辞，以免因犯忌而受到惩处。

朱元璋的晚年生活十分孤寂。因为他最心爱的马皇后在洪武十五年（1382年）八月病逝，当时他非常悲痛，并且再也没有立后。洪武二十五年（1392年），太子朱标又英年早逝，朱元璋受到沉重的打击，思想有了很大的转变。在多年的征战和国事操劳中，他的身体也越来越差，而他唯一的愿望就是迁都，但是没有实现。他曾经写道：“朕经营天下数十年，事事按古就绪。维宫城前昂后洼，形势不称。本欲迁都，今朕年老，精力已倦，又天下初定，不欲劳民。且兴废有数，只得听天。惟愿鉴朕此心，福其子孙。”朱元璋的这番话，一语双关，不单指迁都未果，其中也隐含了自己凄凉的晚年生活。

洪武三十一年(1398年)闰五月，朱元璋在应天皇宫病逝，终年71岁。

死后葬于孝陵，谥号“圣神文武钦明应运俊德成功统天大孝高皇帝”，庙号“太祖”。

第十四章

夺权野兽——朱棣

他是一个雄才大略的君主，但是，雄才大略也伴随着一些其他的弊病。他缔造了众多空前的壮举，但却耗费了空前的民脂民膏；他开拓了空前辽阔的疆域，却使无数的将士战死沙场；他继承和开拓了朱元璋的事业，但却篡夺了侄子的皇位，而且杀戮无数。几百年过去了，今人又该如何评价……

1. 叔侄争位，靖难之役

朱元璋死后，他的孙子朱允炆继承皇位，称建文帝。但朱允炆登基不久，他的叔叔朱棣就为争夺皇位而发动了“靖难之变”，燕王朱棣以“清君侧之恶”的名义举兵反抗朝廷，经过4年的艰苦征战，建文帝战败，下落不明，朱棣登基，改年号永乐。

由农民起义领袖登上皇位的朱元璋，为了确保朱明王朝千秋万代地统治下去，一方面加强君主专制统治，把军政大权牢牢地掌握在皇帝一人手中；另一方面，想方设法加强皇室本身的力量，其具体的办法就是分封诸王。他把自己的24个儿子和1个从孙封为亲王，分驻全国各战略要地，想通过他们来屏藩王室。朱元璋是这样说的：“天下之大，必建藩屏，上卫国家，下安生民，今诸子既长，宜各有爵封，分镇诸国。”

从全国来看，这些封藩主要有两类，一是腹里，二是边塞要地。受封诸王在自己的封地建立王府，设置官属，地位相当高，公侯大臣觐见亲王都得伏身拜谒，无敢钧礼。每一个藩王食粮万石，并有军事指挥权，于王府设亲王护卫指挥使司，辖军三护卫，护卫甲士少者3000人，多者1.9万人。边塞诸王因有防御蒙古贵族侵扰的重任，所以护卫甲士尤多。北平的燕王朱棣拥兵10万，大宁的宁王“带甲八万，革车六千”。他们在边塞负责筑城屯田、训练将兵、巡视要害、督造军器。晋王、燕王多次出塞征战，打败元朝残余势力的军队，尤被重视，军中大将皆受其节制，甚至特诏二王军中小事自断，大事才向朝廷报告。尤其是燕王，由于功绩卓著，朱元璋令其“节制沿边士马”，地位独尊。

随着藩王势力的膨胀，势必构成对中央政权的威胁。在朱元璋大封诸王的时候，有个叫叶伯巨的人指出，藩王势力过重，数代之后尾巴会大得甩不掉，到那时再削夺诸藩，恐怕会酿成汉代“七国之叛”、西晋“八王之乱”的悲剧，提醒朱元璋“节其都邑之制，减其卫兵，限其疆土”。朱元璋不但听不进劝告，反而把叶氏抓进监牢，被囚死在狱中。事态的发展速度，远远超出了叶伯巨的预料，中央政权与藩王之间的矛盾，没有到数世后，在朱元璋死后就立即强烈地爆发了。

洪武二十五年（1392 年）太子朱标病死，朱元璋立太子的嫡子朱允炆为皇太孙。洪武三十一年，朱元璋去世，朱允炆即帝位，称为建文帝。朱允炆在做皇太孙时，就对诸藩王不满，曾与他的伴读黄子澄商量削藩对策。即帝位后，就采纳了大臣齐泰、黄子澄的建议，决定先削几个力量较弱的亲王的爵位，然后再向力量最大的燕王朱棣开刀，并令诸亲王不得节制文武将吏。皇族内部矛盾由此迅速激化。建文帝让人监视朱棣，并打算乘机逮捕他。朱棣得到这一消息，立即诱杀了前来执行监视逮捕任务的将臣，于建文元年（1399 年）七月起兵反抗朝廷。

朱元璋当政时，恐权臣篡权，规定藩王有移文中央索取奸臣和清君侧的权利，他在《皇明祖训》中说：“朝无正臣，内有奸逆，必举兵诛讨，以清君侧。”朱棣也以此为理由，指齐泰、黄子澄为奸臣，须加诛讨，并称自己的举动为“靖难”，即靖祸难之意。因此，历史上就称这场朱明皇室内部的争夺战争为“靖难之役”。

朱棣起兵不久，即攻取了北平以北的居庸关、怀来、密云和以东的蓟州、遵化、永平（今河北卢龙）等州县，扫平了北平的外围，排除了后顾之忧，便于从容对付朝廷的军队。

经过朱元璋大肆杀戮功臣宿将之后，朝廷早已无将可用，朱允炆只好起用年近古稀的幸存老将耿炳文为大将军，率军 13 万伐燕。建文元年八月，师至河北滹沱河地区。燕王在中秋夜乘南军不备，突破雄县，尽克南军的先头部队，继而又于滹沱河北岸大败南军的主力部队。建文帝听到耿炳文军败，根据黄子澄的推荐，任李景隆为大将军，代替耿炳文对燕军作战。

李景隆本是纨绔子弟，根本就不懂得用兵，“寡谋而骄，色厉而馁”。九月，李景隆至德州，收集耿炳文的溃散兵将，并调各路军马，共计50万，进抵河涧驻扎。当朱棣侦知李景隆军中的部署后，笑着说：“兵法有五败，李氏全犯了，其兵必败无疑，这就是政令不修，上下离心；兵将不适北平霜雪气候，粮草不足；不计险易，深入趋利；求胜心切，刚愎自用，但智信不足，仁勇俱无；所部尽是乌合之众，且不团结。”为了引诱南军深入，朱棣让姚广孝协助世子朱高炽留守北平，自己亲率大军去援救被辽东军进攻的永平，并告诫朱高炽说：“李景隆来，只宜坚守，不能出战。”卢沟桥的守兵被朱棣撤走。

朱棣这一招果然灵验，李景隆听说朱棣率军赴援永平，就率师于十月直趋北平城下。经过卢沟桥时见城中没有守兵，禁不住欢喜，说：此桥都不守了，看来朱棣是无能为力了。这时朱高炽在北平城内严密部署，拼死守卫。李景隆则号令不严，指挥失当，几次攻城，皆被击退。南军都督瞿能曾率千余精骑，杀入张掖门，但后援不至，只好停止进攻。又因李景隆贪功，要瞿能等待大部队一起进攻，错过了时机。燕军因此得到了喘息的机会，连夜往城墙上泼水，天冷结冰，待到次日，南军也无法攀城进攻了。

朱棣解救永平之后，率军队直接攻打大宁（今内蒙古宁城西）。大宁为宁王朱权的封藩，所属朵颜诸卫，多为蒙古骑兵，骁勇善战。朱棣攻破大宁后，挟持宁王回北平，合并了宁王的部属及朵颜三卫的军队。朱棣带着这些精兵强将于十一月回师至北平郊外，进逼李景隆军营。燕军内外夹攻，南军抵挡不住，李景隆乘夜率先逃跑，退至德州。次日，士兵听说主帅已逃，“乃弃兵粮，晨夜南奔”。

建文帝为大臣所蒙蔽，反而奖励打了败仗的李景隆。建文二年（1400年）四月，李景隆会同郭英、吴杰等集合兵将60万众，号称百万，进抵白沟河（今河北雄县北）。朱棣命令张玉、朱能、陈亨、丘福等率军10余万迎战于白沟河。战斗打得十分激烈，燕军一度受挫。但南军政令不一，却不能乘机扩大战果。燕军利用有利时机，力挫南军主将，南军兵败如山倒。李景隆再次退到德州。燕军跟踪追到德州。五月，李景隆又从德州逃到济南。朱棣率燕军尾追不舍，在济南打败李景隆率领的立足未稳的十余万军。济南在都督盛庸和山东布政使铁铉的死守下得以保住。朱棣围攻济南三月未下，遂撤回北平。李景隆一败再败，建文帝这才撤免了他的大将军职务，盛庸取代了他的将军职位。

建文二年九月，盛庸率兵北伐，十月，至沧州，被燕军打败。十二月，燕军进至山东临清、馆陶、大名、汶上、济宁一带。盛庸率南军驻于东昌（今山东聊城），严阵以待。燕军轻敌，被南军大败，朱棣的亲信将领张玉死于战阵，朱棣自己也被包围，得到朱能援军接应才得以突围。东昌战役是双方交战以来，南军取得的第一次大胜利。兵败后，朱棣总结说："东昌之役，接战即退，前功尽弃，今后不能轻敌，不能退却，要奋不顾身，不惧生死，打败敌手。"

建文三年（1401年）二月，朱棣率军出击，先后于滹沱河、夹河、真定等地打败南军。接着，又攻下了顺德、广平、大名等地。燕军夺得的城池虽多，但往往得而复失，不能巩固。正在朱棣为此苦恼的时候，却在南京宫廷里送来了南京城空虚宜直取的情报，朱棣据此决定举兵南下，直接攻打京城。

建文四年（1402年）正月，燕军进入山东，绕过守卫严密的济南，破东阿、汶上、邹县，直至沛县、徐州。四月，燕军进抵宿州，与跟踪袭击的南军大战于齐眉山（今安徽灵璧县境），燕军大败。双方相持于淝河。在这次决战的关键时刻，建文帝受一些臣僚建议的影响，把徐辉祖所率领的军队调回南京，一下就削弱了前线的军事力量，南军粮运又为燕军所阻截，于是燕军抓住时机，大败南军于灵璧，仅俘获南军将领即几百人。自此，燕军士气大振，南军气势减弱。朱棣率军渡过淮水，攻下扬州、高邮、通州（今江苏南通）、泰州等要地，准备强渡长江。

建文帝曾想以割地分南北朝为条件议和，燕王拒绝了。六月初三，燕军自瓜洲渡江，十三日进抵金川门，守卫金川门的李景隆和谷王朱橞开门迎降。燕王进入京城，文武百官纷纷跪迎道旁，在群臣的拥戴下即皇帝位，是为明成祖，年号永乐。历时四年的“靖难之役”以燕王朱棣的胜利而告终。

2. 清除异己，暴虐无道

朱棣登基之后，朱棣先下令清宫三日，将服侍过建文帝的宫人、女官和太监全部杀死。接着，就是对不肯归降自己的建文帝旧臣展开大肆杀虐。又先后解除了各路藩王的兵权，为了铲除异己，他实行了史无前例的“诛十族”“瓜蔓抄”等残酷暴行，逐渐巩固了中央集权。与此同时，朱棣兴修水利，大力发展农业，先后免去了山东、北平、河南等州县的三年赋役，对内完善内阁制度，整顿吏治，善用人才。

永乐四年（1406 年），为了迁都北平（北京），他下令重新修建北京城，并于永乐十九年（1421 年）迁都北京。在这期间，他还下令编纂《永乐大典》，整修京杭大运河。为了边疆长治久安，任命奴儿干为指挥使司，负责管辖黑龙江、乌苏里江、库页岛等地。为了宣扬国威，派遣宦官郑和六次出使西洋，同 30 多个国家建立了友好关系，促进了贸易发展，使明朝威名远扬。朱棣自己还曾亲自率军 5 次远征漠北，基本上解除了北方边患，保证了全国的统一与安定。

燕王朱棣攻陷南京之前，两名主张削弱燕王势力的顾命大臣齐泰及黄子澄，看出南京城将被攻破，曾经设法逃出南京。据说，齐泰将自己的白马用墨水涂黑，但他在出城时，由于马匹出的汗是黑色而被朱棣抓获。黄子澄逃到苏州，组织义军反攻朱棣，但是以失败告终，他也因此被抓。朱棣以叛国罪对黄子澄施行残酷的凌迟。

兵部尚书铁铉被捕后押在大牢中，朱棣提审他时，他见了朱棣却站立着坚决不肯下跪，朱棣问话，也遭到了他的谩骂。朱棣勃然大怒，命差人将他的耳鼻割下来，等煮熟后再硬塞到他嘴中，而且还问他是什么滋味。铁铉厉声回敬道，忠臣孝子的肉要比叛逆奸贼的肉好吃。朱棣当即又命人将他一刀一刀地割死。可见其残忍程度。还将他 80 多岁的父母流放海南，儿子流放河池，逼迫妻子和两个女儿去充当妓女。

据说，建文帝失踪后，文学博士方孝孺穿着孝服，边哭建文帝边走入宫中，朱棣将其打入大牢。过了几天，朱棣登基需要草拟诏书，便命他代笔，但方孝孺却将笔折断后扔在地上，并哭骂道："乱臣贼子，要杀就杀，我是绝不会替你写诏书的。"朱棣却问他："你是不怕死，但你连自己的九族都不顾了吗？"方孝孺愤声说："你就是灭我十族，我也不在乎。"说完，捡起地上的笔随手写了几个大字，朱棣仔细一看，写的竟是"燕贼篡位"，朱棣盛怒之下，令人将方孝孺磔杀，同时将与方孝孺有联系的十族 873 人全部处死。对于归降自己的大臣，如杨士奇、杨荣、杨溥等人，朱棣既往不咎，量才录用。对于帮助自己夺取皇位的宦官，他也给予前所未有的权力。

御史大夫景清前去刺杀朱棣被捕，朱棣残忍地命人用铁刷子把他的肉刷掉，把骨头打碎，而且还实施了瓜蔓抄，这种瓜蔓抄比灭十族还要残忍，在当时也更为广泛，稍被牵连就会被实施。

朱棣初年，残害的朝廷旧臣多达万人。由于牵连太广，百姓怨气极大。朱棣为了掩盖自己的暴行，想了好多办法。永乐二十二年（1424年），在甲辰科举考试中，状元应该是孙日恭，但朱棣认为这个名字不好，日恭两字落在一起就是暴，有损大明形象。当时，有名考生叫邢宽，因为和刑宽谐音，朱棣为了显示其量刑以宽、昭示仁德的治理方针，就将邢宽点为状元。

朱棣的暴虐使朝中大臣都异常畏惧，上朝的时候都不敢直言，中央集权因此得到加强。但是，政治决策中出现的偏差时却无法调节，在此情况下，朱棣的宠臣和内宫太监逐渐掌握了大权。

朱元璋年间废除的锦衣卫，但是在永乐年间又得到恢复，锦衣卫能够侦察皇帝以下的任何人，并可以直接逮捕及审讯官员和平民，刑部和大理寺无权改变锦衣卫的审判，当锦衣卫的指挥使纪纲被处死后，宦官得到朱棣的倚重。

永乐十八年，朱棣又开设东厂，权力大于锦衣卫，职责是“缉访谋逆妖言大奸恶”。东厂归司礼监管理，东厂提督由司礼监秉笔太监充任，称为督主，有关防一颗（类似于现代的公章），篆文是“钦差总督东厂官校办事太监关防”。这就使得宦官外出办事，都拥有“钦差”的身份。东厂活动的范围极广，上自文武百官，下至平民百姓。但是，东厂人员常常徇私枉法，成为“内戚、中宫泄愤报怨”的机构。自此，厂卫祸乱朝纲，加大了君臣之间的猜忌和隔阂，造成宦官和朝臣之间的严重的冲突，以致“士大夫不安其职，商贾不安于途，庶民不安于业”，宦官掌权的机会增多，为后期宦官乱政埋下祸根。

3. 文治武功，兴盛一时

明成祖朱棣刚即位的时候，为了加强对东北边境地区的管理，于1403年派邢枢偕同知县张斌率领部分军队跋山涉水，行程将近万里，前往奴儿干，吉烈迷部落的首领被招降。永乐七年，奴儿干首领忽剌修奴率领许多部落首领朝见明成祖朱棣，希望明朝能在奴儿干设“元帅府”，明成祖根据当时形势的需要，决定在奴儿干设立都指挥使司，成为明政府在黑龙江、乌苏里江流域设置的最高地方行政机构。康旺、王肇舟、佟答剌哈分别被任命为都指挥同知、指挥佥事等官职，他们在钦差内官亦失哈的率领下，一同前往奴儿干任职，身为都司的主要官员最初为流官，后来可以世袭。

同时，沿江均有驿站，方便各类物资的运输，当时各部落都向明朝进贡，贡奉当地的特产，如海东青、貂皮等。随后在都司的职务下又设置经历司一职。自奴儿干都指挥使司建立之后，明政府在奴儿干的驻军最多的时候达到三千人，最少也不低于五百人。奴儿干都指挥使司的设立，加强了各族人民之间政治、经济、文化的交流，同时也促进了当地社会经济的发展，为明朝统辖东北边境地区的发展做出了重大贡献。

朱棣在注重武力统治国家的同时，在文治上也有很高的成就。永乐元年（1403年）令大臣解缙着手编纂《文献大成》，第二年完成。永乐三年（1405年），朱棣再次下令重修，历时三年多完工，将其命名为《永乐大典》，共二万二千九百三十七卷，一万一千零九十五册，三亿七千多万字，集中八千余种图书，按《洪武正韵》将相关资料进行整编，按韵分列单字。在每一单字下面都有音韵和详细的训释，并有篆隶楷草各种字体，字的下面有相关人物、事件、号令文章、诗词歌赋、山川河流、天文地理、制度名物之类的收载，《永乐大典》只是对古代的书集做了收集、整理和分类，没有进行大的改动。鉴于内容丰富，被后人誉为古代类书之冠。

朱棣在做藩王时极力反对建文帝削藩，可但他执政后，也认为藩王势力太强，对皇权构成了威胁，于是他也开始削藩。朱棣倚仗手中的重兵，强行解除了各藩王的兵权，并将他们或迁往南方，或贬为庶人。削藩成功后，明成祖的政权逐渐得到巩固，于是决定迁都北平，并于永乐四年（1406年）下诏营建北京城和建造紫禁城，并征用30多万工匠，百万名民工。修建所用的材料来自全国各地，有四川、两广等省的楠木、东北的松木、苏州的金砖、房山大石窝的汉白玉、河北蓟县盘山的艾叶青石等，经过长达四年的时间才建成。故宫的建筑布局遵循《周礼·考工记》：前朝后寝、左祖右社。前朝以太和殿、中和殿、保和殿为中心，是皇帝召见文武百官的地方。后寝以乾清宫、交泰宫、坤宁宫和御花园为中心，是后妃居住的地方。左祖右社，就是午门的东侧为皇帝祭祖的场所太庙，西侧为皇帝祭社稷的地方社稷坛。城周长四十五里，城内以皇宫为中心，形成从正阳门、天安门、午门、三大殿到钟楼的南北走向的中轴线。城中的重要干道都是南北走向，小巷以东西向为主，整齐严肃，城市规划建筑达到了一定的规模。北京因此成为中国历史上城市建筑的典范。1421年，明成祖朱棣正式迁都北京。

由于边境上经常受到外族的骚扰，明成祖下令重新修筑万里长城（现在所见的长城就是明代修建的）。永乐十年，明成祖开始亲率大军北征。在元朝被推翻之后，元朝皇族退回蒙古草原，但他们仍保持元朝的国号，继帝位者仍称为皇帝，所以历史上叫作北元。到建文四年（1402年）的时候，才开始废除元朝的国号，改称鞑靼，皇帝再次改称可汗。但是元朝统治者在中原统治失败后，内部已经出现了分裂，早在明朝初年的时候，就已经分裂为鞑靼、瓦剌和兀良哈三大部。鞑靼部居住在今鄂嫩河、克鲁伦河以及贝加尔湖一带。瓦剌部居住在今科布多河、额尔齐斯河和准噶尔盆地一带。兀良哈部居住在今兴安岭以东，松花江以西，呼伦湖以南，西剌木伦河以北。

永乐七年（1409年），明成祖派遣使臣与鞑靼通好，但是被鞑靼杀死。明成祖大怒，立即发兵讨伐鞑靼，但是被鞑靼击败。第二年，明成祖第一次亲率50万大军北征，在现在的鄂嫩河沿岸击败鞑靼主力军，鞑靼归降明朝。鞑靼首领阿鲁台被封为和宁王。瓦剌与鞑靼矛盾严重，曾攻杀鞑靼可汗，后又准备进攻明朝。明成祖于永乐十二年（1414年）第二次北征，大败瓦剌军于忽兰忽失温（今乌兰巴托东）。瓦剌请降，明封其首领脱欢为顺宁王。鞑靼后来又兴兵南下侵犯明的边区，明成祖连续北征，鞑靼也都北撤，未发生战斗。

1424年，已经65岁的朱棣下令第五次北征。他在身患风痹的情况下仍坚持亲自领兵，来到了人烟稀少的荒漠，此次出征根本没有看到鞑靼军，只能算是一次出巡。大军在返回途中，明成祖的病情突然加重，于是他召见英国公张辅立下遗嘱——太子朱高炽继位。

1424年7月17日，明成祖朱棣在榆木川（今内蒙古多伦县西北）病逝。终年65岁，在位25年。葬于北平（北京昌平天寿山长陵），被谥为“孝文皇帝”，庙号“太宗”，1538年，嘉靖帝将朱棣的庙号改为“成祖”，历史上又称为“永乐皇帝”。

4. 强化集权，为民造福

朱棣刚即位时，全国的政治局势是严峻的。由于朱元璋在强化君主专制时，滥用刑罚，大戮杀臣，明初的君民关系、君臣关系本来就相当紧张。朱棣本身又是以武力夺取到皇位的，从封建正统观念角度看，这是大逆不道的行为，因此朱允炆的一部分臣属不遵从他的领导，另一些人则持观望态度。此外，许多藩王手握重兵，对他的皇位也是一个潜在的威胁。为了解决这些问题，消除不安定的因素，巩固自己的统治，朱棣在政治上进行了一系列调整和改革。

朱棣认为，“致治必资贤才”，必须团结、依靠一大批贤明能干的臣僚，才能达到天下大治。但是，要想让臣僚乐于尽心效力，君主对他们就必须以诚相待，否则，君主对臣僚心存疑忌，谁还会尽力？所以即位后，朱棣强调要推诚任贤。对于跟随他起兵夺位的“靖难”功臣，则厚加赏赐，妥善安排，同享安乐。即使是对朱允炆的故吏，坚决站在朱允炆一边的，他也尽力争取，一旦他们真心归附，他都既往不咎，量才录用。

入宫时缴获的1000多份建文朝的大臣奏章，朱棣下令留下涉及军马钱粮数目的，其余的通通销毁。他问身边的几个朱允炆旧臣：“里面大概也有你们的奏章吧？”有人回答:“我真的没有写过。”他说:“你认为没有上过奏章，就算贤明吗？食其禄则思任其事，当国家危急之际，左右大臣都无一言行吗？朕不痛恨那些效忠于建文帝的人，而是痛恨那些诱导他破坏祖宗法制的人。你们过去做他的大臣就自应对他效忠，现在做朕的臣下则当效忠于朕，过去的事就不必再提了。”意思很明白，只要现在愿意为朱棣服务的，他就既往不咎。他不仅这样说，确实也是这样做的。

郑赐原先任北平参议，在朱棣手下办事非常卖力，朱允炆后来提拔他为工部尚书，曾督师阻扼燕军，因而因被歹人列入奸臣名单遭到逮捕。朱棣责问他："你为何背叛朕？"他回答说："我不过是对皇上竭尽臣职罢了！"朱棣便笑着把他释放并任为刑部尚书。有不少朱允炆的故吏先后归附，和朱棣原来的臣属享有同样的权力，也是励精图治。

为了扭转朱元璋滥用刑罚而出现人人自危的局面，朱棣提出"用法当以宽不以猛"的主张，一再告诫臣下说："君主掌握统御天下的大权，不可滥用刑罚，否则无辜好人被害，坏人不知警醒。"他反复叮嘱司法机关的大臣，办案判刑一定要明刑慎法，宁缓毋急，并且规定判死罪的案件一律要反复上报审核五次，然后才能判刑。有一次，刑部送上判处死刑的300多人名单，要朱棣审批，他说："这300多人定的罪恐怕未必个个确实。如果有一个人不实，那死者就会含冤受屈。你们再仔细复批，一天审不完审两三天，即使审个十天半月又有什么关系？千万不要让一个人受到冤枉。"经过复审，果然有20多人被无罪释放。

朱棣不仅要求司法机关按法律办事，而且做到身体力行。有一次，刑科上报有人冒领官粮，他大发脾气，下令斩首。刑科上奏说，按法律规定，此犯不该判处死刑。他立即改正说："这是朕一时气急了，判得过分了，就依法处置吧。"

为了更好地处理全国的政务，朱棣还设立内阁。朱元璋废除丞相后，皇帝"躬览庶政"，不仅是"代行天命"的君主，而且还成为事必躬亲的行政首脑，政务非常繁忙，实在太忙又征召几名老儒作为四辅官。但是这些四辅官都来自乡间，人虽淳朴，却没有什么专长，不起什么作用。后来，朱元璋废除了四辅官，又仿效宋朝制度，设置殿阁大学士，让他们充当侍从顾问。可是朱元璋仍自操主权，殿阁大学士很少能解决政事。朱棣即位后，从文士荟萃的翰林院选拔杨士奇、杨荣、解缙等 7 人入职文渊阁，参与机密事务的决策。每天早朝百官奏事完毕，他就召集这些阁臣商议国家大事，“诸六部大政，咸共平章”。由于文渊阁处在宫内，阁臣又常在殿阁随侍皇帝，故称内阁。内阁制度从朱棣时代开始正式确立，它推动了永乐政治的发展，加强了中央的集权。

朱棣刚即位时，为了表明自己的起兵旨在维护祖宗法制，他恢复了几位被朱允炆削废的藩王爵位。但时隔不久，他便找各种借口，把谷王迁到长沙，把宁王迁往南昌，并削去代王、岷王和辽王的护卫兵。齐王在长沙骄纵不法，蓄养刺客，私造兵器，并拘留告发他的朝廷官吏，朱棣便把他免为庶人。后来谷王也以谋反罪被废。宁王到南昌后，有人告发他“巫蛊诽谤”之罪，朱棣派密探侦查，但未找到证据，只好作罢。宁王从此韬光养晦，终日以鼓琴读书自娱，总算确保无事。

永乐十八年（1420 年）周王被控企图谋反，第二年朱棣召他入京，把揭发他的证据拿给他看，他赶紧跪下叩头请罪，回到封地主动献出了自己的护卫兵。这样，经过几年的削藩，势力最大的几个藩王的护卫军队几乎全被解除，中央集权制度得到了进一步加强。

5. 出使西洋，大明扬威

明成祖朱棣夺取政权以后，为了发展海外贸易，宣扬国威，他派使者出使西洋。可是，谁来带领船队呢？想了很多的人选，最后他想起跟随自己多年的宦官郑和。为什么会选择郑和呢？有以下几点原因。

第一，郑和是元初重臣、色目贵族赛典赤·赡思丁的后代，是穆罕默德的后裔。

成吉思汗于1219年亲率20万蒙古军发动西征，不久即攻陷了花剌子模号称“文化之都”的不花剌城。

居住在不花剌城的赛典赤·赡思丁当时只有8岁。他是伊斯兰教创始人穆罕默德的后裔，他的名字前面的“赛典赤”即尊称为“圣裔”之意。赛典赤向成吉思汗贡献了斑豹和白鹰，还率部众千骑归顺，受到信任，被授予官职。

第二，明军攻略云南，10岁的郑和被俘阉为宦官。

1371年，郑和生于昆阳，小名“三保”。郑和的回族祖父和父亲都曾去过伊斯兰教圣地麦加朝圣，在伊斯兰信徒中享有崇高的威信。当时穆罕默德的汉译为“马哈默德”，从此以后许多信徒都以“马”字作为自己的姓氏，以示虔诚。人们常说的“郑和本姓马，叫马和”，就是这样来的。

洪武十四年（1381年），朱元璋派征南将军傅友德、副将军蓝玉、沐英率军30万攻打云南。郑和的父亲因兵败被杀，战俘及家属被擒获入宫为奴。年仅10岁的郑和被阉割，送往南京充作宦官，后又被“分配工作”至北平，送到燕王府去侍候朱棣。原为伊斯兰信徒的郑和，为了排解被阉割后的痛苦和郁闷，按当时宦官们的通例，又信奉了佛教。

第三，参加“靖难之役”，屡建战功，得到提拔。

建文四年（1402年），南京陷落，建文帝失踪，生死不明。朱棣终于抢到了皇位。永乐二年（1404年），朱棣提拔“靖难功臣”郑和为内官监太监，并赐他郑姓，原来的“马和”此后才称“郑和”。

关于郑和下西洋的真正目的多数都属于传说，在正史中没有记载，都属于后世历史学家分析的。第一传说建文帝从皇宫中出逃后出海了，朱棣为了寻找建文帝，所以组织船队出海以遍访西洋诸国为理由，暗地里是寻访建文帝的下落。第二个猜测是因为朱棣不是正规手段登基的，为了宣扬自己的皇帝身份而已。第三是当时的海盗猖獗，海上商路不顺，派船队是为了打击清除沿路的海盗。

说到朱棣派郑和下西洋就要谈一下他老爹的禁海令。

开国皇帝朱元璋颁布了禁海令，人们如今对朱元璋禁海令的认识大多存有偏颇：将其等同于中国的封闭和一贯的闭关锁国的政策。这样的误解，可以认为是以偏概全，更有甚可以认为是盲人摸象，只见树叶，不见森林，片面化比较强。朱元璋的禁海令其实更多只是军事政策，并不完全是政治或经济政策。

元朝末年，义军四起，朱元璋最终独占鳌头，登上帝位。但是，在朱元璋开国之时，当初起义反抗的各种势力并没有全部归顺臣服，张士诚、方国珍两支武装力量逃往海岛或邻近的海国，成为对朱元璋登基后的最大的威胁。然而，对于明朝政府来说，当时最主要的威胁来自逃往蒙古的元朝残余势力。明朝将重点军事力量放在北部边疆，防卫和追剿并重。其次才是东南海疆的反抗势力的威胁，轻重缓急的选择，使得当时对于东南海岸线上的敌对势力，只采取防守政策，这便是朱元璋禁海的根本原因。

因此，朱元璋“片板不许入海”的禁海令只是防止与不愿归顺的“逆贼”同流合污，是一种临时性的军事政策。反而影响到海洋贸易，但也只是暂时性地只进不出，外国来华贸易没有受到多大影响。朱元璋在位时期，朝贡贸易已经开始，但有来无往。朱元璋派大将徐达北伐，并镇守北京，其粮草和物资大多依靠海运，可见海上航运也未受禁海令的影响。朱元璋之后，明朝没有马上解除禁海令，主要是因为受后代尊崇祖制观念的影响。但这一尊崇祖制的延续，基本上是形式主义。当人们说永乐皇帝朱棣派郑和大规模出使西洋属于违反祖制的时候，其实已经说明了朱元璋的禁海令已经是一种形式。

郑和下西洋与永乐皇帝在其他方面表现出来的雄才大略一样，他在海洋贸易上，也显示出空前绝后的雄心。虽然最后的结果并不如他所愿，但这是理解郑和下西洋真正目的的关键。

永乐皇帝派遣郑和下西洋的目的，它不仅仅只是人们常说的炫耀武力，彰显国威，永乐皇帝不像有些人想象的那么傻。他的真实目的是想把海洋贸易的利益，最大限度地掌握在朝廷手中。

第十五章

开国英主——皇太极

皇太极的一生，基本是在与明朝的作战中度过的。为了入主中原、统一天下，他每每亲冒弩矢、不避风险，称得上是一位马上皇帝。但他又不是一个只知砍砍杀杀的君主，在政治、经济、邦交等各方面，他也都有着相当的建树。他的后妃，全都出身于蒙古贵族，说明他对于蒙古部落力量的借重。为了把明朝大臣洪承畴招致麾下，他甚至不惜让自己的爱妃去施美人计，这在常人心目中更是无法理解的举动。

1. “伐树”策略，果断机敏

皇太极即清太宗。后金汗（1626—1643 年在位）。军事家，政治家。满族，爱新觉罗氏。清太祖努尔哈赤第八子。明万历二十年十月廿五日（1592 年 11 月 28 日）生。自少年起常随父兄狩猎和征战，骑射娴熟。

明万历四十年（1612 年）秋，21 岁的皇太极第一次跟随父兄出征作战，参加了攻打乌拉部的战争。但努尔哈赤只是命令部下四处焚毁敌人粮草，却不发动进攻。血气方刚的皇太极急于陷阵冲锋。努尔哈赤耐心开导他说，在砍伐大树的时候，必须用斧子一下一下地砍，才能渐渐把树砍断。对付乌拉部这样的强敌，不能试图一举将它歼灭？只有将其所属城郭一一攻取，最后才能灭亡它。经过连续不断地对乌拉部征伐削弱，到第二年，努尔哈赤终于灭掉了强大的乌拉部。努尔哈赤的教诲也深深地印在了皇太极的脑海里。后来他在继承汗位后，仍遵循这个“伐树”的策略，长期对明朝征伐，从不断削弱它的旁枝开始，最后才切断他的主干。皇太极出色的政治和军事方面的才干，就是在和父兄一起征战的戎马生涯中逐渐增长提高的。

皇太极的长兄褚英，是一员骁勇善战的大将。努尔哈赤晚年就曾有意培养他继位。但褚英心胸狭窄，拥兵自重，不善待自己的兄弟，欺凌群臣。皇太极等人实在忍无可忍，就禀报了努尔哈赤。努尔哈赤非常愤怒，下令监禁了褚英，后来又因有人告他有篡位的嫌疑就将其处死。

褚英被处死后，年轻的皇太极作为父亲的得力助手不断得到器重。努尔哈赤于万历四十四年（1616）称汗后，在 10 多个儿子中，选定皇太极与次子代善、侄子阿敏、五子莽古尔泰为四大贝勒，辅佐国家政务。四个人按月轮流值班，国中一切机要事务都由他们负责处理。皇太极没有辜负父亲的期望，积极参与政务、军事的谋划和决策。万历四十六年（1618），努尔哈赤公开向明朝宣战，进兵攻打抚顺。皇太极巧献妙计，预先派军卒扮作贩马商人混进城内，然后大军凭借夜幕的掩护兵临城下，发炮为令，里应外合，一下子就占领了抚顺。

皇太极不仅在战场上非常勇猛，在处理政事时，头脑也是非常冷静，表现得果断机敏，颇有全局观念。在努尔哈赤考虑不周到的地方，皇太极时常提出建议，把事情处置得更稳妥。

2. 雄才大略，改元天聪

天命十一年（1626 年）八月，68 岁的努尔哈赤去世。经过诸兄弟子侄的共同协商，大家都推举 35 岁的皇太极即汗位。皇太极推辞再三后接受了众人的建议，于九月一日登上了后金汗位，并决定从第二年起改元天聪。

皇太极继位后，就以一个政治家的胆略，对国家的制度规章、政策法令进行了大刀阔斧的调整和改革。

首先，就是缓和当时紧张的民族矛盾。皇太极登位时，国内形势并不乐观。由于连年的对外战争、繁重的兵役负担，使得国内的民众厌战情绪非常高，怨言四起。后金统治集团内部也不稳定，钩心斗角、矛盾斗争不断。尤其严重的是，后金内部满、汉民族矛盾相当尖锐。努尔哈赤虽然一生戎马倥偬，艰难创业，为后金大业的发展做出了不可磨灭的贡献。但他晚年在取得辉煌军事胜利的同时，也犯下了严重错误。在向辽沈地区推进的过程中，他坚持“诛戮汉人，抚养满洲”的政策，大肆屠杀和奴役汉族百姓，将俘获的大量汉人分给满族官兵做奴隶。奴隶们被强迫在主人的庄园和家族中从事各种繁重的劳动，连年苦累不堪。虽然后来努尔哈赤在建国后实行了“计丁授田”“编庄授田”等分田措施，矛盾缓和了一些，但仍不彻底。悲惨的生活迫使辽东地区的汉族人民奋起反抗，他们举行暴动，暗杀女真人，使得女真统治者恐慌不安，没有安宁的日子。努尔哈赤甚至下令，女真人出门不得单人行走，必须10人以上结伴同行，否则要罚银。由此可见当时民族关系的紧张程度。

在错综复杂的形势下，皇太极继位后处变不惊，胸有成竹。他大胆地冲破祖宗法度和传统习惯的约束，在政治、经济、军事等各个领域中实行全面改革和调整。

皇太极首先着手解决尖锐的民族矛盾问题。他强调，要治理好国家，必须先安抚民众，并且有针对性地把重点放在安抚汉人上。他执政不久就改女真族为满族，以改变历史上女真人与汉族的对立仇恨。接着又颁布法令宣布，对满人、汉人一律平等对待，两者享有同样的政治、经济权利。

在努尔哈赤统治时期，辽沈地区存在着为数众多的奴隶制庄园。皇太极对庄园中农奴的人数进行了裁减，规定每个庄园只能拥有8个农奴，其余的汉人则从庄园移居出去，编为民户。这样就使大批汉人农奴获得了自由。崇德三年（1638年），他又下令解放农奴，使他们成为可以自己独立生产的农民。这对后金的农业生产大有好处。

天聪五年（1631年），皇太极又正式颁布了《离主条例》，规定贵族的奴婢可以通过告发主人的罪行获得自由。原来，因不堪忍受民族歧视和压迫，汉人纷纷逃亡的现象是普遍存在的。努尔哈赤对逃跑的汉人实行了严厉的惩治方法。不管是逃跑被逮回来还是谋划逃跑被逮回来，一律都要处死。到了皇太极统治的时候，有了新规定：以前有私逃的，或是与明朝暗中来往的，一概不予追究。今后只将在逃而被捕获的人处死；虽然想逃，但未采取行动的，即便被人揭发出来也不论罪。皇太极的新规定受到了汉人的极大拥护。后来，皇太极又进一步放宽了“逃人法”，允放汉人逃走，即使抓住也不治罪，但逃到明朝统治地区便不许再返回来。他实行了宽松的措施，这样大量的汉民就摆脱了农奴身份，取得自由民的身份。这不但缓和了满汉矛盾，更解放了生产力，对后金的经济发展起了决定性的作用。

皇太极还改变努尔哈赤时期对待汉族知识分子及汉官的政策，对他们量才录用，对范文程、鲍承先、宁完我、高鸿中等富有政治经验和统治才能的更是授予高官。对汉族自动归降的降将有的不惜封王，这大大扩充了其统治基础，也稳定了辽东地区的汉人人心不稳的状况。

皇太极听取了汉官的建议，在天聪三年（1629年），第一次，也是女真族建国以来第一次开科取士。这完全是从中原历代王朝照搬过来的网罗人才的手段。参试的有满、蒙、汉各族的读书人。而取士的对象，竟然还有当年努尔哈赤进入辽沈地区屠杀儒生中侥幸脱逃、被编为庄丁与满人为奴的300名汉族生员。此后，每隔四五年，继续开科，吸收了大批汉族知识分子，而且在政治上赢得了他们和很多汉族百姓的支持和拥护。可见，父子两代的政策及取得的效果区别非常大。

其次，是发展经济军事实力。皇太极登基后，把发展农业放在了恢复经济的首位。针对满族贵族惯于征战掠夺、轻视务农的做法，皇太极多次训诫他们应改变观念，要认清耕织生产的重要性，不要只看重绸缎锦帛之类。他告诫绸缎锦帛都是些粉饰之物，即使没有它们也不会有多大的影响。他还一再强调“我们出兵征伐，目的在于掌握土地、人口，作为立国的根本，并非只为了贪图财利。使生活充裕的途径，全在于抓紧农业生产”。汉官曾批评努尔哈赤在位期间大兴土木，百姓深受困扰，皇太极吸取了这个教训，特别注意爱惜民力，保证农民足够的休息时间。皇太极虽然身为一国之君，但对于农业生产的具体环节可谓细致入微。

从保护农业生产的角度出发，皇太极还制定了一系列法令。他颁布对大牲畜实行保护政策。禁止滥杀牛、马、骡、驴，禁止牲畜践踏农田，牲畜闯入农田损坏了庄稼，必须追罚牲畜主人的银两，并由牲畜主人赔偿损坏的庄稼。为了加强护农法令的贯彻实施，皇太极以身作则。每当他行军出猎的时候，即便是在严寒时节，他也总是吩咐把自己的住处安排在野外，从不肯轻易闯入屯堡，担心打扰屯中百姓的正常生活。

皇太极的努力取得了显著的成效，先是在民族矛盾方面得到了极大缓和；再有就是后金的农业生产较快地摆脱了不景气局面，粮食生产逐渐达到了可以自给的程度。到 1639 年时，后金一年在酿酒方面的用粮就达数十万石之多。

在皇太极继位之前，后金的手工业尚处在刚刚起步的阶段。规模有限，水平不高。所生产的布匹、铁器、船只等，都远远无法满足需要，大量的物资必须从明政府、朝鲜等地进口。即汗位后的皇太极力图尽早扭转这种局面，为此他采取了种种措施。首先大力提倡种植棉花，并且在后金境内到处推广纺纱织布，还经常奖赏技艺出众的纺织工匠。到了 1633 年，后金的纺织技术已有很大提高，各种精细布匹都能够织造出来，甚至已经能满足后金境内的需求。在冶矿业方面，皇太极积极支持开矿冶炼，不少冶炼场在当时逐渐兴起。冶炼业的发展直接带动了兵器生产。从天聪五年（1631 年）开始，后金已能够成批生产极有威力的“红衣大炮”。“红衣大炮”在皇太极对明朝、朝鲜的战争中发挥了很大的作用。此外，在皇太极的积极倡导下，后金造船、陶瓷等业也有长足的进步。

随着农业、手工业的恢复和发展，对外商业贸易也出现了比较兴旺的局面。

经过十多年的励精图治，后金逐渐摆脱了经济萧条的状况，安定了人民的生活，增强了国力，从而为进一步向外扩张打下了比较坚实的物质基础。

对外扩张作战不仅需要坚实的经济后盾，而且离不开强大善战的军事队伍。皇太极积极扩编八旗，扩充军备，保障雄厚的军事实力，从而确保对外战争胜利。

努尔哈赤在军事上取得了辉煌战绩，跟他拥有一支八旗劲旅有密切关系。但满族人口不多，兵源有限，在战争中满族八旗不断减员，而对外战争仍然很频繁，并且战争的规模也逐渐扩大，如何才能保持和发展一支强大的军事队伍，而立足于不败之地呢?

皇太极充分利用了蒙、汉归附和被掠人口这个丰富的兵源。在满族八旗之外，他正式建立了蒙古八旗和汉军八旗。

为了改变汉人心目中八旗军烧杀抢掠的印象，在每次出征前，皇太极总要反复详尽地申明军纪。比如不得杀害降民，不得离散降民父子、夫妇，不得奸淫妇女，不许践踏禾苗，不许酗酒，等等。若士兵违犯了军纪，不仅本人受罚，领兵的将官也要受到牵连。每当战事结束后，皇太极都要进行认真总结，让部下举报各种违纪行为，并且做到严肃处理。

第三，初创国家体制和制度，并试图达到集权。他即位不久，就破天荒地开设了一个文馆。文馆的职能，一是翻译汉文典籍；二是记录住本朝政事，并处理所有往来书信及臣下奏章；三是在文馆的人员还可以参与议政。这是后金国的又一个新举措。文馆表面上是办事机构，实际上是皇太极进行改革的咨询机关，更重要的是，随着皇太极推行的调整与改革的深入，它越来越具备内阁的功能，成为国家内阁的雏形。

3. 调整改革，汗王集权

天聪五年（1631 年），皇太极依照明制，设立吏、户、礼、兵、刑、工六部，由一名贝勒总理部务，六部与汗王之间，以文馆为枢纽。他们之间各负其责，从此纷繁杂乱的国家事务渐渐理顺了。而贝勒们与皇太极由原来的平列关系逐步转化为封建的君臣隶属关系。

随着后金的不断发展强大，国家机构也随着膨胀。5 年后，文馆改为内一院，即内国史院、内秘书院、内弘文院，设大学士和学士等职位；又免除了由贝勒掌管六部的权力，把贝勒等皇亲贵族置于国家机构之外，由皇太极独掌政务；最后，管监察的都察院和管内外蒙古事务的理藩院成立，完成了三院八衙门这一套比较完整的国家机构。

可是，皇太极的改革调整是有一定的局限性。他没有从根本上除旧立新，而是把旧制度加以限制，再另立新制度与之并存，分享其权力。如八旗制度与八衙门并存、议政王贝勒大臣会议之外又设内三院，这是由于当时的客观条件所造成的。在内忧外患之下，满族社会能够承受这种渐进式的改革而没有发生大的分裂和内战，应该说是皇太极的极大成功，充分展示了他的政治才华和远见。

不过，满族社会想要进一步发展经济，提高生产力，就必须更快地脱离氏族奴隶制社会的束缚，尽快地完成封建化的进程。表现在国家政权方面，就是必须放弃努尔哈赤晚年所制定的八旗旗主联合共同主政、社会财富也由他们平均分配的体制。事实上，这种氏族社会军事民主合议制，已经严重地阻碍着后金的进步。没有集中统一的领导，那么在政治上、经济上和军事外交上都会陷于被动和停滞，甚至倒退。

皇太极谨慎地，但又是坚决地开始为集权努力。

努尔哈赤死后，后金出现了“八王共治”的局面。拥有极大权力的八旗主贝勒们操纵着国家决策机构———议政会议。军政大事都由集体定夺，汗王不能违备旗主们的意愿独断专行。若汗王平庸无能，旗主们还有将其更换的权利。

皇太极虽然登上汗位，也是从登基那天开始，便一直实行着四大贝勒并受群臣朝贺的形式，而且还按月分直，一切政务都由值月贝勒掌管，形成了轮流执政的格局。三大贝勒以汗兄自居，拥功自傲，在皇太极继位后，都或多或少地有谋逆及藐视汗王的举动。在皇太极极力推行改革的过程中，还遇到了一个重大问题，就是他手中缺乏足够的权力。无论对国家还是对汗王本人，这都是必须解决的问题。

雄心勃勃的皇太极不能长期容忍这种局面，所以从即汗位之日起，他就开始积极筹划，努力加强君主集权，削弱权贵们的势力。

皇太极极力笼络优待四小贝勒，尤其是拥有两白旗的多尔衮、多铎兄弟，和他们联手以增强与三大贝勒抗衡的力量；皇太极长期保持着对三位兄长的谦恭和礼敬，长期维持与三位兄长并坐受朝贺的御殿之礼。但是，在他即位后的第二个月，便向每旗派设了一名掌管旗务的大臣，有参与国政的权力和稽查旗内一切事务的权力，他们直接向汗王负责。不久，又扩大了议政会议的范围，所有贝勒都可以参与议政，另外每旗还增派 3 名议政大臣，八旗旗主对国政的控制权被打破了。

天聪三年（1629 年），皇太极又以政事繁杂，不应让兄长过于劳累为理由，免去三大贝勒按月分管国事的旧例，而以诸小贝勒代理值月当班的事务。

兄弟并坐南面受朝贺的形式，竟维持了差不多 6 年！

这对雄心勃勃、胸怀大志的皇太极来说，磨砺了他的意志。皇太极沉着冷静，聪睿而又坚韧，他善于隐忍，等待时机。时机一旦出现，他就会毫不犹豫抓住不放，并充分利用这时机，然后取得最后的胜利。

在天聪四年（1630年）出现了第一个时机，主人公是二贝勒阿敏。阿敏是舒尔哈齐的二子、努尔哈赤的亲侄、皇太极的堂兄。刚开始的时候舒尔哈齐企图拥兵自立，迁移到黑扯木时，阿敏也是怂恿者和追随者。努尔哈赤一怒之下杀掉舒尔哈齐的长子和三子、囚禁舒尔哈齐之后，还要杀阿敏，由于代善和皇太极诸兄弟极力求情才被幸免。在后来的统一女真的战争中，阿敏英勇作战，竭力表现，终于获得努尔哈赤的谅解。由于对舒尔哈齐的死心存歉疚，在后金立国的时候，努尔哈赤任命阿敏为四大贝勒中之二贝勒，使他拥有很大权势。但阿敏内心深处，对皇太极父子积怨已久，尤其皇太极继位以后，不时有所表现。

就在皇太极继位之际，阿敏就曾以“出居外藩”作为拥立条件，但被皇太极拒绝。

天聪元年，阿敏受命入侵朝鲜，当时朝鲜国王已经遣使请和，这已经达到了皇太极的战略意图，阿敏却执意进兵，被同行的岳托和阿敏之弟济尔哈朗阻止。他又提出：自己早就羡慕明朝皇帝及朝鲜国王的城郭宫殿，想要在这里屯田耕种长驻，并拉拢与舒尔哈齐一样获罪而死的褚英的儿子杜度一起留下。明显是想组成与皇太极父子对立的联盟，实现自立王国、“出居外藩”的打算。只因为遭到岳托、济尔哈朗、杜度的激烈反对，这些贝勒一直坚决拥戴皇太极，所以阿敏的企图再次落空。

阿敏违背皇太极的旨意是常有的事情，如在驻防地域、家庭婚嫁、甚至与蒙古结盟这样重大的事情上；还经常在大庭广众之下口出怨言，含沙射影地攻击皇太极；并借说梦，宣传自己有黄蛇护身，显然是在暗示自己是真命天子。

天聪四年（1630年）三月，阿敏受命替换济尔哈朗守永平，以二贝勒的身份，统辖京东四镇的后金兵马。不到三个月，四镇就失守，阿敏不仅在失地前就大肆杀降，撤退时，又将永平、迁安的官民全部杀光。六月，阿敏回到沈阳。愤怒的皇太极不准阿敏及败归的诸将入城，严厉斥责其指挥失误，败坏大局，并因他无故杀害民众而留下无穷后患。到这时候，妄自尊大的阿敏也不得不认罪了。

阿敏被议的十六项大罪，当处死。皇太极却从宽免死，只革去大贝勒和旗主贝勒之称，终身幽禁。所属人口财产均给其弟济尔哈朗，并使他继为镶蓝旗主。济尔哈朗感恩戴德，对皇太极的忠诚至死不渝。这样，原来有离心倾向的镶蓝旗就牢牢掌握在汗王手中，王权进一步得到加强。

在天聪五年（1631年），第二个机会来了。这一次轮到莽古尔泰。

莽古尔泰曾经英勇善战，在统一女真的过程中，立有不少功劳。不过他为人凶暴、蛮横又不免粗鄙，在诸兄弟之中没有多高威望，因此他与诸兄弟的关系不是很融洽。由于大贝勒的权势地位，更助长了莽古尔泰性格中暴躁粗鲁的那一面，他很容易就动怒，动怒就不计后果，而且口出狂言。在这一年八月，后金围攻大凌河，在战场上莽古尔泰为他的狂妄付出了沉重的代价。

为了各旗兵马差遣调动是否公平，莽古尔泰与皇太极发生口角。皇太极指责莽古尔泰每每违抗命令，莽古尔泰辩解说是皇太极调遣不公，二人越吵越厉害，莽古尔泰竟恼羞成怒，说：“你怎么专跟我作对？我不过看在你是汗王的分上，处处顺着你，你还不满足，是不是非得置我于死地？”暴怒中的莽古尔泰，猛地把佩刀从身后转到前面，手按刀柄怒视皇太极。

一旁的德格类大喝一声：“你这举动已经犯了大忌，谁能容得！”说着挥拳殴打莽古尔泰，一手把他推开。

莽古尔泰竟不听劝阻，迁怒于德格类，大骂：“你这蠢货竟敢打我！”哗啦一声，抽刀出鞘五寸多长。德格类知道利害，不顾一切地把他这位同母兄推走了。

其实，在努尔哈赤去世时，莽古尔泰的实力与威望都不能与皇太极抗衡，所以他采取的是既不争位也不拥戴的落落寡合的态度。但这并不等于他对皇太极即位就口服心服。他的不服，此刻表现得很清楚明了。

不过，莽古尔泰的行为太莽撞，不久就因“酒醉后御前露刃”被革去大贝勒名号，降为一般贝勒，夺去五牛录属员（占全旗属员的五分之一），罚银 1 万两。正蓝旗的势力从此受到沉重打击。

毕竟不像阿敏那样罪大恶极，不能论死罪或囚禁，从代善及诸贝勒议莽古尔泰之罪时强调“酒醉”来看，他们心里对莽古尔泰还是有所维护的，皇太极懂得不能违众，也需要维护自己敬兄爱弟的名声。但即使是这样的处理，也给皇太极带来意外的收获。

天聪六年（1632 年）正月朝贺之际，礼部参政提出，莽古尔泰已因悖逆之罪革除大贝勒的名号了，不应仍与汗王并坐受贺。莽古尔泰自然不能反对，代善在诸多压力和暗示之下，也不得不主动表示：既拥戴皇上为君，又与皇上并坐，是不合乎礼仪。从此，皇上面南中坐，他和莽古尔泰侍坐两侧。

皇太极欣然接受了大贝勒代善的好意。这样，从公元 1626 年登上汗位，到此时已是6年，他才真正面南称尊。这不止是一种形式上的改变，更是实力上、名义上和人们观念上的认可。汗王独尊的地位、汗王集权的努力开始得到承认。

这就是皇太极善于审时度势、抓住机会的两次十分成功的例证。但他的成功远不止此。在后来对大贝勒代善及诸贝勒的恩威俱施并使之降服的过程中；在将八旗军由单一的满八旗扩充为包括满八旗、汉八旗、蒙八旗在内的二十四旗军事力量的行动中；在处理后金与朝鲜、蒙古、明朝的复杂关系中，他都具有随机应变、权衡利弊的能力，所以能适时地采取最恰当的对策和手段，取得尽可能大和多的胜利，把他的宏图大志，一步步推向高峰。

这是领袖和政治家所具备的素质，皇太极有这样的素质，历史又给了他这样的机遇，所以，他成功了。天聪九年（1635 年），在群臣的一致推举下，皇太极于第二年的四月十一日正式即皇帝位，定国号为大清。他由后金的天聪汗王正式成为大清的第一位“真龙天子”。

4. 宸妃辞世，悲怆相随

松锦决战的胜利给皇太极带来了巨大的鼓舞，但在决战过程中他的宸妃却突然与世长辞了，这给他的心灵造成了不小的打击。

提到皇太极的私生活，不能不谈到他的后妃。皇太极身处帝王之位，拥有众多的后妃，仅为他生育过儿女的后妃就达 15 人之多。

在皇太极身边的后妃中，其中得宠的是清宁宫皇后、关雎宫宸妃、麟趾宫贵妃、衍庆宫淑妃和永福宫庄妃。巧合的是，这 5 位妇人无一是满族人，全部都是蒙古族人。为什么会出现这种情况？因为皇太极的婚姻有很强的政治色彩。从努尔哈赤时期开始，后金统治集团为了巩固和扩大自己的政权基础，就极力谋求同蒙古族结盟，以便携起手来共同对付明朝。他们采取的行动之一就是与蒙古各部联姻。皇太极后来的皇后也是在努尔哈赤执政时期从科尔沁部迎娶的。

但皇后 11 年里未曾生育儿女，这使得她本人和科尔沁部的王公们都有些不安。天命十年（1625 年），孝端文皇后的侄女、科尔沁部贝勒寨桑的女儿布木布泰又被皇太极纳为妃，她就是后来的永福宫庄妃。庄妃在五个后妃中年纪最小，正当妙龄，并且容貌出众，妩媚动人。

据传，明将洪承畴在松锦决战中被清军生擒后，坚决不肯降清。是庄妃的美貌和规劝才使他归降了清朝。庄妃为皇太极生了3个女儿、1个儿子，这个儿子便是后来的顺治皇帝福临。庄妃一生历经天聪、顺治、康熙三位皇帝，对清初兴国大业做出了很多贡献。在皇太极死后，多尔衮和豪格为登上皇帝的宝座展开了激烈的争夺，两人剑拔弩张，互不相让，并且各自都有一班贵族的支持。庄妃这时从中施展了巧妙的政治手腕，取得多尔衮的支持，将自己的儿子，5岁的福临立为皇帝。福临的儿子玄烨（后来的康熙皇帝）在即位之初也得到了庄妃的多方指点。庄妃一直活到了康熙二十六年（1687），享年75岁，死后被追谥为孝庄文皇后。

但是，在众多的妃子中，最得皇太极欢心的却是关雎宫的宸妃。宸妃海兰珠是永福宫庄妃的姐姐，晚于妹妹9年入宫。为什么会出现博尔济吉特氏姑侄3人入宫侍奉一君的情况呢？原来，在宸妃入宫以前，孝端皇后、庄妃都未曾生育男孩，科尔沁部的贝勒却是非常希望将来由本部落妃子的儿子继承大位，以此保证本部落的尊崇地位，于是便有了再选佳人入宫的打算。而皇太极则久闻海兰珠生得是天姿国色、月貌花容，且禀性贤淑文静，不可多得，也很愿意将海兰珠纳入宫中。

天聪七年（1633年），哲哲皇后的母亲科尔沁大妃偕同次妃（宸妃、庄妃生母）来到沈阳朝见皇太极，皇太极招待得极为热情。双方在盛宴言欢之际，定下了皇太极与海兰珠的亲事。婚后，海兰珠备受皇太极的宠爱，两人情投意合，相亲相爱。皇太极将一腔柔情都赋予了海兰珠，在崇德元年（1636年）册封后妃时，封海兰珠为关雎宫宸妃，地位仅次于清宁宫皇后。

崇德二年（1637年）七月，宸妃生下了一个男孩，这是皇太极的第8个儿子。皇太极异常高兴，马上宣布将皇八子定为皇储，并破天荒地颁布了大清朝的第一道大赦令，在金銮殿、清宁宫等处大宴宾客，盛况空前。不幸的是，皇八子出生仅半年就夭折了。宸妃受不了这个沉重的打击，从此郁郁寡欢，茶饭不思，身体渐渐虚弱不去。

崇德六年（1641 年）九月，皇太极正在松锦战场上指挥大军对明军展开攻击，后方传来了宸妃病重的消息。皇太极吃了一惊，将军务吩咐给将领们，自己奔回沈阳。皇太极的车驾刚进沈阳城门，就听到了宸妃病逝的噩耗。皇太极悲恸欲绝，来到宸妃的灵柩跟前，忍不住掩面大哭起来。他下令：对宸妃的丧殓一切从厚。

宸妃去世后的第二年（1642 年），松锦决战结束了，清朝逐鹿中原、定鼎九州已成水到渠成之势。可是皇太极却无法完成这一大业了。因多年政务操劳和四处征战，已经耗尽了他的精力，宸妃的去世又给他精神上造成重大的创伤。在崇德八年（1643 年）八月的一个夜晚，皇太极在清宁宫的御榻上离开了人世。

5. 增强国力，名垂千古

皇太极作为后金政权的第二位统治者，使清政权进入了一个全新的阶段。努尔哈赤是马背上的君主，他的一生是在不断地战争中度过的。他不重视农业生产，部队的军需给养全靠掠夺所得，这就造成了一批专靠掠夺战利品和赏赐致富的军人，造成了后金政权经济的严重匮乏。皇太极登上大汗位时，沈阳仓库里只有 1000 匹布，全年也几乎得不到什么赋税。

皇太极继位后，经过努力，改变了这种局面，国力得到了增强。努尔哈赤是因为反对民族压迫而起兵的，但是他执行的政策，却同样是民族压迫的政策。而皇太极为了纠正努尔哈赤的错误，坚决纠正了对汉人的政策。他宣布“满汉之人均属一体”。这些做法，在一定程度上缓和了民族矛盾。为了形成新的统治集团，皇太极在原有的满族八旗基础上，把混编在八旗中的蒙古族、汉族军队分割出来，组成蒙古族八旗和汉族八旗，与满族八旗并列，这样就形成了以满族八旗为核心的二十四旗联盟制度。这一新的军政合一的制度，成为后来清政权统治全国的军事基础。

皇太极又建立了完整的国家机构。由于这些改革和创举，一个带有农奴制色彩的割据政权，最终成为封建强国。大清建国之后，把领土扩展到黑龙江以北，阻挡了沙皇俄国东进南下的步伐。一个没有后顾之忧的强大的清朝，正等待时机，达到前所未有的大一统。

清太宗皇太极死后第二年，摄政王多尔衮便率大军攻入北京城，实现了改朝换代。皇太极虽然没有机会亲眼看到清入主中原，问鼎华夏的那一天，但他奠定了大清国的基础，为以后清军一统天下准备了充足的条件。